챗GPT API를 활용한

챗봇
만들기

개정판

챗GPT API를 활용한 챗봇 만들기 개정판

5일 만에 파이썬, 프롬프트 엔지니어링, 오픈AI API, 에이전트, 벡터DB 마스터하기

초판 1쇄 발행 2024년 3월 20일
개정판 1쇄 발행 2024년 8월 27일

지은이 이승우 / **펴낸이** 전태호
펴낸곳 한빛미디어(주) / **주소** 서울시 서대문구 연희로2길 62 한빛미디어(주) IT출판2부
전화 02-325-5544 / **팩스** 02-336-7124
등록 1999년 6월 24일 제25100-2017-000058호 / **ISBN** 979-11-6921-286-1   93000

총괄 송경석 / **책임편집** 홍성신 / **기획 · 편집** 이희영
디자인 표지 박정우 내지 최연희 / **전산편집** 다인
영업 김형진, 장경환, 조유미 / **마케팅** 박상용, 한종진, 이행은, 김선아, 고광일, 성화정, 김한솔 / **제작** 박성우, 김정우

이 책에 대한 의견이나 오탈자 및 잘못된 내용에 대한 수정 정보는 한빛미디어(주)의 홈페이지나 다음 이메일로
알려주십시오. 잘못된 책은 구입하신 서점에서 교환해드립니다. 책값은 뒤표지에 표시되어 있습니다.
한빛미디어 홈페이지 www.hanbit.co.kr / **이메일** ask@hanbit.co.kr

지금 하지 않으면 할 수 없는 일이 있습니다.
책으로 펴내고 싶은 아이디어나 원고를 메일(writer@hanbit.co.kr)로 보내주세요.
한빛미디어(주)는 여러분의 소중한 경험과 지식을 기다리고 있습니다.

나만의 챗봇,
밑바닥부터 배포까지
책 한 권으로!

챗GPT API를 활용한

챗봇 만들기 개정판

5일 만에 파이썬, 프롬프트 엔지니어링,
오픈AI API, 에이전트, 벡터DB 마스터하기

이승우 지음

HB 한빛미디어
Hanbit Media, Inc.

AI는 우리 일상을 송두리째 바꾸고 있습니다. 즉, 앞으로는 AI를 얼마나 잘 사용하느냐가 개인과 기업의 경쟁력을 좌우할 것입니다. 이 책은 오픈AI의 API 사용법부터 프롬프트 엔지니어링, 자율적 에이전트, 벡터DB에 이르기까지 거대 언어 모델을 활용하는 데 필요한 기술을 종합적으로 다룹니다. 하루가 멀다고 새로운 기술이 등장하는 시대에 이 책을 길잡이로 경쟁력을 갖추길 바랍니다.

– 이창희, 현 한화생명 COE 부문장/전 네이버 책임리더

지난 1년간 IT 업계의 화두는 'AI 기술을 기존 IT 시스템에 어떻게 통합할 것인가'였습니다. 특히 오랜 역사를 가진 기업일수록 최신 AI 기술의 도입은 큰 기회이자 도전입니다. 이 책은 LLM 기술을 다루면서도, 이러한 현실적인 과제를 해결할 수 있는 통찰을 곳곳에서 제공합니다. AI를 IT 시스템에 통합해야 하는 모든 이에게 일독을 권합니다.

– 이상철, 한화생명 IT운영팀장

챗GPT 등장 이후 쏟아져 나온 수많은 개발 서적 중에 이 책은 단연코 으뜸입니다. '찐친 만들기'라는 친근한 주제를 통해 LLM의 최신 기술을 폭넓고 깊이 있게 다루면서도 이해하기 쉽게 안내합니다. 짧은 기간 동안 가장 효과적으로 LLM을 체험하고 흥미로운 개발을 해보고 싶다면 이 책을 적극 추천합니다.

– 강호용, LG CNS 에듀테크플랫폼팀 책임

지금까지 GPT에 관한 책이나 활용하는 책을 정말 많이 봤지만, 이처럼 자세하고 구체적으로 챗봇을 만드는 과정을 다루는 책은 없었습니다. 구성도 탄탄하고 파이썬이라는 언어가 처음이어도 이해하고 따라갈 수 있게 설명하고 있습니다. 또, 여러 가지 인공지능에 대한 지식도 곁들이고 있어 이 책을 이해한다면 AI에 대한 지식도 많이 쌓을 수 있을 것입니다.

– 이장훈, 4년 차 데브옵스 엔지니어

챗GPT로 더 나은 서비스를 만들 방법을 찾을 수 있어서 너무나 즐거운 시간이었습니다. 인공지능을 활용하고 싶지만 무엇을 해야 할지, 만들고 싶은 서비스가 있는데 어떻게 해야 할지 모른다면 이 책이 그 해답이 될 것입니다.

– 김종열, 23년 차 프로젝트 관리자

최근 업무에서도 챗GPT의 많은 도움을 받고 있던 터라 GPT의 동작 원리, 기반 시스템 그리고 활용할 방법에 대한 궁금증이 생겼습니다. 이 책은 이 궁금증을 모두 해소하는 데 충분했습니다. AI 기반 지식을 바탕으로 한 챗GPT 활용 방법과 실제 프로젝트 개발 경험을 공유하고 있어 GPT, LLM 등이 궁금한 분들에게 좋은 학습 도서가 될 것입니다.

– 이민우, 15년 차 게임 개발자

GPT API를 사용해서 단순한 싱글턴 대화를 사용하는 책은 많았지만, 이 책만큼 챗봇 설계까지 신경 쓰면서 여러 가지 문제점을 함께 고려하는 GPT API 기반 챗봇 책은 없었습니다. 차근차근 따라갈 수 있게 구성되어 있고 헷갈리거나 알아 두어야 할 지식이 있다면 저자가 충분히 설명해 두었으니 망설이지 말고 바로 나만의 챗봇 만들기에 뛰어들길 바랍니다.

– 전현준, 8년 차 데이터 엔지니어

최근 Gen AI가 화두가 되면서 그에 대한 보안도 떠오르고 있습니다. 보안을 하기 위해서는 제대로 된 동작 프로세스도 알아야 그에 맞는 적절한 보안 방안도 고려할 수 있다고 생각했는데 그러한 부분에서 이 책은 참 많은 도움이 되었습니다. GPT에 대해 흥미가 있는 분이라면 이 책은 반드시 큰 도움이 될 것입니다.

– 이재빈, 9년 차 보안 담당자

서비스 기획자에겐 프로덕트가 어떻게 구축되고 운영되는지 파악하는 게 중요합니다. 이 책을 통해 챗GPT 기반 챗봇을 만드는 과정을 파악할 수 있었습니다. 단계별 설명과 삽화, 코드가 적절히 담긴 덕분에 서비스를 구상하는 데 많은 도움이 됐습니다. 또한 챗GPT의 전반적인 흐름을 이해할 수 있었습니다.

– 홍승규, 11년 차 서비스 기획자

이 책은 챗GPT를 활용한 챗봇을 제작하는 데 필요한 모든 것이 잘 짜인 지침서입니다. 프롬프트 엔지니어링 기법, 벡터DB 활용, 서비스 환경 구성 및 다른 서비스와의 연계에 대한 지식을 공유합니다. AI의 시대가 오고 있는 지금, 역량 강화를 위해 이 책을 추천합니다.

– 김준석, 8년 차 서버 엔지니어

불과 몇 개월 전까지는 챗GPT가 제가 참여한 프로젝트와 연결되리라고는 생각도 하지 못했습니다. 그만큼 챗GPT의 활용도는 점차 넓어지고 있죠. 이 책은 전문가가 아니어도 LLM과 AI에 깊이 발을 담그지 않은 입문자도 챗GPT를 활용할 수 있도록 돕는 입문서입니다. 저자의 친절한 설명을 따라 학습을 이어간다면 본인만의 시스템을 구성하고 서비스 활용도를 넓힐 수 있을 것이라 확신합니다.

– 이진, 20년 차 소프트웨어 엔지니어

챗봇을 쓰는 것과 직접 만드는 것은 완전히 다른 경험이었습니다. 챗GPT API를 활용해 직접 챗봇을 만들면서 많은 것을 얻어갈 수 있었습니다. 무엇보다 실습과 이론을 병행해 처음 접하는 영역임에도 무겁지 않게 시작할 수 있었습니다.

– 강찬석, 8년 차 소프트웨어 엔지니어

알파고의 추억

우리나라에 AI 개발 열풍이 불어온 계기는 2016년 3월 벌어진 이세돌 9단과 알파고^{AlphaGo}의 바둑 대결이었습니다. 이 대국을 계기로 알파고가 텐서플로^{Tensorflow}라는 딥러닝 프레임워크^{Deep Learning Framework}로 개발되었고, 이 프레임워크가 무료인데다 사용법도 그리 어렵지 않다는 사실이 개발자들 사이에 빠르게 퍼졌습니다.

곧이어 관련 서적과 강의가 봇물 터지듯 쏟아져 나왔습니다. 자바 공화국의 호기심 많은 개발자들은 파이썬과 텐서플로를 공부하면 금방이라도 인공지능 개발자가 될 것 같아 들떴습니다. 하지만 그들 중 지금까지 인공지능 분야에서 커리어를 쌓은 이들은 많지는 않을 겁니다. 인공지능 엔지니어가 되는 것이 말처럼 쉬운 일은 아니었고, 열기만큼 많은 서비스가 만들어진 것도 아니었기 때문입니다.

그렇게 인공지능에 대한 열기가 사그라질 무렵인 2022년 11월, 이번에는 인간과 자연스럽게 대화할 수 있는 챗GPT^{ChatGPT}가 혜성처럼 등장했습니다. 출시 2개월 만에 1억 명의 사용자를 끌어모은 이 인공지능은 곧이어 GPT-4 버전을 선보이더니 동영상 생성 모델 소라^{sora} 공개, 완전한 멀티모달 모델 GPT-4o 출시 등 발전에 발전을 거듭하고 있습니다. 알파고가 처음 나왔을 때나 지금이나 새로운 기회를 찾고 싶은 이들의 심정은 매한가지일 겁니다. 하지만 기회를 찾는 방법은 사뭇 달라졌습니다.

알파고 시대에는 딥러닝 모델을 개발해서 데이터를 자동으로 인식하고 분류를 잘하는 일이 중요했다면, 이제 막 개막된 거대 언어 모델, 즉 LLM^{Large Language Model} 시대에는 API를 활용하여 인간과 인공지능이 자연스럽게 쌍방향 소통을 하는 것이 더욱 중요합니다.

이 책의 독자들은 적어도 웹 버전의 챗GPT를 써봤을 테니 챗GPT에 대한 일반적인 설명은 생략하겠습니다. 대신 방금 말한 쌍방향 소통, 즉 인터랙션^{Interaction} 관점에서 챗GPT 시대의 인공지능 개발이 어떤 의미가 있는지 간략하게 살펴본 후 본격적인 학습에 들어가겠습니다.

'대화'가 필요해

챗GPT가 우리에게 충격을 주었던 까닭은 '대화'라는 형식을 사용했기 때문입니다. 사실 이미지 생성 모델인 DALL·E나 미드저니^{Midjourney}가 나왔을 때만 해도 패션, 건축 등 관련 업계에 충격을 주었지, 모든 대중에게 이렇게까지 놀라움을 주지는 못했습니다. 그 이유는 인간이 사고하거나 세상과 소통하는 가장 중요한 수단이 바로 언어이기 때문입니다. 이런 점을 염두에 두고 보면 당분간 챗봇^{Chatbot} 형태로 인공지능이 발전할 가능성이 큽니다.

다음 그래프는 글로벌 시장 분석 업체 '마켓 리서치 퓨처'가 2023년 6월 〈AI 시장 연구보고서〉를 통해 챗봇 시장을 전망한 내용입니다.

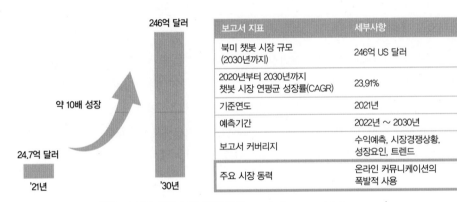

보고서 지표	세부사항
북미 챗봇 시장 규모 (2030년까지)	246억 US 달러
2020년부터 2030년까지 챗봇 시장 연평균 성장률(CAGR)	23.91%
기준연도	2021년
예측기간	2022년 ~ 2030년
보고서 커버리지	수익예측, 시장경쟁상황, 성장요인, 트렌드
주요 시장 동력	온라인 커뮤니케이션의 폭발적 사용

향후 10년간 챗봇 시장 전망(출처: marketresearchfuture.com)

이 보고서에 따르면 AI 챗봇은 10년 동안 10배가량 성장할 시장으로 내다보고 있습니다. 그러나 성장률보다 주목해야 할 것은 챗봇 시장의 성장 동력이 '온라인 커뮤니케이션의 폭발적 사용'에 기인한다는 점입니다. 이것은 챗봇 시장의 성장이 AI 기술 발전은 물론, 모바일 기반의 문자 커뮤니케이션 발달과 긴밀히 연결되어 있음을 시사합니다. 그도 그럴 것이 챗봇은 기술적인 면에서나 사용자와 쌍방향 소통하는 모습에서나 메신저 플랫폼에 올라타기 매우 좋은 수단입니다. 더구나 통화를 불편하게 느끼는 '콜 포비아'가 많은 젊은 세대일수록 상담원과의 통화

보다 챗봇을 선호한다는 사실은 문화적 맥락에서 챗봇의 성장 가능성을 점치게 하는 주목할 만한 근거 중 하나입니다.

한편, 개발자 입장에서 챗봇의 발전은 현실적이면서도 심오한 의미가 있습니다. 만약 컴퓨터가 인간의 말을 제대로만 알아듣는다면 인풋 박스, 콤보 박스, 라디오 버튼 등 사용자와 화면이 상호작용하는 여러 구성 요소들이 필요 없을 테고 그렇게 되면 채팅 창처럼 매우 심플한 UI/UX 형태가 소프트웨어의 대세로 자리잡을 수도 있을 겁니다. 프런트엔드가 단순해진다는 건 개발자들에게는 행복한 상상입니다. 어찌 보면 챗GPT가 가져온 진정한 혁신은 바로 이 부분일지도 모릅니다. 윈도우와 마우스 그리고 아이폰을 떠올리지 않더라도 IT 분야의 혁명은 인터페이스 혁명이 아니었던 적이 한 번도 없었습니다.

여기에 더해 인간 친화적인 챗봇이 대세가 되리라는 점 역시 LLM 시대가 가져올 변화 가운데 하나입니다. 이전까지는 기술적 한계로 챗봇이 선택지를 제시하면 사용자가 그중 하나를 고르는 규칙 기반의 챗봇이 주류를 이루었습니다. 그런데 챗GPT와 같은 LLM을 활용하면 이런 부분이 상당히 완화되고 점점 인간다운 챗봇이 나올 겁니다. 챗봇이 인간다워야 하는 이유는 사람 같은 챗봇일수록 사용자가 흥정을 시도하고 거래 성사율도 높다는 다음의 연구 결과에서도 잘 나타납니다.

고객은 의인화된 챗봇을 더 선호하고 흥정도 시도

본 연구에 활용된 챗봇은 의인화 요소를 갖추고 있다. 예컨대 이름을 가지고 있고, 덜 격식적인 언어를 구사하고, 현재 할 말을 타이핑 중이라는 안내를 했다. 또, 바로 대답을 하지 않고 1분당 70개의 단어를 구사하도록 지연 시간을 둬 마치 사람이 응답하는 것과 같은 효과를 줬다. 상황에 맞춰 일정 수준의 농담도 구사하도록 설계했다. 이런 의인화 요소를 무작위로 배정해 의인화 요소가 없는 대조군 챗봇과 반응을 비교한 결과 의인화 요소가 많을수록 챗봇을 통한 고객 거래 성사 건수가 늘어났다.

흥미롭게도 의인화된 챗봇을 상대한 고객은 회사가 제시한 가격에 더 민감한 반응을 보이는 것으로 나타났다. 다시 말해, 고객은 비의인화된 챗봇이 제시한 가격에 대해서는 별다른 사안 없이 수용한 반면 의인화된 챗봇이 제시한 가격에 대해서는 가격이 적절한지 또는 가격 협상 가능성이 있는지를 면밀하게 확인하려 했다.

– 출처: dbr.donga.com

이뿐만 아니라 코로나19 시기를 거치며 20대에게 큰 인기를 끈 '헬로우봇'의 세계관이 위로와 재미를 바탕으로 한 라포Rapport, 두 사람 사이의 공감적인 관계를 뜻하는 심리학 용어 형성에 있었다는 점 역시 챗봇이 인간다워야 할 이유를 말해 주는 좋은 사례입니다.

AI 개발을 효과적으로 체험하기

이 책은 앞서 말한 내용을 짧은 기간 동안 효과적으로 체험하도록 고안했습니다. 이러한 목적을 달성하기 위해 API를 통한 언어 모델과의 대화, 프롬프트 엔지니어링, 자율적 에이전트, 벡터DB 등을 학습하면서 친구 봇을 완성하는 과정을 다루었습니다. 그리고 이러한 지식을 바탕으로 Assistants API와 GPTs는 물론 LLM 기반의 챗봇을 SNS에서 탑재하는 방법까지 살펴보았습니다.

이 책을 쓰는 내내 독자 여러분이 흥미를 잃지 않기를 바랐습니다. 그랬던 만큼 이 책을 읽는 과정이 LLM API의 최신 기술을 습득하는 것은 물론, 여러분만의 사이버 친구를 만드는 즐거운 여정이 되기를 바랍니다.

결과물 미리보기

우리가 앞으로 만들 서비스의 이름은 '내 찐친 고비'입니다. 서비스의 페르소나는 26세의 사회 초년생 김민지이며 그녀가 '고비'라는 친구봇을 통해 일상의 위로를 얻는 것으로 기획 의도를 설정했습니다.

이 서비스는 다음과 같이 웹과 모바일에서 구현할 예정입니다. 웹 버전은 우리 뜻대로 UI를 바꾸는 등 자유도가 높고, 모바일(카카오톡) 버전은 별도의 UI 개발이 필요 없을뿐더러 많은 사람이 쉽게 접근할 수 있습니다.

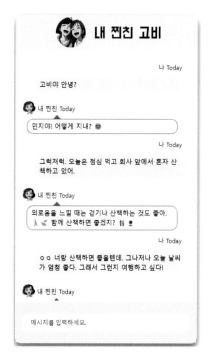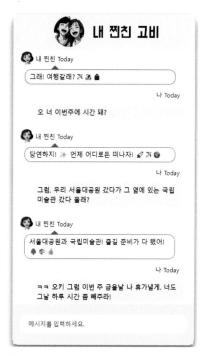

웹 버전의 '내 찐친 고비'

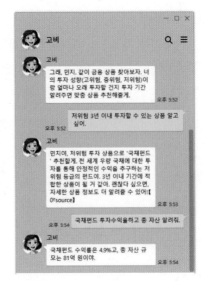

카카오톡 버전의 '내 찐친 고비'

Chapter 1부터 8까지는 챗GPT API를 다루는 데 필요한 기본 지식을 학습합니다. 이 지식을 바탕으로 Chapter 9부터 13까지는 LLM의 등장과 함께 주목받고 있는, 에이전트와 장기기억장치를 다룹니다. Chapter 14부터 16까지는 2023년 11월 발표되었던 Assistants API와 GPTs에 대해 살펴보고, Chapter 17에서는 챗GPT API를 SNS 플랫폼에 연동하는 방법을 학습합니다. 끝으로 Chapter 18에서는 최근 중요성이 부각되고 있는 멀티모달 기능을 활용한 챗봇 개발 방법에 대해 학습합니다.

다음 그림에서 각각의 화살표는 이 책을 통해 쌓아가게 될 학습 스택입니다. 학습 스택과 마찬가지로 실습 코드 역시 화살표를 따라가며 내용이 추가되는 구조로 작성되어 있으니, 실습을 할 때 이 점을 잘 살펴야 합니다.

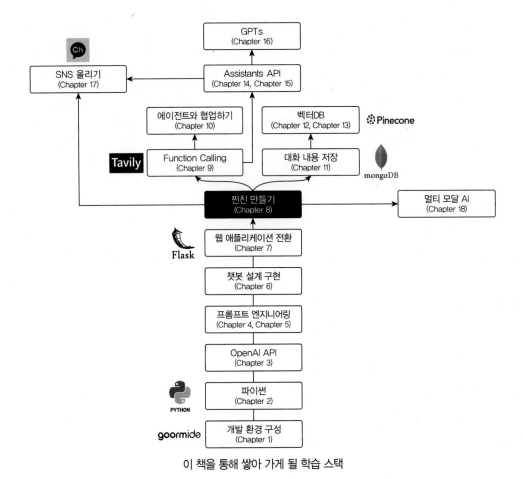

이 책을 통해 쌓아 가게 될 학습 스택

이 책은 프로그래밍에 익숙하지 않은 독자들도 어렵지 않게 이해할 수 있도록 썼습니다. 따라서 어떤 장은 깊게 읽지 않아도 그 다음 스택으로 금방 넘어갈 수도 있을 겁니다. 효과적인 책 읽기를 위해서 각 장을 어떤 식으로 다루었는지 아래에 간략하게 정리했으니, 본격적인 학습에 앞서 이 책을 어떻게 활용할지 미리 가늠하길 바랍니다.

Chapter 1 개발 환경 구성

앞서 제시한 학습 스택을 쌓아가려면 개발 환경을 구성하는 것도 쉬운 일은 아닙니다. 개발 환경을 구성하느라 많은 시간을 쏟는 것은 이 책의 목적과 다릅니다. 그래서 최대한 간편한 방법을 선택했습니다. 파이썬이나 웹 애플리케이션의 서버 버전은 물론, 통합 개발 환경인 IDE까지도 손쉽게 일치시킬 수 있는 goorm이라는 클라우드 서비스를 사용했습니다. 클라우드 환경에서 개발하는 만큼 설치하는 과정을 설명한 후에는 컨테이너의 개념도 소개했습니다.

또, Chapter 1에서는 이 책의 Chapter 17에서 다루는 카카오톡 챗봇과 연동하는 방법을 실습하기 위해 카카오톡 채널 생성과 AI 챗봇 전환 절차에 대한 안내도 진행합니다. 이 2가지 절차를 마치는 데 1~2일가량 소요되니 이 부분도 잘 따라하기 바랍니다.

Chapter 2 파이썬

'내 찐친 고비'는 파이썬으로 개발합니다. 이를 위해 Chapter 2에서는 개발 언어인 파이썬을 다루었습니다. 이 책의 목표가 짧은 기간 안에 LLM 기반의 챗봇을 만드는 것이기 때문에 파이썬을 깊게 다루지는 않았습니다. 대신 파이썬 초심자가 이 책의 내용을 따라잡기 위해 인터넷을 검색하거나 챗GPT에게 따로 물어보지 않아도 될 만큼 쉽고 효율적인 파이썬 지침서가 되도록 구성했습니다.

Chapter 3 오픈AI의 API 사용법

오픈AI^{OpenAI}의 API를 사용하기 위한 키 발급 절차, API 인터페이스의 주요 항목과 호출 방식에 대해서 설명했습니다. 챗GPT API로 프로그래밍을 하기 위한 실질적인 첫 단추가 되는 장입니다. API 개념 자체가 생소한 독자들을 위해 API가 무엇인지도 간략하게 설명했습니다.

Chapter 4~5 프롬프트 엔지니어링

챗봇을 만들려면 프롬프트를 적절하게 넣어 줘야 합니다. 프롬프트를 잘 만들기 위한 방법을 '프롬프트 엔지니어링'이라고 합니다. Chapter 4에서는 프롬프트와 프롬프트 엔지니어링의 기본 개념에 대해 살펴봤습니다. 이와 함께 오픈AI에서 제공하는 플레이그라운드 사용 방법과 매개변수에 대해 상세히 설명했습니다. Chapter 5에서는 앞서 설명한 내용을 바탕으로 프롬프트 엔지니어링의 핵심 기법을 자세히 다루었습니다. 먼저 AI 분야의 석학 앤드류 응Andrew Ng 교수의 〈개발자를 위한 챗GPT 프롬프트 엔지니어링〉 강의 내용을 요약하여 설명했고, 다음으로 GPT-3 이후 등장한 프롬프트 엔지니어링 핵심 논문 내용을 예제 코드와 함께 알기 쉽게 풀어 썼습니다.

Chapter 6 챗봇 설계하고 챗GPT로 구현하기

프로그램을 개발한다는 것은 논리적으로 생각하는 과정입니다. 이런 관점에서 보면, 프로그래밍 언어는 논리적으로 사고하도록 돕는 수단이기도 합니다. 따라서 코드를 제대로 만들려면 구현하려는 내용을 개념적으로 분석하는 단계, 동작 과정을 논리적으로 정리하는 단계, 이렇게 정리된 내용을 구체적인 사례를 통해 이상이 없는지 점검하는 단계를 거쳐야 합니다. 사실 이러한 과정 없이는 인간도 제대로 된 코드를 만들어낼 수 없습니다. 이 챕터에서는 이러한 단계를 하나씩 밟은 후 프롬프트 엔지니어링 기법을 적용해 코드를 자동 생성하는 방법으로 기초적인 챗봇 프로그램을 구현했습니다.

Chapter 7 웹 애플리케이션 만들기

간단한 플라스크Flask 프로그램을 행Line 단위로 분석하면서 서버 프로그램이 어떻게 작동하는지 설명했습니다. goorm IDE에서 서버를 구동하는 방법에 대해서도 설명했습니다. 덧붙여 브라우저 환경에서 클라이언트/서버가 어떻게 통신하는지도 살펴봤습니다. 다만, 브라우저에 출력되는 HTML 프로그램은 별도의 파일로 제공하고 따로 설명하지는 않았습니다.

Chapter 8 프롬프트 엔지니어링으로 친근한 챗봇 만들기

프롬프트 엔지니어링을 적용해 딱딱한 어투의 챗봇을 친근한 친구로 탈바꿈하는 과정을 다루었습니다. 친구처럼 말하도록 하려면 어떻게 해야 하는지 플레이그라운드에서 실험하면서, '멀티턴 챗봇'에게 인스트럭션Instruction을 적용하는 방법도 소개했습니다. 이와 함께 플레이그라운드에서 실험한 결과를 프로그램으로 옮기는 방법과 토크나이저로 토큰을 관리하는 방법도 예제 코드를 통해 설명했습니다. 이 챕터의 모든 코드는 이후 전개되는 실습의 기준이 된다는 점 참고하기 바랍니다.

Chapter 9~10 Function Calling, 에이전트와 협업하기

LLM의 효과적인 쓰임새는 자율적 에이전트에서 잘 나타납니다. 사람이 지시한 바에 대해 최적의 실행 계획을 세우고 계획을 실행하는 과정에서 외부의 도구에 접근하여 그 목적을 달성하는 것이 자율적 에이전트이기 때문입니다.

Function Calling을 사용하면 이러한 에이전트를 좀 더 손쉽게 구현할 수 있습니다. 이에 따라 Function Calling에 대해 먼저 학습한 후 자율적 에이전트의 동작 원리에 대해 다루었습니다. 그리고 이 내용을 바탕으로 간단한 실습도 진행했습니다.

한편, 이론적인 측면에 볼 때 자율적 에이전트를 적용하면 무엇이든 해결할 것 같지만 현실적으로는 만만치 않습니다. 이러한 이유로 여러 프롬프트를 적절하게 이어서 자율적 에이전트를 모방하는 방법에 대해서도 함께 알아보았습니다.

Chapter 11 대화 내용 저장하기

대화를 안정적으로 이어가려면 데이터베이스가 있어야 합니다. 그래야 로그인을 다시 하거나 서버를 다시 기동하더라도 이전에 나눈 대화를 불러와 대화를 지속할 수 있습니다. 이 책에서는 대화 내용 그 자체를 저장하는 방법으로 Mongo DB를 활용했습니다. Mongo DB의 가입과 기본 설정법 그리고 간단한 사용법을 소개한 후 챗봇과 나눈 대화를 데이터베이스에 저장하는 방법에 대해 설명했습니다.

Chapter 12~13 기억 장치 연동하기

1년 동안 챗봇과 나눈 대화를 보관하고 있다고 해서 그 모든 내용을 언어 모델에게 전달할 수 있는 건 아닙니다. 언어 모델에게 입력할 수 있는 대화의 용량에는 한계가 있기 때문입니다. 따라서 과거 특정 시점에 나누었던 대화를 챗봇이 기억하게 하려면 특별한 데이터베이스가 필요합니다.

챗GPT 성공 이후 그 뒤를 이어 주목받고 있는 벡터DB^{Vector Database}가 바로 그것입니다. 벡터 DB를 다루려면 벡터 공간^{Vector Space}과 임베딩^{Embedding}에 대한 개략적인 개념을 이해해야 합니다. 거기에 더해 벡터DB의 사용법도 알아야 하기 때문에 준비 과정과 실습 과정, 모두 2개 챕터로 나누어서 진행했습니다. 실습을 위한 벡터DB로는 Pinecone을 사용했습니다.

Chapter 14~15 Assistants API

Assistants API는 그동안 서드 파티^{Third Party}에서 다루던 자율적 에이전트의 여러 기능을 오픈 AI 시스템 내부로 가져왔다는 점에서 그 의미가 큽니다. Assistants API를 제대로 이해하려면 Assistants API의 데이터 구조를 알아야 합니다. 여기에 더해 챗GPT의 기본 API와 단계별로 비교하며 살펴보면 더욱 깊이 있는 이해를 구할 수 있습니다. 이 챕터에서는 Assistants API의 핵심 콘셉트에 대해 학습하고 사용 방법을 익힙니다. 그리고 이러한 이해를 바탕으로 도구 사용 등 Assistants API의 고급 기능을 알아보면서 지식 기반의 상담 챗봇을 만들어 봅니다.

Chapter 16 GPTs

GPTs는 비개발자들도 GPT 기반의 챗봇을 개발할 수 있게 하는 도구입니다. GPTs의 내부를 살펴보면, Assistants API의 원리가 그 기반이 되어 있음을 알 수 있습니다. 이 챕터에서는 Assistants API로 구현된 챗봇을 GPTs를 사용하여 어떻게 만들 수 있는지, 그리고 두 방법 사이의 강점과 약점이 무엇인지를 비교했습니다. 그 과정에서 기본 API, Assistants API, GPTs의 사용 전략에 대해서도 간략히 짚었습니다.

Chapter 17 카카오톡 챗봇 만들기

'카카오'는 카카오톡 채널과 연동하는 챗봇 개발 도구를 제공합니다. 이를 변형하면 챗GPT와 쉽게 연동할 수 있습니다. 단, 카카오톡 챗봇에서는 챗봇이 5초 안에 응답해야 하는 제약사항이 있습니다. 만일 Assistants API를 사용하여 카카오톡과 연동한다면, 내부 처리 과정이 복잡하기 때문에 기본 API에 비해 5초를 넘기는 빈도가 잦습니다. 이 챕터에서는 카카오톡 챗봇의 이러한 5초 제한을 효과적으로 극복할 수 있는 방법에 대해서도 함께 다룹니다.

Chapter 18 멀티모달 챗봇 만들기

멀티모달 기능을 활용하면 시각, 청각 등 여러 가지 감각을 지닌 챗봇을 개발할 수 있습니다. 오픈AI에서는 이런 여러 가지 감각들을 종합한 통합 모델을 지원하지는 않습니다. 완전한 멀티모달 모델이라는 GPT-4o조차도 공개된 API에서는 텍스트 생성과 비전 기능만 제공합니다. 이에 따라 이미지 생성, 음성 변환 등의 모델을 적절히 연동하여 통합적인 멀티모달리티를 지닌 것처럼 꾸며야 합니다. 이 챕터에서는 모달리티 및 멀티모달의 개념을 학습하고 오픈AI에서 제공하는 여러 가지 모달리티의 모델을 챗봇에 적용해 봅니다.

학습 시간

이 책을 쓸 때 '프로그램에 대한 기초 지식이 있는 독자라면 하루에 3시간씩 5일 동안 몰입하면 90% 이상을 이해할 수 있다'는 것을 목표로 삼았습니다. 물론, 프로그램 지식이 없는 분은 조금 더 걸릴 수 있습니다.

뭔가를 만들려고 마음먹었다면 빠르게 완성해 본 후 반복하여 개선하는 것이 효과적인 프로그래밍 방법이라는 사실은 널리 알려져 있습니다. 이렇게 짧은 기간을 염두에 둔 까닭은 프로그래밍 학습에도 마찬가지 방법이 적용된다고 생각하기 때문입니다. 따라서 너무 긴 시간 동안 이 책을 보는 것보다는 일단 처음부터 끝까지 한번 따라해본다는 마음으로 단기간에 몰입하여 학습해 나가는 것을 추천합니다.

실습 주력 모델과 실습 방법

이 책에서는 성능 대비 효과가 압도적으로 좋은 gpt-4o-mini를 주력 모델로 삼았으며, 고성능이 필요한 경우에 한해 gpt-4o 모델을 적용했습니다. 한편, 프롬프트 엔지니어링 적용 전과 후의 차이를 보여 주기 위해서 일부 예제에서는 gpt-3.5-turbo 모델을 사용한 경우도 있습니다.

한편 오픈AI API는 스냅샷 버전을 사용했습니다. 스냅샷 버전의 모델이란 gpt-4o-mini-2024-07-18처럼 특정 일자로 고정된 모델입니다. 모델이 업그레이드되면 응답 수준이 크게 달라질 수 있으므로 이와 같은 상황을 최소화하기 위해서입니다.

💡Tip. 모델의 버전에 대해서는 부록에서 자세히 설명했습니다. 참고로 스냅샷 버전을 사용하더라도 답변 결과가 이 책의 실습 결과와 100% 일치하지는 않습니다. 모델의 무작위성을 제어하는 seed 매개변수를 설정해도 한계는 있습니다. 이에 관한 이유는 Chapter 4, 5에서 설명합니다.

한편, 실습은 앞서 설명한 것처럼 학습 스택 다이어그램을 기준으로 진행하면 됩니다. 책에서 예시한 코드는 중략으로 표기했거나 import문 등이 생략된 경우가 있으니 깃허브에 있는 전체 코드를 참조하기 바랍니다.

묻고 답하는 공간

누구든지 이 책의 내용을 잘 따라 하면 최종 결과물을 만들어낼 수 있을 것입니다. 하지만 독자들마다 예기치 못한 상황이 발생할 수 있어 네이버 카페를 개설했습니다. 프로그래밍 관련 커뮤니케이션 수단으로 더 나은 것들이 있지만 접근성을 고려해 네이버 카페를 선택했습니다. 궁금한 사항이나 있거나 실습을 하다가 안 되는 부분이 생기면 이 카페에 방문해서 해결책을 얻어가면 좋겠습니다. 다만, LLM의 코딩 실력이 날이 갈수록 좋아지고 있으므로 챗GPT 등을 통해 먼저 문제를 해결해 보는 것도 좋은 방법입니다. 아울러 개선해야 할 내용이 있다면 이곳에 남겨 주면 감사하겠습니다. 이 책에서 사용한 코드는 깃허브 저장소에 올려 두었습니다.

- 네이버 카페: cafe.naver.com/minji337
- 깃허브 저장소: https://github.com/minji337/jjinchin/tree/pub-2

목차

추천사 _4

베타리더의 한마디 _5

개발을 시작하기 전에 _7

이 책의 목표 _11

이 책의 구성 _13

이 책 사용 설명서 _20

Chapter 01

개발 환경 쉽게 구성하기

1. 클라우드 IDE goorm 사용하기 _31

2. 파이썬 버전 업그레이드하기 _39

3. 카카오톡 챗봇 신청하기 _43

Chapter 02

쓸 만큼만 배우는 파이썬

1. 파이썬이 쉬운 이유 _51

2. 기본 타입 데이터 _53

3. 컬렉션 데이터 _56

4. 조건문과 반복문 _68

5. 함수 _70

6. 사물처럼 프로그래밍하기 _76

7. 예외 처리 작성하기 _80

8. 그 밖에 알아 둘 기능 _82

Chapter
03

챗GPT와 API로 대화하기

1. API 이해하기_87

2. API 사용 신청하기_90

3. API로 질의 응답하기_93

Chapter
04

프롬프트 엔지니어링의 기초

1. '프롬프트'와 '엔지니어링'의 의미_103

2. 프롬프트의 구성_104

3. 플레이그라운드_106

4. 언어 모델의 매개변수_108

Chapter
05

프롬프트 엔지니어링의 핵심 기법

1. 프롬프트를 잘 만드는 방법_115

2. LLM과 인-컨텍스트 러닝_119

3. Few-shot Prompting_119

4. CoT 기법_122

5. SC 기법_125

6. ToT 기법_129

7. ReAct 기법_137

8. RAG 기법_139

목차

Chapter 06

프롬프트 엔지니어링으로 챗봇 설계하고 구현하기

1. 대화형 언어 모델에서의 컨텍스트_145

2. 챗봇 시스템 설계하기_147

3. 프롬프트 만들기_149

4. 프롬프트 실행하기_153

5. 생성 결과 개선하기_156

Chapter 07

웹 애플리케이션에서 챗봇과 대화하기

1. 서버 프로그램의 동작 살펴보기_161

2. 서버 구동 과정 손에 익히기_162

3. application.py 살펴보기_165

4. 웹 리소스 적용하기_167

5. 화면에서 대화 주고받기_170

6. Chatbot 객체와 연결해서 대화하기_173

Chapter 08

프롬프트 엔지니어링으로 챗봇 꾸미기

1. 시스템 역할을 통한 페르소나 구축_179

2. 시스템 역할 성능 개선하기_181

3. 내 찐친으로 탈바꿈하기_183

4. 컨텍스트 용량 관리하기_190

5. 공통사항 미리 반영하기_194

Chapter

09

인간의 언어로 함수 호출하기

1. 언어 모델이 함수를 호출하는 방법 _197

2. Function Calling 활용해서 인터넷 검색하기_208

3. 병렬적 Function Calling _214

Chapter

10

에이전트 구현과 프롬프트 분할

1. 에이전트 개념 잡기_219

2. 자율적 에이전트가 동작하는 원리_220

3. 자율적 에이전트 구현하기_223

4. 복잡한 Task 분할하기_229

5. 찐친에게 에지를 주는 방법_232

6. WarningAgent 구현하기_233

7. WarningAgent 사용하기_238

Chapter

11

대화 내용 저장하기

1. 도큐먼트 DB _243

2. MemoryManager 구현하기_252

3. MemoryManager 사용하기_254

Chapter

12

기억을 위한 준비

1. 컴퓨터가 언어를 이해하는 방법 _261

2. 인간이 임베딩을 대하는 방법 _263

3. 임베딩 모델 사용해 보기 _266

4. 벡터DB의 필요성 _269

5. Pinecone DB 맛보기 _272

Chapter

13

기억을 동작시키는 방법

1. 대화 일괄 생성 _279

2. 기억을 구조화하는 방법 _282

3. 데이터베이스에 기록하기 _285

4. 실시간으로 기억 검색하기 _288

5. 실시간으로 기억해 내기 _293

6. 백그라운드에 기억 저장하기 _297

Chapter

14

Assistants API 개념 잡기

1. Assistants API 핵심 콘셉트 _307

2. Assistants API 사용해 보기 _310

3. Assistants API로 Chatbot 클래스 구현하기 _316

Chapter

15

Assistants API 심화 학습

1. 도구 사용하면서 상담하기_323

2. 플레이그라운드에서 Assistants 사용하기_338

3. 불필요해진 메서드들과 그 밖의 고려 사항_341

Chapter

16

GPTs와 API 사용 전략

1. GPTs 출시 배경과 의미_345

2. GPTs로 챗봇 만들어 보기_346

3. Assistants API와 GPTs 기능 비교하기_355

Chapter

17

카카오톡에 챗봇 올리기

1. 카카오톡 챗봇 훑어보기_361

2. 30분 만에 개발하는 카카오톡 챗봇_362

3. 5초 룰을 뚫어라_375

4. Assistants API 연결하기_384

Chapter

18

멀티모달 기능 적용하기

1. 모달리티와 멀티모달의 의미 _389

2. 이미지 인식하기_390

3. 이미지 생성하기 _393

4. 음성으로 응답하기_396

개발을 마무리하면서_402

부록 | 업그레이드에 대응하는 방법

1. 오픈AI 블로그 확인_407

2. 모델 업그레이드 확인_407

3. 가격 확인_410

4. 컨텍스트 윈도우 사이즈_412

찾아보기_414

01 개발 환경 쉽게 구성하기

이 책의 목적은 개발 환경을 구성하거나 소프트웨어 공학을 배우는 데 있지 않습니다. 앞서 밝혔듯이 누구나 쉽게 API를 활용해 원하는 서비스를 개발하는 것이 이 책의 취지입니다. 하지만 프로그래밍 경험이 있는 사람들도 개발 환경을 구성한다는 것은 쉬운 일이 아닙니다. 이런 이유로 프로그래밍이 처음이어도 쉽게 개발 환경을 구성할 수 있도록 클라우드형 개발 환경을 선택했습니다.

클라우드 환경을 사용하면 개발에 필요한 여러 소프트웨어가 미리 설치되어 있는 가상의 컴퓨터를 할당받을 수 있어 초기 개발 환경 구축에 유리한 측면이 많습니다. 다양한 클라우드 개발 환경이 있지만, 이 책에서는 goorm.io를 사용했습니다. 개발 언어는 파이썬을 선택했습니다. 파이썬은 이해하기 쉽고 간편할 뿐만 아니라 오픈AI에서 API 연동을 위한 주요 언어로 채택하고 있어 이 책에서도 파이썬으로 모든 코드를 구현했습니다.

| 학습 목표

- 클라우드 통합 개발 환경인 goorm을 활용해 개발 환경을 구성하고, 컨테이너의 기본 개념을 이해합니다.

| 핵심 키워드

- goorm.io
- 클라우드
- 컨테이너
- 카카오톡 챗봇
- 파이썬

1. 클라우드 IDE goorm 사용하기

개발 환경을 구성하는 쉬운 방법 중 하나는 **클라우드형 개발 환경**을 활용하는 것입니다. 클라우드를 활용하면 필요한 여러 가지 초기 설정을 수동으로 할 필요가 없는 것은 물론이고 자원 확장, 유연성, 비용 절감 등 다양한 장점이 있습니다. 다양한 클라우드 플랫폼이 있는데 그중에서도 한국어를 지원하고 무료 도메인을 제공하는 goorm.io를 사용했습니다.

goorm 가입하기

01 브라우저에서 goorm.io를 입력하면 다음 페이지를 볼 수 있습니다.

02 구글 계정이 있다면 로그인 화면에서 [Google로 계속하기]를 클릭합니다. 기존 구글 계정을 활용해 별도의 회원가입 없이 곧바로 이용할 수 있습니다. 그러면 다음과 같은 첫 화면이 나타납니다.

> **Tip.** goorm에 가입하면 구글 계정 하나당 매달 20시간 동안 무료로 컨테이너를 사용할 수 있는 크레 딧을 받을 수 있습니다. 구름의 가격 정책에 대한 자세한 내용은 ide.goorm.io/pricing을 참고하세요.

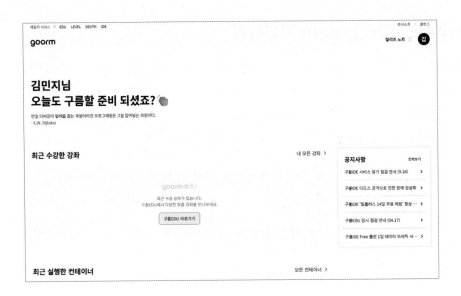

컨테이너 생성 & 실행하기

01 goorm 메인 페이지의 오른쪽 하단에서 [모든 컨테이너]를 클릭해 주세요.

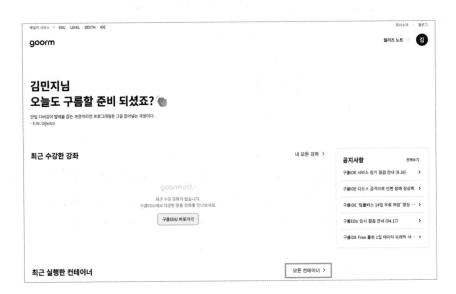

02 다음과 같이 [모든 컨테이너] 화면이 출력되면 왼쪽 상단의 [새 컨테이너]를 클릭하세요.

> **Tip.** 처음 로그인했다면 튜토리얼 팝업이 뜹니다. [건너뛰기]를 클릭하여 팝업을 없애고 진행하거나 튜토리얼로 더 세세한 기능을 알아보세요.

03 [컨테이너 생성하기] 화면이 뜨면 [스택]에 [Flask]를 선택하고 [이름]에 원하는 이름을 입력한 후 하단의 [생성하기]를 클릭합니다.

04 [생성하기]를 클릭하면 다음과 같이 "컨테이너 준비 중"이라는 문구가 뜹니다. 시간이 좀 걸리니 조금만 기다리면 됩니다.

05 컨테이너 생성을 완료했다는 팝업 창이 뜨면 기본적인 개발 환경이 설치된 겁니다. 운영체제도 설치되고 그 위에 파이썬으로 개발하면서 인터넷 서비스도 할 수 있는 환경이 갖추어진 것입니다. 이제 [실행]을 클릭해서 **워크스페이스** 내부로 들어가 보겠습니다.

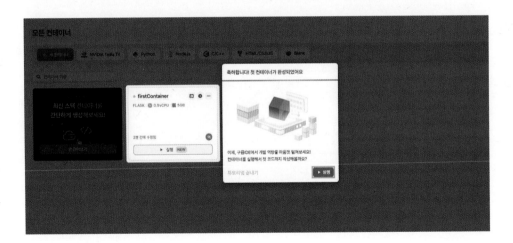

컨테이너란 소프트웨어로 만든 경량화된 가상의 컴퓨터입니다. 소프트웨어로 만든 가벼운 컴퓨터이기 때문에 삭제하는 것도 간단합니다. 다음의 [**모든 컨테이너**]에서 [더보기 → 컨테이너 삭제하기]를 클릭하면 우리가 만든 컨테이너가 금방 삭제됩니다. 그런 다음 앞서 배웠던 방식대로 다시 컨테이너를 생성할 수 있습니다.

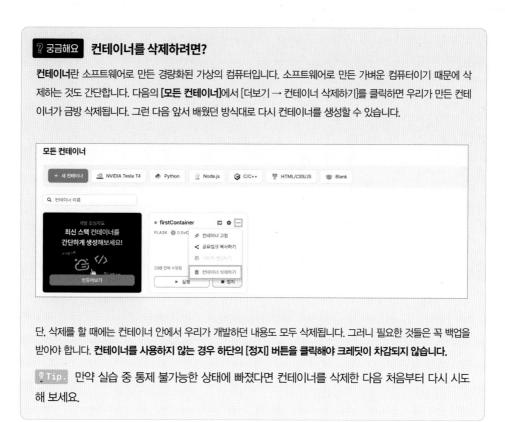

단, 삭제를 할 때에는 컨테이너 안에서 우리가 개발하던 내용도 모두 삭제됩니다. 그러니 필요한 것들은 꼭 백업을 받아야 합니다. **컨테이너를 사용하지 않는 경우 하단의 [정지] 버튼을 클릭해야 크레딧이 차감되지 않습니다.**

🔦Tip. 만약 실습 중 통제 불가능한 상태에 빠졌다면 컨테이너를 삭제한 다음 처음부터 다시 시도해 보세요.

워크스페이스 살펴보기

먼저 컨테이너 내부에 들어오면 **통합 개발 환경**IDE, Integrated Development Environment이 보입니다. 개발과 관련한 여러 작업을 하는 공간이라고 해서 **작업 공간** 또는 **워크스페이스**Workspace라고 부릅니다. 크게 **파일 탐색창**, **코드 에디터**, **콘솔 창** 이 3개의 영역으로 분할되어 있습니다.

🔦Tip. 이 책에서 사용하는 각 영역에 대한 명칭은 이해를 돕기 위함으로, goorm의 공식 문서와 다를 수 있습니다.

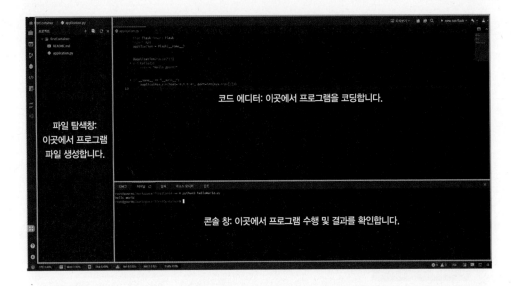

파일 탐색창:
이곳에서 프로그램
파일 생성합니다.

코드 에디터: 이곳에서 프로그램을 코딩합니다.

콘솔 창: 이곳에서 프로그램 수행 및 결과를 확인합니다.

① **파일 탐색창**: 말 그대로 프로그램과 관련된 파일을 담고 있는 탐색창입니다. 프로그램 파일이나 프로그래밍에 필요한 파일을 여기에서 만들면 되고, 필요한 경우 디렉터리를 만들어 사용하면 됩니다.

② **코드 에디터**: 프로그램을 코딩하는 곳입니다. 대부분의 코딩 작업이 이곳에서 일어납니다. 우리나라에서 많이 사용되는 VSCode나 이클립스만큼 기능이 풍부하지는 않지만, 여기에 개발하면 손쉽게 서비스할 수 있다는 점에서 편리합니다.

③ **콘솔 창**: 각종 실행 결과나 상태를 출력하는 공간입니다. 이 중 [터미널] 탭에서 여러 명령어를 실행할 수 있고 파이썬 프로그램도 이곳에서 실행합니다. 참고로 goorm에서 사용하는 운영체제는 리눅스입니다. 개발할 때 가장 많이 쓰이는 운영체제입니다. [터미널] 탭에서 이루어지는 모든 작업은 이 리눅스에서 명령어를 내리고 실행 결과를 확인하는 일입니다. 윈도우처럼 비주얼한 화면을 통해 접근하는 방식이 아니라 처음 접하는 분들은 낯설 수 있습니다. 하지만 어려울 것이 없습니다. [터미널] 탭에서 하는 작업은 몇 가지 정해진 명령어로 한정되어 있기 때문입니다.

한글 설정 방법

워크스페이스의 메뉴가 영어로 표시되어 있다면 화면 왼쪽 하단의 [설정 → Language]를 차
례로 클릭하여 한국어로 변경할 수 있습니다.

> **? 궁금해요** **Flask를 종료하려면?**
>
> [new run flask] 탭이 출력되고 빨간색 [종료] 버튼도 출력되어 있다면 [종료]를 클릭해서 Flask 서버 기능을 끈
> 다음 [new run flask] 탭도 모두 닫아 주세요. Chapter 6까지는 Flask 서버 기능을 사용하지 않습니다.
>
>

개발 환경 확인하기

개발 환경이 제대로 설치되었는지 확인하기 위해 간단한 파이썬 프로그램을 하나 작성해 보겠습니다.

01 파일 탐색창의 공간에서 마우스 오른쪽 클릭하여 [새 파일]을 선택한 후 hello_world.py를 생성합니다.

02 코드 에디터에 다음 코드를 입력하고 저장합니다.

```python
print("hello world!")
```

03 [터미널] 탭에서 python3 hello_world.py를 입력해서 프로그램을 실행합니다. 다음과 같이 잘 출력되었다면 기본적인 환경 구성을 마친 겁니다.

> **❓ 궁금해요 VM과 컨테이너의 차이**
>
> 컴퓨팅 자원을 효율적으로 사용하는 방법으로 **VM**Virtual Machine, 가상머신과 **컨테이너** 기술을 꼽을 수 있습니다. 우리가 방금 구성한 개발 환경도 컨테이너 기술을 사용합니다. VM 기술은 완전한 운영체제 두 벌을 활용하는 기술로, 자원 관리와 유연성을 높이지만 그만큼 자원을 분배하고 관리하는 과정이 필요해 무겁고 느립니다. 반면 컨테이너는 각 애플리케이션이 실행될 수 있는 수준의 환경만 설치하면 되므로 VM에 비해 훨씬 가볍고 빠릅니다.
>
> 이런 차이가 발생하는 까닭은 VM과 컨테이너가 각기 다른 목표를 가지고 태어났기 때문입니다. VM이 한 대의 컴퓨터를 온전히 사용하는 데에 초점이 맞추어져 있다면, 컨테이너는 특정 애플리케이션을 충돌 없이 구동하는 것이 목적입니다. 바로 이런 이유로 개발 환경에서는 컨테이너를 더 많이 활용합니다. 하나의 서비스만 구동되는, 가볍고 빠른 컴퓨터 한 대를 얻는 것이나 마찬가지이기 때문입니다. 또한 다른 애플리케이션과 충돌할 일도 없고, 문제가 발생할 때 컴퓨터 자체를 완전히 새로 만드는 것도 쉽습니다. 배포하는 과정도 컨테이너 단위로 할 수 있기 때문에 신경 쓸 일이 크게 줄어듭니다. goorm에서 개발 환경을 구성하는 과정이 간단하고 빨랐던 이유도 컨테이너이기 때문입니다.
>
> 즉, 컨테이너를 생성한다는 것은 가상의 컴퓨터에서 사용 목적을 정하고 그 목적에 따라 물리적 실체를 만드는 일이며 컨테이너를 실행한다는 것은 가상 컴퓨터를 켠다는 것입니다. 결국 우리의 목적에 맞는 개발 환경을 선택만 하면 운영체제를 포함해 각종 개발도구들을 잘 설정해서 깨끗한 새 컴퓨터에 담아주고, 이것을 전원까지 켜서 우리에게 제공해 주는 셈입니다. 그러면 우리는 웹 브라우저를 통해 이 가상 컴퓨터에 접속해서 원하는 대로 개발만 하면 됩니다.

2. 파이썬 버전 업그레이드하기

이 책에서는 파이썬 3.12 버전으로 실습을 진행합니다. 하지만 goorm에 탑재되어 있는 파이썬 버전은 3.7.4입니다. 따라서 실습을 진행하기 위해서는 파이썬 업그레이드가 필요합니다.

그런데 goorm에 탑재되어 있는 운영체제인 우분투 18.04에서 파이썬 버전을 3.9 이상으로 업그레이드하려면 여러 복잡한 과정이 필요합니다. 이러한 과정을 간편하게 진행할 수 있도록 스크립트 파일에 명령어들을 담아 놓았으니 다음 단계에 따라 복사 후 실행하기 바랍니다.

스크립트 실행하기

01 groom의 파일 탐색창에 install_python3.12.sh로 빈 파일을 만듭니다.

02 깃허브 저장소(github.com/minji337/jjinchin/blob/pub-2/install_python3.12.sh) 에서 [Raw] 또는 [Copy raw file]을 클릭한 다음 파일의 내용을 모두 복사합니다.

```
1   #!/bin/bash
2   # chmod +x install_python3.12.sh && ./install_python3.12.sh
3
4   # 스크립트 시작 시간 기록
5   start_time=$SECONDS
6
7   # 필요한 패키지 설치
8   sudo apt update
9   sudo apt install -y build-essential zlib1g-dev libncurses5-dev libgdbm-dev libnss3-dev libssl-dev libreadline-dev libffi-dev curl software-properties-common
10
11  # Python 소스 코드 다운로드 및 압축 해제
12  wget https://www.python.org/ftp/python/3.12.4/Python-3.12.4.tar.xz
13  tar -xf Python-3.12.4.tar.xz
14  cd Python-3.12.4
15
16  # Python 빌드 및 설치
17  ./configure
18  sudo make altinstall
19
20  # Python 소스 및 압축 파일 삭제
21  cd ..
22  rm -rf Python-3.12.4 Python-3.12.4.tar.xz
23
24  # Python 3.12를 사용하여 pip 업그레이드
25  python3.12 -m pip install --upgrade pip
26
27  # 파이썬 패키지 설치
28  python3.12 -m pip install --force-reinstall retry==0.9.2
29  python3.12 -m pip install --force-reinstall openai==1.37.1
30  python3.12 -m pip install --force-reinstall Flask==3.0.3
31  python3.12 -m pip install --force-reinstall pytz==2024.1
32  python3.12 -m pip install --force-reinstall tavily-python==0.3.5
```

03 워크스페이스로 돌아와 만들어 둔 파일에 붙여 넣고 저장합니다.

04 복사한 내용 중 두 번째 행에 있는 chmod +x install_python3.12.sh && ./install_python3.12.sh를 복사하여 [터미널] 탭에 붙여 넣고 실행합니다. 이때 # 표시는 복사하면 안 됩니다. 이제 설치까지 약 30분이 소요되니 잠시만 기다려 주세요. 공개키 인증 오류 등 설치 중간에 발생하는 오류는 무시해도 좋습니다.

05 [터미널] 탭에서 source ~/.bashrc를 입력 후 실행하세요.

06 [터미널] 탭에서 python3 --version을 입력해 파이썬 버전을 확인하세요. 3.12.4로 출력
되면 제대로 설치된 겁니다.

스크립트 이해하기

우분투 22.04와 같은 상위 버전에서는 개인 패키지 저장소, 즉 PPA^Personal Package Archive 방식을
사용하여 보다 간편하게 파이썬 버전을 업그레이드할 수 있습니다. 하지만 goorm 무료 버전
에서 제공하는 우분투 18.04 버전에서 파이썬 버전을 3.9 이상으로 업그레이드하려면 수동으
로 업그레이드 작업을 진행해야 합니다. 다음의 수동 업그레이드 절차를 한꺼번에 묶어서 파일
로 만든 것이 바로 install_python3.12.sh입니다. 파일 내 스크립트의 행을 간단하게 살펴보
면서 각 행이 어떤 역할을 하는지 가볍게 훑어보세요.

명령줄

- **chmod +x install_python3.12.sh && ./install_python3.12.sh** : install_python3.12.sh 파일
  을 실행 가능한 상태로 바꾼 후 실행합니다.

스크립트

- **install_python3.12.sh 8~9행** : 파이썬 설치에 필요한 네이티브 라이브러리를 사전에 설치합니다.
- **install_python3.12.sh 12~13행** : 파이썬 설치 파일을 다운로드하고 압축을 풉니다.
- **install_python3.12.sh 17~18행** : 파이썬을 설치합니다. altinstall을 사용함으로써 기존에 설치된
  파이썬은 덮어쓰지 않습니다.

- **install_python3.12.sh 25행** : "**pip**" 명령어를 업그레이드합니다.
- **install_python3.12.sh 28~37행** : 학습에 필요한 패키지를 일괄 설치합니다.
- **install_python3.12.sh 39~40행** : python3 및 pip 명령이 새롭게 설치된 파이썬 3.11을 참조하도록 alias를 설정합니다.
- **source ~/.bashrc** : alias가 현재 터미널에 적용되게 합니다. 이 명령을 사용하지 않고 터미널에 재접속해도 됩니다.

이 책에서 실습을 하기 위해 필요한 패키지는 다음과 같습니다. 앞서 설명한 대로 install_python3.12.sh를 실행했다면 여러분의 컨테이너에 모두 설치되어 있습니다.

패키지명(영문)	내용	버전
retry	함수 호출에 실패할 경우 재시도 기능	0.9.2
openai	오픈AI API 패키지	1.37.1
Flask	파이썬 웹 프레임워크	3.0.3
pytz	시간대 처리	2024.1
tavily-python	AI 기반 인터넷 검색 도구	0.3.5
pymongo	Mongo DB 클라이언트	4.8.0
scipy	과학 계산 라이브러리	1.14.0
pinecone-client	pinecone 벡터 DB 클라이언트	5.0.0
requests	HTTP 요청 처리	2.32.3
tiktoken	오픈AI 토크나이저	0.7.0

> **Tip.** [터미널] 탭에서 pip list를 실행하면 설치된 패키지들을 확인할 수 있습니다.

3. 카카오톡 챗봇 신청하기

앞으로 우리가 다룰 카카오톡 챗봇을 구현하려면 카카오톡 채널을 개설하고, 카카오톡 챗봇을 생성한 후 AI 챗봇 전환 신청이 필요합니다. 이를 위해서 다음 프로세스를 따라야 합니다.

> **Tip.** AI 챗봇 전환 신청은 Chapter 17을 진행하기 위함이니 승인되지 않더라도 학습을 진행하는 데 문제가 없습니다.

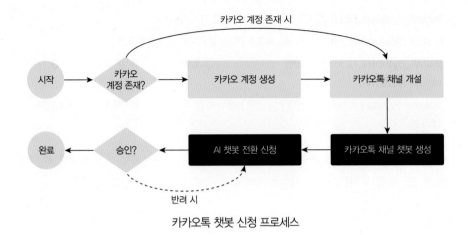

카카오톡 챗봇 신청 프로세스

카카오톡 채널 개설하기

01 카카오톡 채널(business.kakao.com/info/kakaotalkchannel)에 접속해서 오른쪽 상단에 있는 [로그인]을 클릭합니다.

02 아이디와 비밀번호를 입력하고 [로그인]을 클릭하여 **카카오 비즈니스** 화면에 접속합니다. 카카오 계정이 없다면 하단의 [회원가입]을 클릭해서 카카오 계정을 생성한 후 로그인하세요.

03 카카오톡 비즈니스 화면입니다. 상단 바에서 [채널 → 채널]을 클릭하세요.

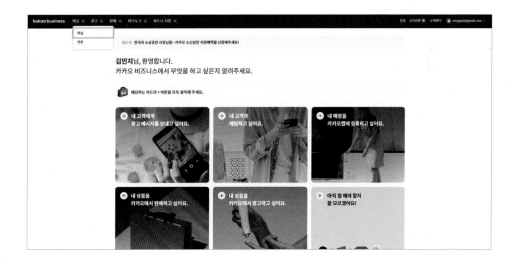

04 [프로필 설정]과 [부가 정보 설정]에 원하는 내용을 입력하고 [확인]을 클릭하면 채널 생성
이 완료됩니다.

05 상단 바에서 [채널→채널]을 클릭한 후 앞서 생성한 채널 이름을 선택하면 **채널 관리자센터**
로 접속됩니다. 생성한 채널을 카카오톡에서 검색할 수 있도록 **채널 관리자센터**에서 [프로필
→ 프로필 설정]을 클릭합니다. 다음 화면이 출력되면 [채널 공개]와 [검색 허용]을 설정하
고 하단의 [저장]을 반드시 클릭해야 마무리됩니다. 카카오톡에서 채널이 검색되기까지는
2~3일이 소요됩니다.

카카오톡 챗봇 생성하기

01 채널 개설이 완료되었으면 카카오 비즈니스에서 [채널 → 챗봇]을 클릭합니다.

02 다음 화면이 출력되면 [봇만들기 → 카카오톡 챗봇]을 클릭합니다.

03 카카오톡 챗봇 생성 창이 출력되면 원하는 챗봇 이름을 입력하고 [확인]을 클릭하세요. 카카오톡 챗봇이 생성됩니다.

AI 챗봇 전환 신청하기

01 카카오톡 챗봇 생성이 완료되면 챗봇 관리자센터로 이동합니다. 이 화면에서 [설정 → AI 챗봇 관리 → AI 챗봇 전환]을 순서대로 클릭하세요.

02 AI 챗봇 전환 신청 창이 뜨면 [AI 챗봇 목적]과 [요청 사유]를 작성하고 [신청]을 클릭하세요. 통상 승인을 받는 데까지 1~2일이 소요됩니다.

03 승인 후에는 다음과 같이 AI 챗봇 설정 상태가 ON으로 전환되고, [AI 챗봇 전환] 버튼이 [일반 챗봇 전환]으로 변경됩니다.

＊＊＊＊

지금까지 goorm IDE 설치, 컨테이너, 파이썬 업그레이드, 카카오톡 챗봇 생성까지 시작부터 많은 내용을 다뤘습니다. 프로그래밍 공부를 시작할 때 개발 환경을 구성하는 작업이 제일 어렵다고 합니다. 그런 점에서 앞으로 할 것 중 가장 어려운 부분을 해낸 겁니다. 다음 챕터에서는 조금 전 만든 개발 환경에서 '내 찐친 고비'를 개발하기 위한 파이썬 기초 지식을 살펴보겠습니다.

02 쓸 만큼만 배우는 파이썬

이 책은 파이썬 학습서가 아닙니다. 하지만 파이썬을 접한 적이 없어도 내용을 이해하고 실습할 수 있을 만큼의 파이썬 기초 지식을 다루었습니다. 아울러 기초 지식은 아니더라도 이 책에 나오는 특정 기능이나 문법이라면 이 챕터에서 함께 살펴보았습니다.

학습 목표

- 이 책에서 제시되는 실습 코드를 이해하고 따라 할 수 있을 정도의 파이썬 기초 지식을 학습함으로써 챗봇 구현에 필요한 문법을 습득합니다.

핵심 키워드

- 파이썬
- 인터프리터
- 데이터 타입
- 컬렉션
- 함수
- 클래스
- 객체
- 예외 처리

1. 파이썬이 쉬운 이유

파이썬만큼 널리 사용하는 C 언어나 자바는 코드를 컴파일하여 머신코드나 바이트 코드로 변환해야만 실행할 수 있습니다. 이에 따라 클래스 또는 함수를 구성하는 구조나 변수 타입 등 지켜야 할 문법이 많습니다. 뿐만 아니라 한 글자의 오류도 없이 모든 코드를 완벽하게 작성해야만 실행RUN됩니다.

반면 파이썬은 컴파일 과정 없이 줄 단위로 실행되는 인터프리터 언어Interpreter Language이기 때문에 사람이 연습장에 스케치하듯 간편하게 표현할 수 있습니다. 자바와 C 언어, 파이썬의 차이를 한눈에 볼 수 있도록 간단한 사칙연산을 코드로 작성하면 다음과 같습니다.

자바로 구현한 사칙연산

```
public class ArithmeticOperations {
    public static void main(String[] args) {
        int a = 10;
        int b = 5;
        System.out.println("Addition: " + (a + b));
        System.out.println("Subtraction: " + (a - b));
        System.out.println("Multiplication: " + (a * b));
        System.out.println("Division: " + (a / b));
    }
}
```

C 언어로 구현한 사칙연산

```
#include <stdio.h>
int main() {
    int a = 10;
    int b = 5;
    printf("Addition: %d\n", a + b);
    printf("Subtraction: %d\n", a - b);
    printf("Multiplication: %d\n", a * b);
    printf("Division: %d\n", a / b);
    return 0;
}
```

```
파이썬으로 구현한 사칙연산

a=10
b=5

print("덧셈:", a + b)
print("뺄셈:", a-b)
print("곱셈:", a * b)
print("나눗셈:", a / b)
```

자바와 C 언어에 비해 파이썬이 간결하고 직관적이라는 것을 알 수 있습니다. 뿐만 아니라 파이썬은 줄 단위로 실행되기 때문에 다음과 같이 잘못된 코드가 중간에 있더라도 해당 줄까지는 정상적으로 동작합니다.

잘못된 코드가 있어도 해당 줄까지 실행되는 과정

다른 문법도 마찬가지입니다. 리스트, 조건문, 반복문을 구현하는 코드는 프로그램을 처음 접하는 사람들도 어떤 기능을 수행하는지 대강 짐작할 수 있습니다.

```
리스트, 조건문, 반복문을 구현한 파이썬 프로그램

# 리스트
fruits = ["사과", "바나나", "파인애플", "딸기", "오렌지"]

# 조건문
if "파인애플" in fruits:
```

```
print("파인애플은 과일 중 하나입니다")

# 반복문
for fruit in fruits:
    print("과일:", fruit)
```

물론 이러한 편리성이 항상 좋은 것만은 아닙니다. 특히 완전한 코드를 구성하고 엄격한 변수 타입을 지정하도록 강제하면 실행 시점에 발생하는 오류를 그만큼 방지할 수 있습니다. 그런데도 학습의 용이성과 개발의 생산성 그리고 이를 바탕으로 성장한 강력한 생태계 덕분에 파이썬은 전 세계에서 가장 사랑받는 언어로 자리잡았습니다.

Jul 2024	Jul 2023	Change		Programming Language	Ratings	Change
1	1			Python	16.12%	+2.70%
2	3	^		C++	10.34%	-0.46%
3	2	v		C	9.48%	-2.08%
4	4			Java	8.59%	-1.91%
5	5			C#	6.72%	-0.15%
6	6		JS	JavaScript	3.79%	+0.68%

프로그래밍 언어 순위(2024년 8월 기준, 출처: tiobe.com/tiobe-index)

`Tip.` TIOBE Index: 검색 엔진 데이터를 바탕으로 프로그래밍 언어의 인기도를 산정하는 지표입니다.

2. 기본 타입 데이터

파이썬 데이터 타입을 분류하는 한 가지 방법은 '기본 데이터 타입'과 '컬렉션 데이터 타입'으로 나누는 것입니다. 기본 데이터 타입은 거의 모든 프로그램에서 존재하는 타입으로 10이라는 숫자나 《안녕》이라는 문자가 여기에 해당합니다.

숫자형 데이터

앞에서 작성했던 a, b라는 변수는 숫자를 담고 있는 데이터입니다. 파이썬 숫자형에는 정수형, 실수형, 복소수형 3가지가 있습니다. C나 자바 같은 언어는 숫자라는 데이터 타입을 명시적으로 선언해야 합니다. 이에 반해 파이썬은 변수에 값을 할당하는 순간 데이터 타입이 정해집니다.

파이썬 정수형 변수

```
x = 10
```

C, 자바 정수형 변수

```
int x = 10
```

파이썬 실수형 변수

```
x = 3.14
```

C, 자바 실수형 변수

```
float x = 3.14;
```

문자열 데이터

문자들이 열을 지어 있는 데이터를 '문자열 데이터'라고 합니다. 가령 "Python: "은 알파벳 6개, 콜론(:) 1개, 스페이스 1개, 총 8개 문자로 이루어진 문자열 데이터입니다. 파이썬에서는 문자열을 만들 때 작은따옴표(')나 큰따옴표(")를 쌍으로 감싸면 됩니다.

문자열 데이터도 숫자형 데이터처럼 연산이 가능합니다. 다만, 덧셈과 곱셈만 할 수 있고 뺄셈과 나눗셈은 할 수 없습니다. 다음 예시를 보면 그 이유를 짐작할 수 있습니다.

문자열 연산 | 파일 chapter02/ex_str_ops.py

```python
x = "나는 오늘 "
y = "파이썬을 배웠다."
z = x + y
print("x + y:", z)
z = x * 3
print("x * 3:", z)
```

```
x + y: 나는 오늘 파이썬을 배웠다.
x * 3: 나는 오늘 나는 오늘 나는 오늘
```

> 🔆Tip. 주피터 노트북 사용자들을 위해 이 챕터의 예제 코드는 "chapter02/merged.ipynb"로도 제공됩니다.

문자열 포매팅

문자열 포매팅은 문자열 안에 변수를 삽입하여 새로운 문자열을 만드는 방법으로 format 함수를 사용하는 방법과 f-string(formatted-string)을 사용하는 방법이 있습니다. format 함수는 문자열 안에 중괄호({ })를 사용하여 변수를 삽입할 위치를 지정하고, 이를 format 함수의 인자로 전달함으로써 값을 삽입할 수 있습니다. 반면, f-string은 문자열 앞에 f를 붙이고 중괄호 안에 변수만 삽입하면 되므로 더욱 간결하고 직관적인 코드를 작성할 수 있습니다.

문자열 포매팅 | 파일 chapter02/ex_str_fmt.py

```python
name = "김민지"
age = 26
gender = "여성"

s1 = "페르소나는 {age}세 {name}라는 {gender}입니다.".format(name=name, age=age,
gender=gender)
print(f"s1 => {s1}")
s2 = f"페르소나는 {age}세 {name}라는 {gender}입니다."
print(f"s2 => {s2}")
```

```
s1 => 페르소나는 26세 김민지라는 여성입니다.
s2 => 페르소나는 26세 김민지라는 여성입니다.
```

문자열 함수

파이썬에는 문자열을 편리하게 다룰 수 있는 다양한 함수가 있습니다. 이 책에서 사용하는 함수 위주로 간략히 소개하겠습니다.

> 🔆Tip. 문자열 함수의 기능과 사용 방식은 다음 예제 코드에 주석으로 설명했습니다.

```
문자열 함수 | 파일 chapter02/ex_str_funcs.py
```
```python
# split는 문자열을 지정된 구분자에 따라 분리하는 함수다.
text = "김민지 and 고비"
result = text.split(" and ")
print(f"split: {result}")

# replace는 문자열의 일부(또는 전부)를 다른 문자열로 교체하는 함수다.
result = text.replace("and", "그리고")
print(f"replace: {result}")
```
```
split: ['김민지', '고비']
replace: 김민지 그리고 고비
```

3. 컬렉션 데이터

숫자형과 문자열 데이터와 달리 여러 개의 데이터를 묶음으로 가지고 있는 데이터 타입을 가리켜 컬렉션Collection이라고 합니다. 파이썬 컬렉션의 종류에는 리스트List, 딕셔너리Dictionary, 세트Set, 튜플Tuple이 있습니다. 하나씩 예제 코드와 함께 살펴보겠습니다.

리스트

리스트List는 여러 요소를 순서대로 저장하는 자료형으로, 대괄호로 표현합니다.

```
리스트 | 파일 chapter02/ex_list1.py
```
```python
emotions = ['사랑', '증오', '기쁨']
print("모든 감정:", emotions[0], emotions[1], emotions[2])
```
```
모든 감정: 사랑 증오 기쁨
```

이 코드에 대해 다음과 같은 그림을 떠올리면 리스트의 개념을 쉽게 이해할 수 있습니다.

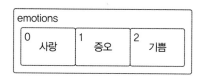

리스트의 구조

왼쪽 상단의 숫자는 데이터의 위치 정보를 뜻하며 인덱스^{Index}라고 부릅니다. 프로그래밍에서 인덱스는 보통 0부터 시작합니다. 이에 따라 위 코드처럼 개별 데이터에 접근할 때 emotions[0]와 같이 대괄호 안에 인덱스를 넣어 줍니다.

> **❓ 궁금해요 메모리에서 바라본 리스트 구조**
>
> 메모리에서 리스트의 구조는 앞에서 예시한 그림과는 약간 다릅니다. 아래 그림처럼 요소들의 실체들은 메모리 내의 다른 공간에 있고, 리스트는 그것들의 위치 정보만 가지고 있습니다. 만일 '감정'이 갖는 '사랑'과 '큐피드'가 갖는 '사랑'의 내용이 동일하다면 리스트마다 새로운 '사랑'을 만들 필요는 없을 겁니다. 이러한 점을 생각하면 리스트가 왜 위치 정보만 갖고 있는지 이해하기 쉽습니다. 리스트 외에 다른 컬렉션들도 마찬가지 구조입니다. 다만, 파이썬 기초 지식을 전달하는 데는 앞에서 예시한 그림처럼 표현하는 것이 효과적이라고 판단해서 실제와는 약간 다르게 표현했습니다.
>
>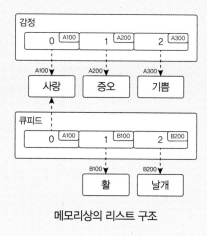
>
> 메모리상의 리스트 구조

컬렉션은 신축성이 좋아서 요소를 추가하거나 삭제하는 것이 간편합니다. 이처럼 컬렉션 안에 든 데이터를 추가하거나 삭제할 때는 컬렉션 자체에서 제공하는 함수 append와 remove를 활용하면 됩니다.

리스트 내의 요소 추가 | 파일 chapter02/ex_list2.py

```
emotions = ['사랑', '증오', '기쁨']
emotions.append("슬픔")
print("모든 감정:", emotions[0], emotions[1], emotions[2], emotions[3])
```

모든 감정: 사랑 증오 기쁨 슬픔

리스트가 제공하는 **append**라는 함수를 사용하여 데이터를 추가한 것입니다. 내부적으로는 다음과 같은 형태로 데이터가 추가되었다고 볼 수 있습니다.

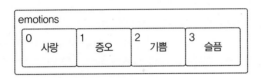

append 함수를 사용한 데이터 추가

이번에는 remove라는 함수를 사용해 '사랑'이라는 요소를 삭제해 보겠습니다.

> **Tip.** remove 함수는 리스트에서 함수의 입력값과 일치하는 것 중에서 첫 번째 요소만 지웁니다. 만일 '사랑'이라는 요소가 0번째와 1번째에 중복해서 들어 있다면 순서가 빠른 0번째 요소만 삭제됩니다.

리스트 내 요소 삭제 | 파일 chapter02/ex_list3.py

```
emotions = ['사랑', '증오', '기쁨']
emotions.append("슬픔")
emotions.remove("사랑")
print("모든 감정:", emotions[0], emotions[1], emotions[2])
```

모든 감정: 증오 기쁨 슬픔

이로써 다음과 같이 3개의 요소만 남았습니다.

remove 함수를 사용한 데이터 삭제

딕셔너리

딕셔너리Dictionary는 말 그대로 사전 같은 자료형입니다. 사전은 낱말과 뜻풀이로 구성됩니다. 딕셔너리 데이터를 사전에 비유하면, 낱말에 해당하는 것이 키Key, 뜻풀이에 해당하는 것이 값Value입니다. 아울러, 사전이 똑같은 낱말을 중복해서 갖고 있지 않은 것처럼, 딕셔너리의 키도 중복을 허용하지 않습니다. 이러한 점이 바로 딕셔너리 데이터의 가장 큰 특징입니다.

딕셔너리 | 파일 chapter02/ex_dict1.py

```
fruits = {'수박': '박과의 여름과일', '사과': '사과나무의 열매', '딸기': '나무딸기속 식물'}
print('모든 과일:', fruits['수박'], fruits['사과'], fruits['딸기'])
```

모든 과일: 박과의 여름과일 사과나무의 열매 나무딸기속 식물

리스트가 대괄호를 사용했다면 딕셔너리는 중괄호로 데이터를 묶습니다. 그리고 키와 값은 콜론(:)으로 구분하여 표시합니다.

리스트가 인덱스로 요소에 접근했다면, 딕셔너리는 `fruits['수박']`처럼 키로 값에 접근합니다. 내부적으로는 다음과 같은 형태의 공간이 생기는 것으로 볼 수 있습니다.

fruits		
Key 수박	Key 사과	Key 딸기
Value 박과의 여름과일	Value 사과나무의 열매	Value 나무딸기속 식물

딕셔너리의 구조

리스트처럼 딕셔너리도 요소를 추가하거나 삭제할 수 있습니다. 요소를 삭제할 때는 **del** 명령을 사용합니다.

---

del 명령을 사용한 요소 삭제 | 파일 chapter02/ex_dict2.py

```
fruits['포도'] = '덩굴성 자줏빛 과일'
del fruits['수박']
```

'포도'를 넣고 '수박'을 삭제했기 때문에 fruits 데이터의 내부적인 형태는 다음과 같이 바뀝니다.

fruits		
Key 사과	Key 딸기	Key 포도
Value 사과나무의 열매	Value 나무딸기속 식물	Value 덩굴성 자줏빛 과일

del 명령을 통한 딕셔너리의 형태 변경

다음은 딕셔너리 데이터에서 키와 값을 한꺼번에 꺼내 와서 그중 값을 출력하는 코드입니다. 키와 값을 꺼내는 방법은 주석(#)에서 볼 수 있습니다.

Key와 Value 값으로 출력 | 파일 chapter02/ex_dict2.py

```
# fruits에 담긴 키들을 가져와 fruits_keys에 담는다.
fruits_keys = fruits.keys()

# list(...) 함수를 통해 fruits_keys의 데이터를 리스트 데이터 형식으로 변경한다.
fruits_keys_list = list(fruits_keys)

# fruits에 담긴 값들을 가져와 fruits_values에 담는다.
fruits_values = fruits.values()

# list(...;) 함수를 통해 fruits_values의 데이터를 리스트 데이터 형식으로 변경한다.
fruits_values_list = list(fruits_values)

print("fruits_keys_list: ", fruits_keys_list)
print("fruits_values_list: ", fruits_values_list)
```

```
fruits_keys_list:  ['사과', '딸기', '포도']
fruits_values_list:  ['사과나무의 열매', '나무딸기속 식물', '덩굴성 자줏빛 과일']
```

세트

세트set는 수학 시간에 배우는 바로 그 집합입니다. 집합의 정의가 중복을 허용하지 않고, 순서가 없는 요소들의 모음인 것처럼 파이썬의 세트 자료형도 마찬가지 기준으로 데이터를 관리합니다.

세트 | 파일 chapter02/ex_set1.py

```
a = set([1,2,3])
b = set([3,2,1])

# 순서가 다르더라도 같은 데이터로 판단한다.
print("a == b:", a == b)

# 중복된 요소는 제거한다.
c = set([3,2,1,1])
print("c:", c)
```

```
a == b: True
c: {1, 2, 3}
```

집합 자료형이기 때문에 합집합, 교집합, 차집합을 구할 수 있습니다.

합집합, 교집합, 차집합 | 파일 chapter02/ex_set2.py

```
a = set([1,2,3])
b = set([2,3,4])
a = set([1,2,3])
b = set([2,3,4])

print("합집합:", a | b)
print("교집합:", a & b)
print("차집합:", a - b)
```

```
합집합: {1, 2, 3, 4}
교집합: {2, 3}
차집합: {1}
```

튜플

튜플Tuple은 괄호를 사용하여 요소를 묶습니다. 여러 요소를 순서대로 저장하고 중복을 허용하며 인덱스로 요소에 접근한다는 점에서 튜플과 리스트는 유사합니다. 이러한 유사성 때문에 두 자료형을 시퀀스 자료형Sequence Type이라고 부르기도 합니다. 다른 한편으로 튜플은 한 번 만들어지면 변경할 수 없다는 점에서는 리스트와 차이가 있습니다. 튜플의 이러한 성질을 가리켜 불변성Immutable이라고 부릅니다. 다음은 튜플의 불변성을 나타내는 예제입니다.

튜플 | 파일 chapter02/ex_tuple1.py

```
a = (1,2,3,3)
print("a:", a) # 중복을 허용한다.
print("a[0]:", a[0]) # 인덱스로 접근한다.
a[0]=10 # 변경을 시도하면 오류가 발생한다.
```

```
a: (1, 2, 3, 3)
a[0]: 1
-------------------------------------------------------------------------
TypeError: 'tuple' object does not support item assignment
```

한편, 튜플은 다음과 같이 패킹Packing, 언패킹Unpacking하여 사용할 수 있습니다.

```
numbers = 1,2,3 # 패킹
a,b,c = numbers # 언패킹
print("a:", a)
print("b:", b)
print("c:", c)
```

```
a: 1
b: 2
c: 3
```

여러 개의 요소를 하나의 변수에 할당하는 것을 패킹이라 부르고, 반대로 하나의 변수에 들어
있는 요소들을 여러 개의 변수에 나누어 분배하는 것을 언패킹이라 부릅니다. 이러한 튜플의 패
킹/언패킹 그리고 불변성이라는 특성 때문에 함수의 반환값이 2개 이상일 때 자주 사용합니다.

```
def calculate(a, b):
    sum_result = a + b
    product_result = a * b
    return sum_result, product_result  # 튜플을 패킹한다.

# 언패킹하여 각 결과에 할당한다.
sum_value, product_value = calculate(3, 4)
print("sum_value:", sum_value)
print("product_value:", product_value)
```

```
sum_value: 7
product_value: 12
```

함수에서 2개 이상의 값을 반환할 때 패킹을 사용하면 편리하고, 결과를 받는 쪽에서도 언패킹
되기 때문에 코드가 간결해집니다. 뿐만 아니라, 함수에서 반환받은 내용이 이후 로직 처리 과
정에서 변경되지 않는다는 보장이 있기 때문에 가독성과 함께 시스템 안정성에도 기여할 수 있
습니다.

컬렉션 안의 컬렉션

딕셔너리는 대상을 정의하기 좋은 데이터 형태입니다. 예컨대 다음과 같이 이름, 나이, 직업, 성격이라는 속성으로 사람을 정의할 수 있습니다.

```
minji = {'이름':'김민지', '나이': 26, '직업':'회사원', '성격': ['내향적', '끈질긴', '도전적'] }
gobi = {'이름':'고비', '나이': 26, '직업': 작곡가', '성격': ['사교적', '편안한] }
```

이때 '성격'은 '내향적', '끈질긴' 등 여러 가지로 표현할 수 있습니다. 이럴 경우 딕셔너리의 값은 단일 데이터가 아닌, 리스트와 같은 컬렉션 데이터로 표현할 수도 있습니다. 마찬가지로 딕셔너리 데이터인 minji와 gobi를 다음과 같이 persons라는 리스트 데이터 안에 넣을 수도 있습니다.

```
persons = [minji, gobi]
```

조금 복잡합니다. 다음처럼 persons의 전체적인 데이터 구조를 그린 후 설명하겠습니다.

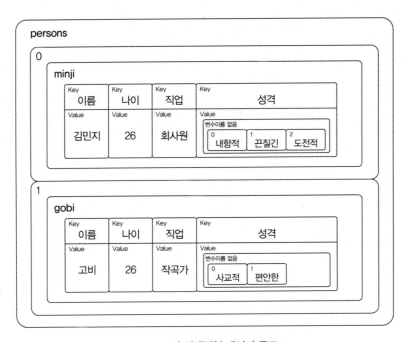

persons의 전체적인 데이터 구조

persons 리스트의 첫 번째 방(0번째 인덱스)에 minji가 있고, 두 번째 방에 minji의 친구 gobi가 있습니다. 각자는 키와 값으로 그들의 특성을 표현하고 있으며, 그중 성격은 한 가지로 특정할 수 없기 때문에 리스트를 사용하여 표현하고 있습니다.

프로그램에서 데이터를 주고받을 때 이와 같은 중첩된 데이터 구조는 흔하게 사용하는 형태입니다. 현실에서 의미 있는 애플리케이션을 개발하려면 프로그램에서 다루는 데이터가 다양한 계층으로 구조화되어야 하는 경우가 많기 때문입니다. 우리가 개발할 프로그램에서도 오픈AI와 데이터를 주고받을 때 이러한 중첩된 구조를 사용합니다.

컬렉션 공통 함수

컬렉션 데이터에 공통으로 적용할 수 있는 함수들이 있습니다. enumerate, reversed, sorted, min, max, sum 등입니다. 여기에서는 이 책에서 사용하고 있는 앞의 3가지 함수에 대해 리스트와 딕셔너리 데이터를 중심으로 살펴보겠습니다.

- **enumerate** : 컬렉션 데이터를 순서대로 꺼내 와서 인덱스를 반환합니다. 리스트에서 데이터를 꺼내 올 때 위치 정보나 순번 등이 필요한 경우 이 함수가 유용하게 사용됩니다. 반환되는 인덱스는 0부터 시작하며 필요하면 start 매개변수를 통해 시작하는 숫자를 지정할 수 있습니다.

enumerate 함수 | 파일 chapter02/ex_enum.py

```python
list_var = [1,2,3]
for idx, element in enumerate(list_var):
    print(f"{idx}번째, element: {element}")
print("=" * 20)
for idx, element in enumerate(list_var, start=1):
    print(f"{idx}번째, element: {element}")
```

```
0번째, element: 1
1번째, element: 2
2번째, element: 3
====================
1번째, element: 1
2번째, element: 2
3번째, element: 3
```

- **reversed**: 컬렉션 데이터를 역순으로 꺼내 올 때 사용합니다. 리스트에 들어 있는 요소들을 가장 나중에 들어간 순서대로 꺼내 올 때 유용합니다.

reversed 함수 | 파일 chapter02/ex_reversed.py

```python
list_var = [1,2,3]
for element in reversed(list_var):
    print(f"element: {element}")
```

```
element: 3
element: 2
element: 1
```

- **sorted**: 컬렉션 데이터를 정렬하는 함수입니다. 매개변수에는 정렬할 원본 데이터, 어떤 값을 기준으로 정렬할지 정하는 key, 역순 정렬 여부를 설정하는 reverse가 있습니다. 다음은 구성원 목록을 연령 기준 역순으로 정렬하는 예제입니다.

sorted 함수 | 파일 chapter02/ex_sorted.py

```python
def sort_by_age(person):
    return person['age']

members = [{'name': '이현경', 'age': 31},
           {'name': '김민지', 'age': 26},
           {'name': '오민준', 'age': 29}]

sorted_members = sorted(members, key=sort_by_age, reverse=True)
print(sorted_members)
```

```
[{'name': '이현경', 'age': 31}, {'name': '오민준', 'age': 29}, {'name': '김민지', 'age': 26}]
```

이 함수들의 작동 순서는 다음과 같습니다.

1 members의 딕셔너리 데이터를 순서대로 가져옵니다.

2 가져온 딕셔너리 데이터를 매개변수로 해서 key로 입력받은 sort_by_age 함수를 호출합니다.

3 sort_by_age 함수는 age에 해당하는 값을 반환합니다.

4 반환된 age 값을 기준으로 members의 딕셔너리 데이터들을 정렬합니다.

5 reverse=True이므로 age 값이 큰 순서로 정렬합니다.

- **slicing**: 컬렉션의 요소들을 편리하게 가져오도록 돕는 구문입니다. 이름 그대로 컬렉션의 요소들에 대한 범위를 지정해서 잘라내듯 가져옵니다.

기본 구문: 컬렉션[start:end:step]

start는 가져오려는 범위의 '시작 인덱스'를 나타내고 end는 가져오려는 범위의 '마지막 인덱스+1'을 나타냅니다. 예를 들어 **컬렉션[0:10]**으로 표현하면 0번째 인덱스부터 9번째 인덱스 요소까지 가져옵니다. 이때 start와 end를 생략하면 각각 0과 컬렉션의 길이를 의미합니다. 따라서 list_var[:]로 표현하면 모든 요소들을 가져옵니다. 한편 step은 슬라이싱 간격을 의미하며 필요한 경우에만 설정합니다. 예를 들어 **컬렉션[0:10:2]**로 표현하면 0번째 인덱스부터 9번째 인덱스까지 2칸 간격으로 요소를 가져옵니다.

slicing 구문 | 파일 chapter02/ex_slice.py

```python
list_var = [1,2,3,4,5,6,7,8,9,10]
print(f"[0:5]  => {list_var[0:5]}")
print(f"[:7]   => {list_var[:7]}")
print(f"[7:]   => {list_var[7:]}")
print(f"[0:10:2] => {list_var[0:10:2]}")
```

```
[0:5]  => [1, 2, 3, 4, 5]
[:7]   => [1, 2, 3, 4, 5, 6, 7]
[7:]   => [8, 9, 10]
[0:10:2] => [1, 3, 5, 7, 9]
[:7]   => 공일이삼사오육
[7:]   => 칠팔구공
[0:10:2] => 공이사육팔
```

이 밖에도 slicing을 할 때 인덱스로 음수를 주면 컬렉션의 끝에서부터 역순으로 위치를 참조합니다. 가령 인덱스 −1은 마지막 요소를, −2는 마지막에서 두 번째 요소를 나타냅니다.

음수를 사용한 slicing 구문 | 파일 chapter02/ex_slice.py

```python
print(list_var[-3:])
print(list_var[:-2])
```

```
[8, 9, 10]
[1, 2, 3, 4, 5, 6, 7, 8]
```

4. 조건문과 반복문

프로그램에서 가장 많이 쓰이는 구문이 조건문과 반복문입니다. 예제를 통해서 이 구문을 알아보겠습니다. 다음은 감정을 읽어서 긍정적인 것과 부정적인 것을 헤아린 후 긍정적인 것이 0.5 이상이면 "기분 좋습니다.", 0.5 미만이면 "기분 나쁩니다."라고 말하는 감정 판단 프로그램입니다.

감정 판단 프로그램 | 파일 chapter02/ex_loop.py

```python
emotions = ['사랑', '증오', '사랑', '기쁨', '증오', '기쁨', '행복', '슬픔', '분노', '사랑']
pos_emotion_count = 0
neg_emotion_count = 0

for emotion in emotions:
    if emotion == '사랑' or emotion == '기쁨' or emotion == '행복':
    # if emotion in ['사랑', '기쁨', '행복']: 이렇게 코딩해도 결과는 동일하다.
        pos_emotion_count = pos_emotion_count + 1 # pos_emotion_count가 1씩 누계된다.
    else:
        neg_emotion_count = neg_emotion_count + 1 # neg_emotion_count가 1씩 누계된다.

# len은 컬렉션 데이터의 요소들의 개수를 알려주는 파이썬 함수다.
pos_emotion_rate = pos_emotion_count / len(emotions)
neg_emotion_rate = neg_emotion_count / len(emotions)

if pos_emotion_rate >= 0.5:
    print("긍정의 감정이", pos_emotion_rate, "이므로 기분 좋습니다.")
else:
    print("부정의 감정이", neg_emotion_rate, "이므로 기분 나쁩니다.")
```

긍정의 감정이 0.6 이므로 기분 좋습니다.

여기에 등장하는 키워드와 문법을 하나씩 설명하면 다음과 같습니다.

- **for 개별 데이터 in 컬렉션**: emotions 안에 있는 감정들을 emotion이라는 변수로 하나씩 받아온다는 뜻입니다.
- **if-else**: 말 그대로 if 조건에 맞는 경우와 맞지 않는 경우(else)로 나누는 분기문입니다.
- **들여쓰기**: 파이썬에서는 구문 안에 구문을 표현할 때 들여쓰기를 사용합니다. 이 때문에 위 예제에서 for문에 if-else문이 종속될 수 있는 것입니다. 그리고 이 if-else문을 통해 각각의 emotion에 대한 긍정/부정 판단을 내려서 누계도 할 수 있습니다. 주의할 것은 구문 내의 들여쓰기 칸수는 모두 일정해야 한다는 점입니다.
- **콜론(:)**: 제어문(for, if, else 등)에 대한 본문이 시작된다는 것을 알리는 기호입니다.

컴프리헨션이란?

파이썬의 컴프리헨션Comprehension은 간결하고 직관적으로 컬렉션을 만드는 표현식입니다. 다음은 리스트와 딕셔너리 데이터를 컴프리헨션을 사용해서 만드는 예제 코드입니다.

```
# 0 ~ 9까지 중에서 짝수를 선별한다.
even_numbers = [v for v in range(10) if v % 2 == 0]
print("even_numbers:",even_numbers)

# 과일별 색깔의 길이를 작성한다.
fruits = {"apple": "red", "banana": "yellow", "grape": "purple"}
fruit_color_length = {fruit: len(color) for fruit, color in fruits.items()}
print("fruit_color_length:",fruit_color_length)
even_numbers: [0, 2, 4, 6, 8]
fruit_color_length: {'apple': 3, 'banana': 6, 'grape': 6}
```

컴프리헨션의 동작 과정을 나누어 보면 다음 순서로 진행됩니다.

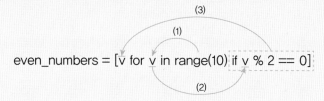

컴프리헨션의 동작 과정

range는 0부터 입력값 직전까지의 정숫값을 반환하는 함수이며, %는 나눗셈의 나머지 값을 구하는 연산자입니다. 이 그림을 풀어 보면, 먼저 0부터 9까지의 정숫값이 안쪽에 있는 변수 v로 할당되고, 그 다음으로 if 조건에 의해 v가 짝수인지 판별됩니다. 마지막으로 그렇게 판별된 짝수 값들은 바깥쪽 변수 v에 할당되어 리스트로 만들어집니다.

컴프리헨션 구문에 익숙해지면 간결하면서도 직관적으로 컬렉션 데이터들을 다룰 수 있습니다. 컴프리헨션의 이러한 측면은 파이썬 철학과 잘 부합되면서 파이써닉Pythonic한 코드를 설명할 때 자주 언급하는 구문입니다.

5. 함수

y=f(x)는 수학 시간에 배우는 함수의 표기법입니다. 수학에서 말하는 함수와 프로그램에서의 함수는 기본 아이디어나 메커니즘이 같습니다. 수학에서의 함수가 x에 대응하는 y를 갖는 것처럼, 프로그램의 함수도 동일한 입력값을 넣으면 그 입력값에 대응하는 결과가 있기 때문입니다.

함수의 정의와 실행

프로그램에서 함수를 쓰는 가장 중요한 이유는 동일한 코드를 반복해서 작성하지 않기 위해서입니다. 다음은 단리 이자(일정한 비율로 증가하는 이자)를 구하는 함수입니다.

단리 이자를 구하는 함수 | 파일 chapter02/ex_func1.py

```python
# 단리 이자 계산기(days : 일수, rate : 이율, amount: 원금)
def calculate_simple_interest(days, rate, amount):
    print("입력값 ", days, rate, amount)
    return amount * days / 365 * rate

simple_interest = calculate_simple_interest(100, 0.04, 1000000)
print("이자1:", simple_interest)

simple_interest = calculate_simple_interest(200, 0.03, 5000000)
print("이자2:", simple_interest)
```

```
입력값   100 0.04 1000000
이자1: 10958.90410958904
입력값   200 0.03 5000000
이자2: 82191.7808219178
```

함수를 정의하는 방법은 다음과 같습니다.

```
def + 함수명 + 매개변수
```

짧은 코드지만, 하나씩 살펴보면 def는 define의 약자이며 함수를 정의한다는 의미입니다. 매개변수는 함수의 입력값(인자)을 받아들이는 변수인데, 함수 외부의 값을 함수 내부로 매개하는 것이라고 생각하면 이해하기 쉽습니다.

위의 예제에서 함수를 처음 호출할 때 100, 0.04, 1000000을 입력값으로 넣으면 함수는 정의
에 따라 days, rate, amount라는 변수로 입력값을 받아들입니다. 한편, return은 함수의 수
행 결과를 호출한 곳으로 반환하는 명령어로, 반드시 필요한 것은 아닙니다. 만일 위의 예제에
서 콘솔에 출력하는 기능만 수행하려고 했다면 return문을 제외해도 됩니다.

입력값을 전달하는 다른 방법

함수에 입력값을 넣을 때 매개변수 이름을 명시적으로 밝힐 수도 있습니다.

```
simple_interest = calculate_simple_interest(days=200, rate=0.03, amount=5000000)
```

매개변수를 밝히면 코드를 이해하기 쉬워지는 장점이 있습니다. 뿐만 아니라 매개변수의 이름
을 넣으면, 다음과 같이 입력값의 순서를 지키지 않아도 됩니다.

```
simple_interest = calculate_simple_interest(amount=5000000, rate=0.03, days=200)
```

매개변수 초깃값 설정하기

매개변수에 초깃값을 주면 해당하는 변수에 대해 입력값을 넣지 않았을 때 초깃값이 적용됩니
다. 유의할 사항은 초깃값을 지정한 매개변수는 초깃값을 지정하지 않은 매개변수 다음에 선언
되어야 하며, 함수를 호출할 때는 초깃값이 없는 매개변수에 입력값을 먼저 할당해야 합니다.

매개변수 초깃값 설정 | 파일 chapter02/ex_func2.py
```
def func(a, b=20):
    return a + b

print(func(10)) # 30을 출력한다.
print(func(a=10)) # 30을 출력한다.
print(func(b=10)) # TypeError: func() missing 1 required positional argument: 'a'
```

함수 호출과 딕셔너리 패킹과 언패킹

튜플을 설명하면서 패킹과 언패킹에 대해 다루었습니다. 딕셔너리에도 이와 같은 기능이 있습니다. 특히 함수 호출과 관련하여 딕셔너리 패킹/언패킹을 사용하면 편리한 점이 많습니다. 다소 헷갈릴 수 있으니 천천히 읽어보기 바랍니다.

먼저 **딕셔너리 패킹**이란 함수의 입력값을 딕셔너리 자료형으로 만드는 작업입니다. 호출할 때 "**매개변수명=값**"의 형식으로 넘기고 호출된 함수에서 "****변수명**"으로 받으면 딕셔너리 패킹이 일어납니다.

```python
def func(**kwargs):
    print("type(kwargs):", type(kwargs), kwargs) # type(kwargs): <class 'dict'> {'x':
10, 'y': 20}
    print("func:", kwargs['x'] + kwargs['y']) # func: 30 출력

func(x=10, y=20)
```

반면 **딕셔너리 언패킹**이란 딕셔너리 데이터를 함수의 매개변수와 값으로 바꾸는 작업입니다. 함수를 호출할 때 "****딕셔너리변수명**"으로 기술하면 각각의 키와 값이 "**매개변수명=값**"의 형태로 풀려 함수의 입력값으로 자연스럽게 전달할 수 있습니다.

```python
def func(x, y):
    print("func:", x+y) # func: 30 출력

dict_var = {"x":10, "y":20}
func(**dict_var)
```

딕셔너리의 패킹과 언패킹을 하나의 코드에 작성하면 다음과 같습니다.

딕셔너리의 패킹과 언패킹 | 파일 chapter02/ex_dict_packing.py

```python
def func2(x, y):
    print("func2:", x + y)

def func1(**kwargs):
    print("type(kwargs):", type(kwargs), kwargs)
    print("func1:", kwargs['x'] + kwargs['y'])
    func2(**kwargs)
```

```
func1(x=10, y=20)
```

```
type(kwargs): <class 'dict'> {'x': 10, 'y': 20}
func1: 30
func2: 30
```

이 예제에서 유의 깊게 볼 대목은 func1에서 func2를 호출하는 부분입니다. 여기에서 **func2(**kwargs)** 는 func1에서 인자로 전달받은 값을 func2로 그대로 넘겨준다는 뜻이 아닙니다. func1이 수행되면서 딕셔너리로 패킹된 kwargs를 다시 ** 연산으로 언패킹한다는 뜻입니다. 이러한 과정을 통해 kwargs 안에 들어 있던 {'x': 10, 'y': 20}는 x=10, y=20으로 변환되고 func2의 인자로 오류 없이 전달됩니다.

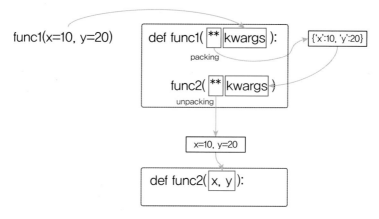

딕셔너리의 패킹과 언패킹 과정

딕셔너리 패킹을 사용하면 매개변수의 수나 종류에 제약을 받지 않아 함수의 유연성이 크게 향상됩니다. 뿐만 아니라 함수를 호출할 때 매개변수와 값을 명시적으로 표현해야 하기 때문에 코드의 가독성도 좋아집니다. 다만, 함수의 시그니처(함수 이름, 매개변수, 반환 타입)만 봐서는 어떤 매개변수를 사용하는지 알 수 없고, 매개변수에 초깃값을 정할 수 없다는 단점이 있습니다. 따라서 여러 옵션이 필요한 함수를 정의할 때는 유용하게 활용할 수 있지만, 함수 자체를 보고 그 의미를 명확히 파악해야 할 때는 사용 여부를 신중하게 판단해야 합니다.

함수를 변수에 담아서 사용하기

함수 이름을 변수에 할당하면 그 변수는 함수처럼 동작합니다.

```python
def func(x):
    return x * 2

var1 = func
print(var1(10)) # 20
```

함수를 변수에 담을 수 있기 때문에 다음과 같이 딕셔너리를 활용하여 함수를 호출할 수도 있습니다.

딕셔너리를 활용한 함수 호출 | 파일 chapter02/ex_dict_func_var.py

```python
def add(a, b):
    return a + b
def subtract(a, b):
    return a - b
def multiply(a, b):
    return a * b
def devide(a, b):
    return a / b

calc_dict = {"add": add, "multiply": multiply, "subtract": subtract, "devide": devide}
def func(func_name, a, b):
    return calc_dict[func_name](a, b)

print("add", func("add", 20, 2))
print("subtract", func("subtract", 20, 2))
print("multiply", func("multiply", 20, 2))
print("divide", func("divide", 20, 2))
```

```
add 22
subtract 18
multiply 40
divide 10.0
```

이 예제에서 calc_dict[func_name](a, b)의 의미는 딕셔너리에서 함수를 꺼내 온 다음, 그 함수에 두 변수를 입력값으로 넣어서 호출한다는 뜻입니다. 함수를 변수처럼 사용할 수 있다면, 다음과 같이 다른 함수의 입력값으로 넘길 수도 있을 겁니다.

변수의 입력값으로 사용하는 함수 | 파일 chapter02/ex_dict_func_param.py

```python
def sum_data(data):
    return sum(data)

def average_data(data):
    return sum(data) / len(data)

def process_data(func, data):
    if len(data) >= 3:
        result = func(data)
        print(f"Processed result: {result}")

data = [10, 20, 30, 40, 50]

process_data(sum_data, data)
process_data(average_data, data)
```

```
Processed result: 150
Processed result: 30.0
```

합계 함수(sum_data)와 평균 함수(average_data)는 리스트 데이터를 합산하고, 평균을 산정하는 고유한 로직을 가지고 있습니다. 반면, process_data 함수는 data에 들어 있는 건수가 3보다 크거나 같은 경우만 매개변수로 전달받은 함수를 실행합니다. 이렇게 함으로써 각각의 함수는 고유의 기능에 집중할 수 있고 이에 따라 프로그램의 재사용성이 향상될 수 있습니다. 앞에서 살펴봤던 sorted 함수는 이러한 원리를 활용한 대표적인 예입니다.

❓ 궁금해요 **순수 함수와 부수효과**

엄밀히 말해 프로그램에서의 함수는 수학에서의 함수처럼 입력값이 동일하다고 해서 항상 동일한 출력값을 반환하는 것은 아닙니다. 함수 내부에서 데이터베이스를 읽거나 네트워크 통신을 함으로써 입력값이 같더라도 다른 출력값이 나올 수 있기 때문입니다. 이렇게 입력값 이외의 외부 요소에 의존하거나 상호작용하는 것을 일컬어 부수효과Side Effect라고 말합니다.

이러한 부수효과 없이 순수 함수에 가깝게 프로그래밍하는 접근법을 가리켜 함수형 프로그래밍이라고 부릅니다. 대표적인 순수 함수형 언어에는 하스켈Haskell, 얼랭Erlang 등이 있습니다.

6. 사물처럼 프로그래밍하기

사물처럼 프로그램을 구현하는 것을 가리켜 '객체지향 개발'이라고 합니다. 이때 사물처럼 프로그램을 짤 수 있는 구조를 제공하는 것이 **클래스**입니다.

클래스와 객체

파이썬 프로그램에 여러 함수와 변수가 있다고 가정할 때, 관련 있는 함수와 데이터끼리 묶는 기능을 제공하는 것이 클래스입니다. 이렇게 관련 있는 함수와 데이터들을 묶는 까닭은, 이 세상의 사물을 프로그램으로 묘사할 때 기능(함수)과 데이터를 통해 표현하는 것이 자연스럽기 때문입니다. 여기서 사물이란 물질적인 것은 물론 감정 같은 비 물질적인 것도 포함합니다. 예를 들어, 사람에게는 감정이 있고, 이 감정은 다른 사람들과 관계를 맺는 동안 좋았다가 나빴다가 하는 등 바뀝니다. 이렇게 바뀐 상태가 다시 나의 행동에 영향을 미쳐 상대방에 대한 태도가 바뀌기도 합니다. 이때 타인과 관계 맺는 여러 행동과 다양한 감정들이 클래스를 구성하는 함수와 데이터에 각각 해당합니다.

다음은 방금 예로 든 내용을 바탕으로 인간에 대해 정의한 다이어그램입니다.

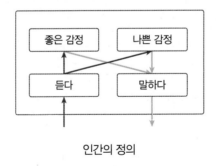

인간의 정의

다른 사람들의 이야기를 들으면서 감정이 변하고, 그 감정에 따라 말하는 것으로 인간을 정의했습니다. 이 정의에 따라 '민지'를 생성하면 다음의 2가지 상황으로 표현할 수 있습니다.

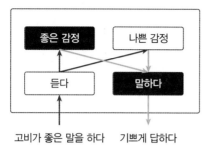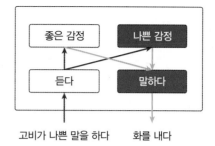

고비가 좋은 말을 하다　기쁘게 답하다　　　고비가 나쁜 말을 하다　화를 내다

민지 객체의 2가지 상황

친구에게 좋은 말을 들으면 기분이 좋아져서 기쁘게 답할 것이고, 나쁜 말을 들으면 마음이 상해서 화를 낼 겁니다. 이때 "인간의 정의"가 클래스에 해당하고, 이 클래스에서 생성된 "민지" 개인을 일컬어 **객체**(Object) 또는 **인스턴스**(Instance)라고 부릅니다. 바꾸어 말해, 클래스가 설계도라면, 객체는 그 설계도에 따라 실제로 만들어져 작동하고 있는 실체입니다. 여기서, "좋은 감정", "나쁜 감정"이 상태 또는 데이터에 해당하며, "듣다", "말하다"가 행동 또는 함수에 해당합니다.

가령, 자동차도 마찬가지로 표현할 수 있습니다. 연료를 주입 받을 때 속도가 시속 0킬로미터인 반면, 연료량은 올라갑니다. 연료 주입을 끝내고 속도를 내어 달리면 연료량은 떨어지고, 속도계는 올라갑니다. 이렇게 세상의 모든 사물은 상태(데이터)와 행동(함수)으로 묶어서 표현할 수 있습니다. 객체지향 프로그래밍에서는 클래스를 구성하는 상태(데이터)를 가리켜 **멤버 변수**라 부르고, 행동(함수)은 **메서드**라고 부릅니다. 이와 같은 객체지향의 용어를 "인간의 정의" 클래스에 적용하면 멤버 변수는 "좋은 감정", "나쁜 감정", 메서드는 "듣다", "말하다"가 됩니다.

Tip. '객체'라는 표현은 문맥에 따라 클래스를 뜻하기도 하고 인스턴스를 뜻하기도 합니다. 파이썬에서는 함수와 메서드의 용어 구분이 자바와 같은 언어에 비해 다소 느슨한 편입니다. 이 책에서도 엄밀하게 구분하지 않았음을 밝힙니다.

파이썬 클래스의 형식

클래스의 문법적 형태는 다음 그림처럼 "class 클래스명:" 구문 아래로 여러 메서드들을 포함하는 구조를 갖습니다. "init" 메서드는 클래스의 인스턴스가 생성될 때 멤버변수 등 초기 상태를 설정하는 역할을 하며 "메서드1", "메서드n" 등은 클래스의 다양한 동작들을 정의합니다. 메서드들의 첫 번째 매개변수에 공통적으로 나타나는 "self"는 클래스 인스턴스 그 자체를 가리킵니다.

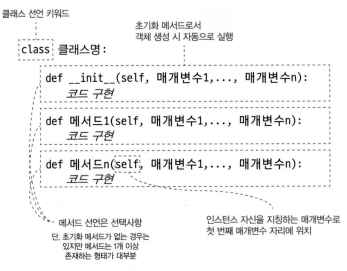

클래스의 문법적 형식

클래스 구조를 단순화하기 위해 가속과 감속 기능만 있는 자동차의 클래스를 정의해 보겠습니다.

자동차 클래스 | 파일 chapter02/ex_car.py

```
class Car:

    def __init__(self):
        self.speed = 0  # 초기 속도다.

    def accelerate(self, speed_increase):
        self.speed += speed_increase  # 속도 증가로 self.speed = self.speed + speed_
increase와 동일하다.
        print("가속 후 속도:", self.speed)

    def decelerate(self, speed_decrease):
        if self.speed >= speed_decrease:  # 감속할 속도가 현재 속도 이상인지 확인한다.
            self.speed -= speed_decrease  # 속도 감소로 self.speed = self.speed -
speed_decrease 동일하다.
            print("감속 후 속도:", self.speed)
        else:
```

```
            self.stop()

    def stop(self):
        self.speed = 0
        print("자동차가 멈췄습니다.")

car = Car()
car.accelerate(10)    # 시속 10킬로미터 가속한다.
car.accelerate(20)    # 시속 20킬로미터 추가 가속한다.
car.decelerate(20)    # 시속 20킬로미터 감속한다.
car.decelerate(20)    # 시속 20킬로미터 추가 감속한다.
```

```
가속 후 속도: 10
가속 후 속도: 30
감속 후 속도: 10
자동차가 멈췄습니다.
```

이 코드에 쓰인 메서드 중 __init__은 객체가 생성될 때 파이썬에서 자동으로 호출되는 초기화 메서드입니다. 객체를 생성하게 되면 데이터를 초기화하는 등의 작업이 필요한데, 이때 메서드에 필요한 로직을 구현하면 됩니다.

이 코드에 쓰인 self라는 키워드는 객체 자신을 지칭하는 변수입니다. 파이썬에서는 클래스 내에 선언된 메서드의 첫 번째 매개변수는 항상 객체 자신을 가리키도록 설계되어 있습니다. 이름은 self가 아니어도 무방하지만 거의 모든 파이썬 프로그램에서 관용적으로 self라고 표기합니다. self가 객체 자신을 지칭하기 때문에 메서드 내에서 객체 내의 데이터나 다른 메서드에 접근할 때 self.speed처럼 self를 사용하면 됩니다.

앞서 클래스를 '설계도'라고 표현했습니다. 자동차라는 클래스를 정의한 것은 설계도를 만든 것이지 실제 자동차를 만든 것은 아닙니다. 따라서 자동차라는 설계도에 따라 실제 자동차를 생성해야 하는데 Car()가 이 역할을 합니다. 그리고 이렇게 만든 실제 자동차를 앞서 말한 것처럼 객체 또는 인스턴스라고 표현합니다. car = Car()는 Car 클래스에 의해 생성된 객체(실제 자동차)를 car라는 변수에 담는다는 뜻입니다.

한편, 메서드를 호출할 때는 car.accelerate(10)처럼 메서드가 소속된 객체를 명시해야 합니다. 그리고 이를 표시하는 방법으로 점(.) 연산자를 사용합니다. 앞에서 리스트의 기능을 설명할 때 emotions.append("슬픔")이라는 구문을 쓸 수 있었던 이유도 emotions가 리스트 클래스의 객체며 append는 리스트 클래스에 정의된 메서드이기 때문입니다.

7. 예외 처리 작성하기

프로그래밍에서 예외 처리(try~except)는 빼놓을 수 없는 요소입니다. 예외 처리는 코드가 예상치 못한 상황이나 오류 조건을 만났을 때 적절하게 대응하도록 도와주는 메커니즘입니다. 이를 통해 우리는 안정적이고 신뢰할 수 있는 프로그램을 작성할 수 있습니다.

예외 처리 구분

파이썬에서는 try와 함께 except, finally, else와 같은 키워드를 사용하면 예외 처리를 구현할 수 있습니다. 기본적으로 try 안에 감싸인 명령들을 수행하다가 예외가 발생하면 except 블록이 실행되고 그렇지 않으면 else 블록이 실행됩니다. finally는 예외 여부와 상관없이 무조건 실행되는 블록입니다.

예외 처리 | 파일 chapter02/ex_exception.py

```
try:
    result = 10 / 0
except ZeroDivisionError as ze:
    print(f"0으로 나눌 수 없습니다: {str(ze)}")
else:
    print(f"결과는 {result}입니다.")
finally:
    print("예외 처리가 완료되었습니다.")
```

```
0으로 나눌 수 없습니다: division by zero
예외 처리가 완료되었습니다.
```

---

try 블록의 코드가 실행되다가 ZeroDivisionError라는 예외가 발생하면 except 블록의 코드가 실행되며, 예외가 발생하지 않았다면 else 블록의 코드가 실행됩니다. 앞서 말한 것처럼 finally 블록 코드는 예외의 발생 여부와 상관없이 무조건 실행됩니다. as는 예외 객체를 별칭으로 받는 키워드이며, 이를 통해 예외 내용을 출력할 수 있습니다.

except, else, finally 블록은 필요한 경우 선택적으로 작성하면 됩니다. 다만, 예외가 발생했을 때 그에 대응하는 처리를 하기 위해 사용하는 구문인 만큼 try와 함께 except 블록을 작성하는 것이 일반적입니다.

예외 객체 전파 키워드

raise는 예외 객체를 전파시킬 때 사용하는 키워드입니다.

```
예외 객체 전파 | 파일 chapter02/ex_raise.py

def func2():
    try:
        print(10 / 0)
    except ZeroDivisionError as ze:
        print(f"0으로 나눌 수 없습니다.")
        raise ze

def func1():
    try:
        func2()
    except ZeroDivisionError:
        print(f"func2에서 예외가 발생했습니다.")

func1()
```

```
0으로 나눌 수 없습니다.
func2에서 예외가 발생했습니다.
```

func2 함수에서 ZeroDivisionError 예외가 발생하면 raise를 통해 이 함수 바깥으로 전파합니다. 이로 인해 func2에서 발생한 ZeroDivisionError 예외 객체는 func1의 except block으로 넘어오게 됩니다. 이와 같이 raise를 사용하여 오류 전파를 하는 이유는 디버깅을 명확히 하고 예외 처리 책임을 분명히 구분하기 위해서입니다.

예외 처리 계층 구조

파이썬 예외에는 다양한 종류가 있고 그것들은 계층적인 구조를 갖습니다. 다음은 예외 처리 계층 구조의 일부입니다.

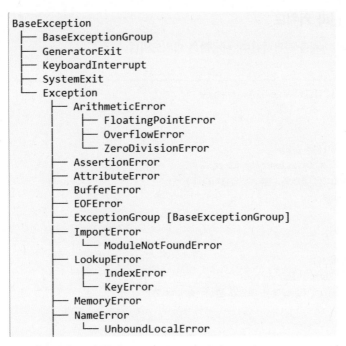

```
BaseException
 ├── BaseExceptionGroup
 ├── GeneratorExit
 ├── KeyboardInterrupt
 ├── SystemExit
 └── Exception
      ├── ArithmeticError
      │    ├── FloatingPointError
      │    ├── OverflowError
      │    └── ZeroDivisionError
      ├── AssertionError
      ├── AttributeError
      ├── BufferError
      ├── EOFError
      ├── ExceptionGroup [BaseExceptionGroup]
      ├── ImportError
      │    └── ModuleNotFoundError
      ├── LookupError
      │    ├── IndexError
      │    └── KeyError
      ├── MemoryError
      ├── NameError
      │    └── UnboundLocalError
```

예외 처리 계층 구조(출처: docs.python.org/3/library/exceptions.html)

계층 구조도를 놓고 볼 때 ZeroDivisionError 예외는 ArithmeticError 예외이기도 하고, Exception 예외이기도 합니다. Exception 상위에 BaseException이 있지만 사용자 프로그램의 오류를 판단하는 것으로 한정한다면 Exception 객체가 최상위 예외 객체라고 여겨도 문제는 없습니다. 따라서 어떤 오류가 발생할지 모르는 상황에서는 Exception 객체를 사용하면 어떤 예외든 처리할 수 있습니다. 다만, 가능하다면 구체적인 예외 타입을 적용하는 것이 바람직합니다. 발생 가능한 문제에 더 구체적인 대응책을 적용할 수 있기 때문입니다.

8. 그 밖에 알아 둘 기능

내장 변수 __name__

__name__은 현재 실행 중인 프로그램 이름을 담고 있는 파이썬 내장 변수입니다. 프로그램이 어떻게 실행되었느냐에 따라 __main__이 출력되기도 하고, 모듈명(파일명)이 출력되기도 합

니다. 다음은 ex_name2가 자체적으로 수행될 때와 ex_name1에서 import되어서 수행될 때의 차이점을 보여줍니다.

ex_name2가 자체적으로 실행될 때 | 파일 chapter02/ex_name2.py

```python
def func():
    print("func 입니다")

def main():
    print("main 함수가 여러 가지 작업을 수행 중에 있습니다.")
    func()

print(f"__name__은 {__name__}입니다.")

if __name__ == "__main__":
    print("main으로 실행되었습니다.")
    main()
```

```
__name__은 __main__입니다.
main으로 실행되었습니다.
main 함수가 여러 가지 작업을 수행 중에 있습니다.
func입니다
```

ex_name1에서 import되어서 실행될 때 | 파일 chapter02/ex_name1.py

```python
from ex_name2 import func

func()
```

```
__name__은 ex_name2입니다.
func입니다
```

앞의 예제로 실행되는 경우 내장 변수 __name__에 __main__이 들어가 있으므로 main 함수가 실행됩니다. 반면 뒤의 예제로 실행되는 경우 내장 변수 __name__에 모듈명인 ex_name2가 들어가기 때문에 main 함수가 실행되지 않습니다.

이 방식의 장점은 파이썬 프로그램을 그 안에 있는 함수들을 제공하기 위한 목적과 자체적으로 실행하는 목적으로 나누어 동작하게 함으로써 프로그램의 재사용성을 높일 수 있다는 데 있습니다.

데코레이터

데코레이터Decorator는 함수나 메서드, 클래스에 추가 기능을 부여하기 위해 사용되는 기능으로, 기존 코드를 수정하지 않고도 기능을 확장할 수 있습니다. 사용 방법은 @ 기호를 사용하여 함수나 메서드 또는 클래스 위에 선언하면 됩니다. 다음은 예외 처리에서 사용했던 예제 코드를 가져와서 retry 데코레이터를 붙여서 실행한 결과입니다.

데코레이터를 붙여서 실행한 예외 처리 | 파일 chapter02/ex_retry.py

```python
from retry import retry

@retry(tries=5, delay=1)
def func2():
    try:
        print(10 / 0)
    except ZeroDivisionError as ze:
        print(f"0으로 나눌 수 없습니다.")
        raise ze

def func1():
    try:
        func2()
    except ZeroDivisionError:
        print(f"func2에서 예외가 발생했습니다.")

func1()
```

```
0으로 나눌 수 없습니다.
0으로 나눌 수 없습니다.
0으로 나눌 수 없습니다.
0으로 나눌 수 없습니다.
0으로 나눌 수 없습니다.
func2에서 예외가 발생했습니다.
```

---

retry 데코레이터는 예외가 발생하였을 경우, 정해진 횟수만큼 재시도합니다. 데코레이터 안의 매개변수인 tries는 최대 재시도 횟수를 나타내며 delay는 재시도 간격(초)을 나타냅니다. 이 책에서는 챗GPT API 호출 시 일시적인 오류를 피하기 위해서 사용했습니다.

어노테이션과 타입 힌트

파이썬의 어노테이션Annotation은 변수나 함수의 반환값 등에 대한 타입 정보를 제공하는 구문입니다. 변수의 경우 변수 이름 뒤에 콜론을 붙이고 그 뒤에 해당 변수의 타입을 명시하는 형식으로 작성됩니다. 함수의 반환 타입은 함수 선언 끝에 화살표와 반환 타입을 사용하여 표시합니다.

```python
def greet(age: int) -> str:
    return f"Hello, you are {age} years old."
```

함수 greet의 매개변수 age는 정수(int)여야 하며 반환값은 문자열(str)임을 나타냅니다. 파이썬 어노테이션은 실행 시 오류를 발생시키지는 않습니다. 대신, 변수나 함수의 타입을 명시화해서 코드의 가독성에 도움을 주고 IDE의 코드 완성 및 오류 감지 기능을 보강하는 데 사용됩니다.

> **? 궁금해요 로깅과 어노테이션**
>
> 로깅은 효율적인 디버깅과 시스템 운영을 위해 사용하고, 어노테이션은 앞서 밝힌 것처럼 코드의 가독성과 개발의 효율성을 높이기 위해 사용됩니다. 이 책에서는 코드를 간결하게 하고 언어 모델 활용과 관련한 설명에 집중하기 위해 로깅Logging을 사용하지 않았고, 어노테이션은 꼭 필요한 경우에 한정하여 사용했습니다. 실제 서비스를 개발할 때는 이러한 기능들을 적극적으로 고려해야 합니다.

****

이 챕터에서는 이 책을 끝까지 보는 데 필요한 만큼의 파이썬을 살펴봤습니다. 이외에도 더 많은 구문, 함수, 라이브러리 등이 있지만 우리가 앞으로 만들 챗봇에는 필요하지 않아 많은 부분 생략했습니다. 대신 이후 예제를 진행하면서 알아 두면 좋은 문법과 구문이 나오면 설명을 덧붙이겠습니다.

03 챗GPT와 API로 대화하기

프로그래밍 입문자에게는 API라 용어 자체가 높은 진입 장벽이 될 수 있습니다. 입문자도 이 책을 보면서 챗봇을 만드는 것이 취지이기 때문에 API의 개념에 대해 먼저 짚겠습니다. 그러면서 오픈AI에서 제공하는 API 방식 중 HTTP 프로토콜을 사용하는 방식과 SDK^{Software Development Kit}를 사용하는 방식에 대해 알아봅니다. 다만, 이 책에서는 둘 중 SDK 방식으로만 구현하므로 챗GPT와 API로 대화하는 구체적인 방법은 파이썬 SDK를 기준으로 설명합니다. 한편, 챗GPT API를 사용하려면 API 키^{API Key}를 발급받아야 하므로 이와 관련한 절차에 대해서도 소개합니다.

| 학습 목표

● 파이썬으로 오픈AI의 API를 사용해서 챗GPT와 대화를 나눌 수 있습니다.

| 핵심 키워드

● Application Program Interface
● API
● 패키지
● SDK
● 모듈
● JSON
● 환경변수

1. API 이해하기

API는 Application Program Interface의 머리글자입니다. 번역하면 '애플리케이션(응용 프로그램) 간의 접점'이라는 뜻입니다. 이해를 돕기 위해 API를 활용하는 사례를 들면 다음과 같습니다.

파이낸셜 개발 팀의 김민지 사원은 단리 이자 산출 함수를 개발한 후 그 함수의 명칭, 입력 값, 반환값 그리고 기능 설명을 명세로 작성해서 다음과 같이 사내 API 게시판에 올렸다.

> 단리이자산출함수: 일수, 이율, 원금을 입력받아 단리 이자를 산출하여 반환
>
> financial.calculate_simple_interest(days, rate, amount)

서비스 개발 팀의 고비 사원은 API 게시판에서 김민지 사원이 업로드한 단리 이자 산출 함수 명세를 읽고 자신들의 시스템에 다음과 같이 적용했다.

```
simple_interest = financial.calculate_simple_interest(100, 0.04, 1000000)
```

고비 사원은 팀장에게 "파이낸셜 개발 팀에서 제공한 단리 이자 산출 함수 API를 적용해서 이자수납 서비스를 개발했다."라고 보고했다.

앞서 예시에서 고비 사원이 단리 이자 산출을 위해 사용한 함수의 접점, 즉 다음 부분이 바로 API입니다.

```
"calculate_simple_interest(days, rate, amount)"
```

정확히 말하면 API는 함수에 국한되는 개념은 아닙니다. 어떤 기능이 다른 프로그램에서 사용할 수 있는 접점(인터페이스) 역할을 한다면, 그것이 무엇이든 API라고 부를 수 있습니다.

SDK와 HTTP

이 책에서 다루는 오픈AI API의 경우 패키지 형태로 구성된 SDK로도 API를 제공하고 HTTP 방식으로도 API를 제공합니다.

HTTP 방식을 사용하면 오픈AI SDK 패키지를 설치하지 않아도 됩니다. 하지만 인터페이스가 직관적이지 않아서 보통 SDK방식을 많이 사용합니다. 다만, 자바 등 오픈AI에서 해당 언어의 SDK를 공식적으로 지원하지는 않는 경우에는 HTTP 방식을 사용하거나, 오픈소스 커뮤니티에서 제공하는 라이브러리를 사용해야 합니다.

두 방식의 차이를 눈으로 보기 위해 예시 코드를 살펴보겠습니다.

SDK 방식의 API 예시

```
import openai # 오픈AI SDK 패키지
openai.chat.completions.create(
                model="gpt-4o-mini",
                messages=[{"role": "user", "content": "Say this is a test!"}],
        )
```

HTTP 방식의 API 예시

```
import requests
response = requests.post(url="https://api.openai.com/v1/chat/completions",
                        headers={
                            "Content-Type": "application/json",
                            "Authorization": f"Bearer {os.getenv('OPENAI_API_KEY')}"
                        },
                        data = {
                            "model": "gpt-4o-mini",
                            "messages": [{"role": "user", "content": "Say this is a
test!"}]
                        }
                )
```

챗GPT API 대화 흐름

챗GPT 채팅 사이트와 달리 API를 통해 챗GPT와 대화를 하려면 내부에서 어떤 흐름을 거쳐야 하는지 알고 있는 게 좋습니다. 다음은 오픈AI의 API를 사용해서 2020년 월드시리즈 우승 팀을 물었을 때 챗GPT가 "LA 다저스"라고 답하는 과정을 정리한 다이어그램입니다.

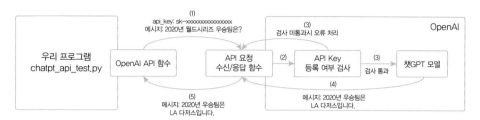

API를 통한 챗GPT와의 대화

API를 통해 사용하는 모델은 챗GPT가 아닌 GPT로 불리는 게 정확합니다. 하지만 이 책에서는 직관적인 이해를 돕기 위해 챗GPT로 표현했음을 밝힙니다.

이 다이어그램을 보면 챗GPT와 프로그램이 메시지를 주고받으려면 다음 3가지가 필요하다는 사실을 알 수 있습니다.

1 API 키 등록 여부 검사를 통과하기 위해 API 키 획득하기

2 챗GPT와 대화할 수 있는 API가 들어 있는 오픈AI SDK 패키지 설치하기

3 오픈AI API를 사용해 호출과 응답을 하기 위한 코딩하기

❓궁금해요 패키지, 모듈, 라이브러리, SDK의 차이

패키지Package란, 프로그램 코드가 들어 있는 파일들을 디렉터리로 구조화하여 묶어 놓은 것입니다. 이때 각 파일을 모듈Module이라고 합니다. 모듈은 파이썬 파일일 수도 있고, C 언어 등 다른 프로그래밍 언어로 만들어진 파일일 수도 있습니다. 하나의 프로그램은 단독으로 동작하는 경우보다는 여러 모듈과 연동하여 동작하는 경우가 많습니다. 이런 점 때문에 파이썬에서는 외부의 프로그램이 필요할 때 보통 `pip install` 명령을 통해 패키지를 설치하여 사용합니다.

한편, 파이썬 패키지를 설치한다는 것은 대부분의 경우 다음의 행위를 의미합니다.

1. 인터넷에 있는 파이썬 패키지 저장소(pypi.org)에서 프로그램 파일(모듈)을 가져온다.

2. 설치하려는 컴퓨터의 특정한 위치(예: site-packages)에 패키지 디렉터리 전체를 배치한다.

패키지와 유사한 뜻으로 '라이브러리Library'라는 용어도 자주 사용합니다. 딱 잘라 말할 수는 없지만, 라이브러리는 통상 1개 이상의 패키지나 모듈의 묶음을 뜻합니다. 이런 이유로 라이브러리는 패키지보다 큰 단위로 인식됩니다.

이러한 패키지나 라이브러리가 개발 도구의 목적으로 구성되어 있을 때 소프트웨어 개발 키트Software Development Kit 또는 머리글자를 따서 SDK라고 부릅니다. 따라서 openai 패키지 역시 SDK라고 부를 수 있습니다.

이 책에서는 오픈AI 패키지를 개발 도구의 관점으로 지칭하는 경우에는 'SDK'라고 표현했고, 나머지는 모두 '패키지'로 표현했습니다.

2. API 사용 신청하기

API를 사용하려면 가장 먼저 오픈AI 사이트에서 **API 키**를 발급받고 크레딧을 충전해야 합니다.

API 키 발급받고 크레딧 충전하기

01 openai.com에서 [Products → API login]을 클릭하세요. 만약 오픈AI 계정이 없다면 회원가입 창이 출력되니 안내에 따라 회원가입을 진행해 주세요.

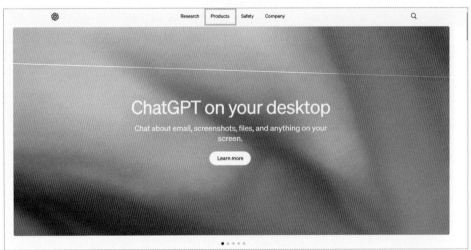

02 다음 화면이 출력되면 [API]를 선택하세요.

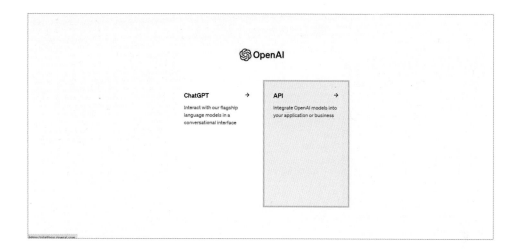

03 [Dashboard → API Keys → Create new secret key]를 클릭하세요.

04 [Create secret key]를 클릭하세요.

05 다음과 같이 비밀 키가 생성되면 복사한 후 노출되지 않도록 보관하세요.

06 [설정 아이콘 → Billing → Add payment details]를 클릭하여 결제할 카드 정보를 등록하고 크레딧을 충전하세요.

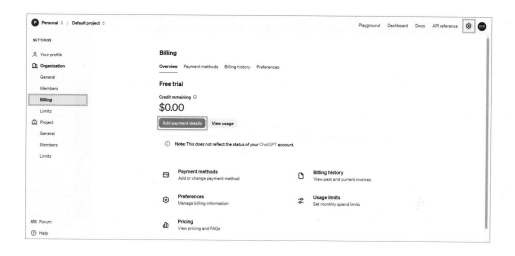

3. API로 질의 응답하기

오픈AI의 API를 사용하여 2020년 월드 시리즈 우승 팀을 묻는 질의/응답 프로그램을 구현하겠습니다.

openai 패키지 확인하기

01 Chapter 1에서 파이썬 버전을 업그레이드하면서 실습에 필요한 패키지는 모두 설치했습니다. 거기에는 당연히 openai 패키지도 포함되어 있습니다. [터미널] 탭에서 `pip show 패키지명`을 입력하면 설치된 패키지에 대한 정보를 확인할 수 있습니다. 참고로 패키지 설치 명령은 `pip install 패키지명`입니다.

```
pip show openai
```

이 책에서는 명령어를 수행하는 기본 경로인 root@goorm:/workspace/firstContainer# 는 생략했습니다.

```
디버그    터미널 ↻    검색    리소스 모니터    린트
root@goorm:/workspace/firstContainer# pip show openai
Name: openai
Version: 1.37.1
Summary: The official Python library for the openai API
Home-page: https://github.com/openai/openai-python
Author:
Author-email: OpenAI <support@openai.com>
License:
Location: /usr/local/lib/python3.12/site-packages
Requires: anyio, distro, httpx, pydantic, sniffio, tqdm, typing-extensions
Required-by:
root@goorm:/workspace/firstContainer#
```

openai 패키지 확인

02 패키지가 설치가 되었다는 것은 디렉터리가 생기고 그 안에 프로그램 파일들이 다운로드되었다는 뜻입니다. 설치된 패키지의 실체는 다음과 같이 리눅스 명령어로 확인할 수 있습니다.

```
ls -C /usr/local/lib/python3.12/site-packages/openai
```

```
root@goorm:/workspace/firstContainer# ls -C /usr/local/lib/python3.12/site-packages/openai
__init__.py    _client.py      _extras             _module_client.py  _streaming.py  cli            resources
__main__.py    _compat.py      _files.py           _qs.py             _types.py      lib            types
__pycache__    _constants.py   _legacy_response.py _resource.py       _utils         pagination.py  version.py
_base_client.py _exceptions.py _models.py          _response.py       _version.py    py.typed
root@goorm:/workspace/firstContainer#
```

설치된 패키지

03 API 키 발급과 openai 패키지 설치 여부를 확인했으면, API 연동 프로그램을 개발하겠습니다. 다음은 오픈AI 공식 문서를 바탕으로 챗GPT API 연동 코드를 구현한 내용입니다. 제대로 출력되었다면 API를 사용해서 챗GPT와 성공적인 첫 대화를 나눈 것입니다.

```python
from openai import OpenAI
from pprint import pprint

# 여러분이 발급받은 api_key로 바꿔주세요.
api_key = "sk-DHuZfMLH16NIerGWx9zLT2BlbkFJuqXeAObX6lNkChFHy94E"
client = OpenAI(api_key=api_key)


model = "gpt-4o-mini-2024-07-18"

messages = [
        {"role": "system", "content": "You are a helpful assistant."},
        {"role": "user", "content": "Who won the world series in 2020?"},
```

```
{'choices': [{'finish_reason': 'stop',
              'index': 0,
              'logprobs': None,
              'message': {'content': 'The Los Angeles Dodgers won the World '
                                     'Series in 2020. They defeated the Tampa '
                                     'Bay Rays to claim the championship, '
                                     "marking the Dodgers' first World Series "
                                     'title since 1988.',
                          'function_call': None,
                          'role': 'assistant',
                          'tool_calls': None}}],
 'created': 1722665983,
 'id': 'chatcmpl-9s2P9QLAnLQSrvOQ4kUr27AdE10pV',
 'model': 'gpt-4o-mini-2024-07-18',
 'object': 'chat.completion',
 'service_tier': None,
 'system_fingerprint': 'fp_9b0abffe81',
 'usage': {'completion_tokens': 33, 'prompt_tokens': 27, 'total_tokens': 6
```

Tip. pprint패키지는 'pretty printer'라는 뜻입니다. 이름 그대로 데이터를 보기 좋게 출력하는 데 사용하며 특히 중첩 구조나 큰 컬렉션을 출력할 때 유용합니다.

연동 코드 살펴보기

01 코드를 하나씩 살펴보겠습니다. 다음은 설치된 openai 패키지에서 OpenAI라는 클래스를 사용하겠다는 선언입니다.

패키지 import | 파일 chapter03/chatgpt_api_test.py

```python
from openai import OpenAI
```

02 다음은 OpenAI 객체를 생성하면서 앞에서 발급받았던 API 키를 넣는 코드입니다. API 키는 노출되면 안 되므로 운영체제에서 관리하는 환경변수에 넣고 프로그램에서는 그 변수에서 읽어 오도록 코딩해야 합니다(그 방법은 조금 뒤에 설명하겠습니다.).

openai.api_key | 파일 chapter03/chatgpt_api_test.py

```python
# 여러분이 발급받은 api_key를 입력하세요.
api_key = "sk-DHuZfMLH16NIerGWx9zLT2BlbkFJuqXeAObX6lNkChFHy94E "
client = OpenAI(api_key=api_key)
```

03 model은 client.chat.completions.create 메서드에 전달될 변수입니다. 오픈AI에는 여러 인공지능 모델이 있는데, 이 가운데 gpt-4o-mini에 해당하는 모델을 세팅했습니다.

model | 파일 chapter03/chatgpt_api_test.py

```python
model = "gpt-4o-mini-2024-07-18"
```

04 다음은 챗GPT에게 전달할 메시지를 설정하는 부분입니다. 이 메시지는 우리가 대화할 인공지능의 역할을 '유용한 어시스턴트'로 설정하는 것과 "2020년 월드 시리즈 우승 팀은 누구인가요?"라는 질문으로 구성되어 있습니다.

messages | 파일 chapter03/chatgpt_api_test.py

```python
messages = [
        {"role": "system", "content": "You are a helpful assistant."},
```

```
        {"role": "user", "content": "Who won the world series in 2020?"},
    ]
```

참고로 role에는 system, user, assistant 3가지가 있습니다. 이 중 system은 언어 모델의 페르소나Persona를 설정하는 역할이며, 보통 한 번만 작성합니다. user는 사용자 메시지, assistant는 언어 모델의 응답 메시지를 나타냅니다. 대화가 이어질 때 이 2가지 메시지가 쌓이는 구조입니다.

05 다음은 openai 패키지에 있는 Completions이라는 클래스의 create 메서드를 호출하는 부분입니다. 메서드의 입력값으로 앞에서 설명한 두 변수를 넣고 있습니다. 이 메서드를 통해 openai의 챗GPT에게 우리가 설정한 메시지가 전달됩니다.

client.chat.completion.create | 파일 chapter03/chatgpt_api_test.py

```
response = client.chat.completions.create(model=model, messages=messages).model_dump()
pprint(response)
```

create 메서드가 수행되면 그 결과로 ChatCompletion이라는 객체가 response라는 변수로 반환됩니다. 이 객체 안에는 여러 결괏값들이 들어 있는데, 이러한 결괏값들을 딕셔너리 자료형으로 변환하는 model_dump라는 메서드도 여기에 포함되어 있습니다. create 메서드의 반환값에 다시 메서드가 들어 있는 구조를 활용하면 위와 같이 model_dump라는 메서드를 연이어 호출할 수 있습니다. 이와 같이 메서드를 연쇄적으로 호출하는 방식을 일컬어 **메서드 체이닝**Method Chaining이라고 부릅니다. 이 책에서는 챗GPT에게 응답받을 때 이와 같은 체이닝 방식을 사용함으로써 응답 결과가 마치 딕셔너리 자료형인 것처럼 재구성되도록 하였습니다. 물론, 응답 결과에 접근할 때 "response.choices[0].message"처럼 객체의 계층 구조를 명시하는 방법을 택하면 변환 과정을 거치지 않으므로 효율적일 수 있고, 코드도 더욱 명확해집니다. 아울러 객체 내의 메서드를 사용할 수 있는 이점도 있습니다. 하지만 이 책에서는 사용의 편의성과 간결한 출력을 위해 model_dump 메서드를 호출하여 딕셔너리 자료형으로 바꾸는 방식을 택했습니다. 따라서 실무에서 사용할 때에는 2가지 방식의 장단점을 고려하여 상황에 맞는 방법을 선택해야 합니다.

챗GPT 응답 결과 확인하기

다음은 챗GPT의 응답 내용을 출력하는 코드입니다. 출력 내용을 보면, response의 가장 상위에 choices, created, id, model, object, system_fingerprint, usage라는 키가 있습니다. 그 가운데 choices는 리스트를 값으로 갖고 있고 그 내부에 딕셔너리 데이터 구조가 있습니다. 그 안에 message라는 딕셔너리 데이터가 다시 중첩되어 있으며 이 딕셔너리 데이터의 content 값으로 우리의 질문에 대한 챗GPT의 답변이 들어 있습니다.

응답 결과 출력 | 파일 chapter03/chatgpt_api_test.py

```
from pprint import pprint

pprint(response)
```

```
{'choices': [{'finish_reason': 'stop',
              'index': 0,
              'logprobs': None,
              'message': {'content': 'The Los Angeles Dodgers won the World '
                                     'Series in 2020. They defeated the Tampa '
                                     'Bay Rays to claim the championship, '
                                     "marking the Dodgers' first World Series "
                                     'title since 1988.',
                          'function_call': None,
                          'role': 'assistant',
                          'tool_calls': None}}],
 'created': 1722665983,
 'id': 'chatcmpl-9s2P9QLAnLQSrvOQ4kUr27AdE10pV',
 'model': 'gpt-4o-mini-2024-07-18',
 'object': 'chat.completion',
 'service_tier': None,
 'system_fingerprint': 'fp_9b0abffe81',
 'usage': {'completion_tokens': 33, 'prompt_tokens': 27, 'total_tokens': 6
```

이렇게 딕셔너리와 리스트를 중첩해서 함께 사용하면 데이터를 구조화하여 표현할 수 있습니다. 사람이 문서 작업을 할 때 번호, 콜론, 대시 등을 사용해서 짜임새를 만드는 것처럼 컴퓨터도 이렇게 데이터를 짜임새 있는 문서처럼 구조화할 수 있는 것입니다. 데이터를 구조화하여 다루는 형태 중 위와 같이 표현하는 방식을 JSON이라고 부르며 몇 가지 차이점을 제외하면 파이썬 딕셔너리와 그 형태가 같습니다.

API 키 환경변수에 담기

프로그램 코드는 언제든 공개될 수 있으니 프로그램 코드에 API 키를 노출하면 안 됩니다. 따라서 운영체제의 환경변수에 넣고 사용하는 방법을 권합니다. [터미널] 탭에서 다음과 같이 수행하면 OPENAI_API_KEY라는 환경변수에 키 값이 들어 갑니다.

```
echo 'export OPENAI_API_KEY="sk-DHuZfMLH16NIerGWx9zLT2BlbkFJuqXeAObX6lNkChFHy94E"' >>
~/.bashrc
source ~/.bashrc
```

환경변수를 설정했으면 프로그램의 API 키 설정 코드를 다음과 같이 수정하면 됩니다.

```
API Key 설정 | 파일 chapter03/chatgpt_api_test.py

import os

api_key = os.getenv("OPENAI_API_KEY")
# client = OpenAI() # 이것도 가능
client = OpenAI(api_key= api_key)
```

이렇게 하면 환경변수에서 API 키를 가져와 오픈AI API의 입력값으로 전달하기 때문에 직접 API 키를 작성한 것과 동일하게 동작합니다. 참고로 client 객체 생성 시 api_key를 전달하지 않으면 자동으로 환경변수에 있는 값을 사용하여 호출하기 때문에 주석으로 표현한 것처럼 사용해도 오류없이 동작합니다.

❓ 궁금해요 챗GPT API 사용법이 궁금하다면?

오픈AI는 챗GPT API를 제대로 활용할 수 있도록 가이드 문서를 제공하고 있습니다. 더 자세한 내용이 궁금하다면 가이드 문서를 읽어볼 것을 추천합니다.

💡 Tip. 가이드 문서는 영어로 작성되어 있으므로 'DeepL', '파파고' 등 번역 프로그램을 활용하세요.

- 언어 생성 모델 사용 가이드라인 : platform.openai.com/docs/guides/chat-completions
- 오픈AI의 모델에 대한 API 명세서 : platform.openai.com/docs/api-reference/introduction

****

지금까지 API로 챗GPT와 대화하는 방법을 살펴보았습니다. 눈여겨볼 것은 API를 통해 주고받는 데이터의 형식이 구조화되어 있다는 사실입니다. 따라서 구조에 맞추어 입력 메시지를 설정하고 응답 메시지를 추출해야 합니다. 특히 응답 데이터는 다소 복잡한 구조로 되어 있는데, 그 안에 챗GPT의 답변 이외에 다른 정보들이 있다는 점도 기억하기 바랍니다.

04 프롬프트 엔지니어링의 기초

챗GPT 열풍과 함께 '프롬프트 엔지니어'가 새롭게 떠오르는 고연봉 직군으로 소개되면서 많은 사람이 프롬프트 엔지니어링이란 용어를 접하게 되었습니다. 하지만 대다수는 '인공지능을 잘 다루는 기술' 정도로만 알고 있습니다. 이 챕터에서는 이러한 프롬프트 엔지니어링의 기초 지식을 다룹니다. 난생처음 접하는 개념을 이해하려고 할 때는 그것의 사전적 의미를 따져 보면 도움이 될 때가 많습니다. 따라서 프롬프트Prompt와 엔지니어링Engineering이라는 두 낱말의 말뜻을 알아보는 것으로 이 챕터를 시작하겠습니다.

학습 목표

● 프롬프트 엔지니어링의 기본 개념을 습득하고, LLM을 사용할 때 매개변수의 의미와 효과에 대해 이해합니다.

핵심 키워드

● 프롬프트
● 프롬프트 엔지니어링
● 플레이그라운드
● Temperature
● Top P

1. '프롬프트'와 '엔지니어링'의 의미

프롬프트 엔지니어링을 이해하기 위해 '프롬프트'와 '엔지니어링'이라는 단어의 의미를 하나씩 살펴보겠습니다.

프롬프트의 의미

진행자나 배우가 카메라를 바라보며 자연스럽게 대본을 읽을 수 있도록 돕는 장치를 프롬프터 Prompter라고 합니다. 예전에 극장에서 배우가 대사를 잊어버렸을 때 다음 대사를 재빨리 제시함 으로써 공연이 매끄럽게 흘러가도록 돕는 사람을 '프롬프터'라고 했는데 여기에서 유래했다고 합니다.

정리하면 사람들이 어떤 행동을 하도록 순간순간 일러주는 텍스트가 프롬프트Prompt입니다. 이러 한 프롬프트의 의미는 인공지능 분야에서도 크게 벗어나지 않습니다. 인공지능 분야에서 프롬 프트란 '원하는 출력값을 얻기 위해 모델에게 요청하는 입력값'을 뜻합니다. 이때 사용자가 출 력값을 얻기 위해 인공지능이 알아들을 수 있는 형태로 입력하는 행위를 프롬프팅Ptompting이라 부릅니다.

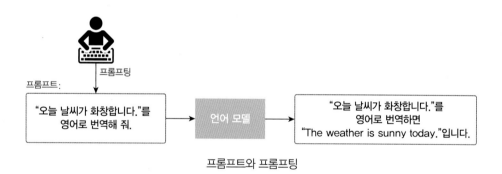

프롬프트와 프롬프팅

프롬프트 엔지니어링의 의미

인공지능에게 내리는 명령이 위의 예시처럼 단순한 형태일 수만은 없습니다. 그 이유는 명확합 니다. 인간이 인공지능에게 단순한 작업만 원하지 않기 때문입니다. 하지만 아직까지 인공지능 은 환각 현상Hallucination 등 불안정한 성능을 보일뿐더러 3차원 공간 속에서 '육체'를 가지고 우리와 소통할 수 없는 본질적인 한계도 있습니다. 이러한 점 때문에 인공지능에게 복잡한 과업을 지시하려면 조리 있게 말하는 수준을 넘어서는 접근 방식이 필요합니다.

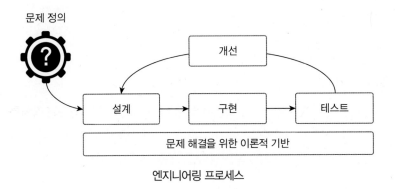

엔지니어링 프로세스

이 그림은 공학 분야의 엔지니어링 프로세스입니다. 좋은 프롬프트를 개발하려면, 공학에서의 엔지니어링 프로세스와 마찬가지로 문제를 정의하고 설계를 진행한 후 구현하고 테스트하는 것을 반복하면서 개선하는 과정이 필요합니다. 인공지능 분야에서 프롬프팅보다 **프롬프트 엔지니어링**Prompt Engineering이라는 용어를 자주 사용하는 이유도 이 때문입니다.

사실 사람들끼리 의사소통할 때는 아무리 전문적인 지식을 주고받더라도 엔지니어링 프로세스까지 필요하지는 않습니다. 최근 프롬프트 엔지니어링이 주목받으면서도 지속 가능성에 대한 의문이 제기되는 까닭도 현시점에서 인공지능이 갖는 한계를 극복하기 위한 기술이기 때문입니다.

2. 프롬프트의 구성

프롬프트가 어떤 요소로 구성되고 각 요소에는 어떤 의미가 있는지 살펴보겠습니다.

프롬프트의 구성 요소

다음은 '프롬프트 엔지니어링 가이드(promptingguide.ai)'에서 설명하는 프롬프트의 구성 요소입니다.

- **지시**Instruction: 모델이 수행할 특정 작업 또는 지시
- **문맥**Context: 더 나은 응답을 위해 모델을 조종할 수 있는 외부 정보나 추가 문맥
- **입력 데이터**Input Data: 응답 받고자 하는 입력이나 질문
- **출력 지시자**Output Data: 출력의 유형이나 형식

좀 더 구체적인 이해를 돕기 위해 이 구성 요소를 코드로 작성하면 다음과 같습니다.

프롬프트 구성 요소

```
prompt = """
내일 다음 주제로 미래 교육 포럼에서 발표할 발제문을 작성해야 합니다.
발제문의 주요 내용을 불릿 기호로 간략히 정리해 주세요.
주제: {agenda}
""".format(agenda="인공지능 시대의 교육의 역할과 의미")

response = client.chat.completions.create
        model="gpt-4o-mini",
        messages= [{"role": "user", "content": prompt}],
    )
```

- **지시**: 모델이 수행할 작업이나 지시를 뜻하는 것은 "발제문의 주요 내용을 간략히 정리하라"
- **문맥**: 외부 정보나 추가 문맥을 뜻하는 것은 "미래교육 포럼에서의 발표"
- **입력 데이터**: 응답받고자 하는 입력이나 질문을 뜻하는 것은 "인공지능 시대의 교육의 역할과 의미"
- **출력 지시자**: 출력 유형이나 형식은 "불릿 기호"

Tip. 프롬프트를 작성할 때 이 구성 요소가 모두 들어가야만 하는 것은 아닙니다.

컨텍스트로서의 프롬프트

프롬프트의 구성 요소를 그룹핑하면 다음과 같이 개념을 확장할 수 있습니다.

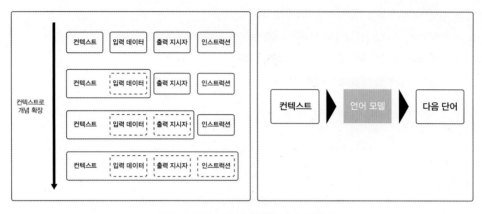

프롬프트 구성 요소의 그룹핑과 개념 확장

이렇게 개념을 확장할 수 있는 이유는 언어 모델은 주어진 말을 바탕으로 다음 말을 생성하는 기계일 뿐이기 때문입니다. 이러한 관점에서 보면, 언어 모델에게 주어진 모든 것은 다음 말을 생성하기 위한 외부의 정보, 즉 문맥 그 자체입니다.

3. 플레이그라운드

오픈AI는 자사에서 개발한 인공지능 언어 모델에 대해 프롬프트 엔지니어링을 손쉽게 할 수 있는 놀이터, 플레이그라운드Playground를 제공합니다. 오픈AI 사이트(platform.openai.com/playground)에서 플레이그라운드 메뉴를 클릭해 보세요. 그러면 이곳에서 언어 모델이 우리의 의도대로 반응하는지를 확인할 수 있는 여러 실험을 진행할 수 있습니다. 오픈AI의 언어 모델을 활용하여 내가 구상하는 서비스를 만들 때 프로그램 개발을 못하더라도 이곳에 와서 서비스의 모습을 미리 가늠해 볼 수 있습니다.

플레이그라운드 화면 구성

다음은 플레이그라운드의 초기 화면입니다. [Chat] 모드로 시작하며 '시스템 역할 입력', '대화 입력', '설정값 설정' 이렇게 세 영역으로 나뉩니다.

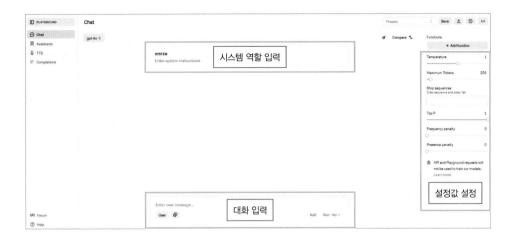

시스템 역할 입력은 챗봇의 페르소나를 정의하는 텍스트를 입력하는 곳입니다. 우리가 원하는 챗봇을 만들기 위해 가장 많은 실험을 이곳에서 해야 합니다. Chapter 3에서 작성했던 코드 중 다음 내용에 대응합니다.

```
{"role": "system", "content": "You are a helpful assistant."}
```

대화 입력 영역은 사용자와 언어 모델이 대화를 주고받는 쌍방향 소통 창입니다. 프로그램을 개발하면서 콘솔 창을 통해서 봤던 다음 내용에 대응합니다.

```
{'role': 'user', 'content': 'Who won the world series in 2020?'},
{'role': 'assistant', 'content': 'The Los Angeles Dodgers won the World Series in
2020.'},
```

설정값 설정 영역은 언어 모델의 여러 성질을 정할 수 있는 곳입니다. 이곳에서 Chat 모드에서 사용할 수 있는 모델을 설정할 수 있습니다. 여기에서는 가장 널리 쓰이는 gpt-4o-mini 모델로 선택하겠습니다.

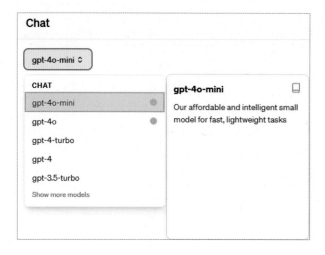

4. 언어 모델의 매개변수

언어 모델을 사용할 때 상황에 맞추어 매개변수를 조정하면 성능을 높일 수 있습니다. 따라서 언어 모델의 매개변수를 이해하는 것은 프롬프트 엔지니어링 학습에 있어서 중요한 과정입니다. 다음은 오픈AI 채팅 모델에서 사용할 수 있는 매개변수입니다.

Temperature

Temperature는 언어 모델이 얼마나 창의적으로 말할지 설정하는 변수입니다. 거꾸로 말하면 대답의 일관성을 어느 정도로 둘지 설정하는 값입니다. 이 값을 0으로 설정하면 동일한 질문에 대해 매번 (거의) 같은 대답을 하고, 2로 설정하면 매번 다른 대답을 창의적으로 합니다.

Temperature=0일 때는 이 내용을 반복하여 출력

Temperature=1.5일 때는 매번 다른 내용을 출력

Top P

Top P도 대화의 다양성에 관한 변수라는 점에서는 Temperature와 같습니다. Temperature =1.5로 설정하고 Top P를 0으로 두면 Temperature=0일 때와 똑같은 대답을 하는 것을 볼 수 있습니다.

Top P가 0일 때

그렇다면 이 둘은 어떤 차이가 있는 것일까요? 이 궁금증을 해소하려면 두 변수의 정확한 개념과 함께 언어 모델이 실행 시점에 어떤 과정을 거쳐서 말을 생성하는지 알아야 합니다.

Temperature는 선택할 단어들에 대한 확률분포의 모양새를 얼마나 뾰족하게 만들지, 또는 얼마나 펑퍼짐하게 할지 정하는 값입니다. 1보다 작으면 뾰족하게 만들고 1보다 크면 펑퍼짐하게 만듭니다. 이에 비해, Top P는 다음 단어를 선택할 때, 후보군 중에서 확률이 높은 단어만 취하고, 확률이 낮은 단어는 버리는 방식입니다. Top P가 단어를 취하는 기준은 누적확률이 Top P에 도달할 때까지 확률이 높은 단어들을 선택하는 것입니다.

뭔가 복잡해 보입니다. 이 둘의 작동 방식을 쉽게 이해하려고 Temperature=1.5, Top P=0.5 인 상태에서 "나는 밥을" 다음에 "비웠다"가 나오는 예시를 다이어그램으로 정리하면 다음과 같습니다.

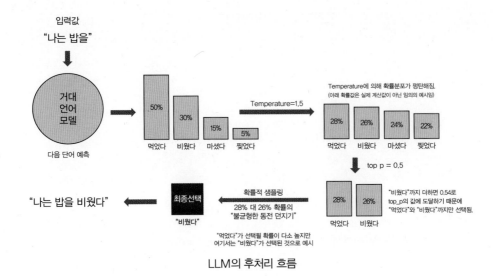

LLM의 후처리 흐름

학습된 LLM이 단어들에 대한 최종 출력값을 산출하면, 그 후처리로 Temperature와 Top P가 앞서 흐름대로 적용됩니다. 그리고 마지막에 확률적 샘플링을 함으로써 언어가 갖는 불확실성이 한 번 더 가미됩니다. 이것이 챗GPT와 같은 LLM이 "나는 밥을 비웠다."라는 문장을 만드는 과정입니다.

Maximum length

Maximum length는 인공지능이 한 번에 말하는 대화의 크기입니다. 언어 모델에서 대화의 크기는 토큰Tokens의 수를 의미합니다. 토큰이란 단어보다 조금 더 잘게 잘린 문자 또는 코드 집합으로서 언어 모델 세상에서의 형태소 정도로 이해하면 됩니다. 예를 들어 transformation은 "trans"와 "formation" 두 토큰으로 이루어집니다. 실제로 언어 모델이 입력받고 출력하는 것은 모두 이 토큰 단위로 이루어집니다.

토큰의 구성(출처: platform.openai.com/tokenizer)

Frequency Penalty와 Presence Penalty

Frequency Penalty와 Presence Penalty는 동일한 단어가 등장할 때 벌점을 부여하는 변수로서 최대 2까지 설정할 수 있습니다.

Frequency Penalty는 동일한 단어의 등장 빈도에 비례하여 벌점을 부여하는 변수입니다. 이렇게 함으로써 문장이 단조롭게 생성되는 것을 방지할 수 있습니다. 이에 반해 Presence Penalty는 동일한 단어가 등장했는지 여부에 따라 벌점을 부여함으로써 화제를 새롭게 전환하도록 유도합니다. 두 변수를 음수로 설정하면 정반대로 작동하여 같은 단어가 자주 등장합니다.

이 변수들은 보통 기본값을 사용합니다. 만일 이 두 변수에 대해 임의의 값을 부여하려면 API 문서 권장 값인 0.1에서 1 사이의 값을 선택하는 것이 좋습니다.

＊＊＊＊

지금까지 플레이그라운드에 나온 매개변수를 설명했습니다. 매개변수는 Temperature만 조정하면서 실험하는 것이 일반적입니다. 매개변수마다 값을 바꿔가며 실험하면 거기서 발생하는 경우의 수가 엄청나기 때문입니다. 따라서 효율성을 고려한다면 다양한 매개변수의 조정보다는 프롬프트 작성에 노력을 기울이는 것을 추천합니다.

05 프롬프트 엔지니어링의 핵심 기법

지금까지 '프롬프트 엔지니어링'의 기본 개념을 알아봤습니다. 이번 챕터에서는 앞서 살펴본 내용을 토대로 좀 더 이론적이고 실무적인 관점에서 프롬프트 엔지니어링의 핵심 기법에 대해 알아보겠습니다.

▍학습 목표

- GPT-3 이후 등장한 프롬프트 엔지니어링 핵심 기법을 파이썬으로 구현할 수 있습니다.

▍핵심 키워드

- Few-shot
- CoT
- SC
- ToT
- ReAct
- RAG

1. 프롬프트를 잘 만드는 방법

인공지능 분야의 세계적 석학인 앤드류 응 교수의 강의 〈개발자를 위한 챗GPT 프롬프트 엔지니어링(ChatGPT Prompt Engineering for Developers)〉 두 번째 챕터 〈프롬프트 가이드 라인(Guidelines)〉에서 설명하는 프롬프트 엔지니어링 기법을 부하 직원에게 일 잘 시키는 방법에 빗대어 정리했습니다.

프롬프트 엔지니어링 ∩ 부하 직원에게 일 잘 시키는 법

- 구체적이면서 명확하게 과업 지시를 내립니다.
- 과업의 배경을 설명합니다.
- 원하는 결과를 예시할 수 있다면 예시를 들어 설명합니다.
- 과업 수행에 대한 단계별 가이드가 있다면 알려줍니다.
- 과업 수행 시 제약 사항이 있으면 안내합니다.
- 과업 수행 결과를 어떤 형식으로 작성하면 되는지 구체적으로 제시합니다.
- 과업 수행의 주체가 스스로 생각하며 일할 수 있도록 합니다.

이렇게 프롬프트 작성 방법을 일 시키는 방법과 연결 지어 설명하는 까닭은 초보자도 프롬프트를 어렵지 않게 작성할 수 있다는 점을 강조하고 싶어서입니다. 다음은 설명의 편의를 위해 〈프롬프트 가이드 라인〉에서 나온 방법을 한꺼번에 적용한 예시입니다.

프롬프트 작성 방법 | 파일 chapter05/translator.py

```
template = """
당신은 번역 함수이며, 반환값은 반드시 JSON 데이터여야 합니다.
STEP별로 작업을 수행하면서 그 결과를 아래의 출력 결과 JSON 포맷에 작성하세요.
STEP-1. 아래 세 개의 백틱으로 구분된 텍스트를 원문 그대로 읽어올 것
STEP-2. 입력받은 텍스트가 영어가 아니라면 false를 표기하고 STEP-3를 진행하지 말 것
STEP-3. 다음의 말투로 번역할 것:["지구의 나이는 45억 살이야.", "세종대왕은 조선의 위대한 국왕
이야."]
```{text}```
---
출력 결과: {{"STEP-1": <입력텍스트>, "STEP-2": <true/false>, "STEP-3": <번역결과>}}
"""
text="William Shakespeare was an English playwright, poet and actor. He is widely
regarded as the greatest writer in the English language and the world's pre-eminent
dramatist."
template = template.format(text=text)
```
```

```
context = [{"role": "user", "content": template}]
response = client.chat.completions.create(
            model="gpt-4o-2024-08-06",
            messages=context,
            temperature=0,
            top_p=0,
            seed=1234
        ).model_dump()

pprint(json.loads(response['choices'][0]['message']['content']))
```

```
{'STEP-1': 'William Shakespeare was an English playwright, poet and actor. He '
          'is widely regarded as the greatest writer in the English language '
          "and the world's pre-eminent dramatist.",
 'STEP-2': True,
 'STEP-3': '윌리엄 셰익스피어는 영국의 희곡 작가, 시인, 배우였어. 그는 영어로 가장 위대한 작
가로 널리 인정받고 있고, 세계에서 가장 뛰어난 극작가야.'}
```

Tip. 이 예시는 설명의 편의를 위해 여러 형태의 요구사항을 한꺼번에 요청한 예시라는 점을 밝힙니다. 여러 형태의 요구사항을 한 번에 적용해야 하는 경우는 흔치 않을뿐더러, 하나의 프롬프트 안에 너무 많은 것을 요구하면 뜻대로 동작하지 않을 가능성이 크다는 점 유념하기 바랍니다.

한편, 이 예시에 사용된 seed는 모델 출력의 재현성을 높이는 매개변수로 정수값으로 설정합니다. 동일한 seed값을 설정하면 일관된 결과를 생성할 확률이 높아지지만 항상 보장되는 것은 아닙니다.

〈프롬프트 가이드라인〉의 내용과 앞의 프롬프트의 예시를 대응해 보면 이렇습니다.

- 과업 배경(컨텍스트): 당신은 번역 함수
- 원하는 결과 예시: "지구의 나이는 45억 살이야.", "세종대왕은 조선의 위대한 국왕이야."
- 단계별 가이드: STEP-1, 2, 3의 내용
- 제약 사항: 입력값이 영어가 아니라면 더이상 진행하지 말 것
- 수행 결과 작성 형식: {{"STEP-1": 〈입력텍스트〉, "STEP-2": 〈true/false〉, "STEP-3": 〈번역결과〉}}
- 적절한 구분자의 사용: "'{text}'", ──
- 구체적이면서 명확한 과업 지시: 이상의 모든 것
- 스스로 생각하기: 미적용

이 항목들은 어렵지 않게 이해할 수 있는 내용입니다. 다만, 다섯 번째 항목과 같이 수행 결과

에 대해 작성 형식을 두는 까닭은, 결론을 분명히 구분해 낸다는 측면도 있지만, 출력 구조를 명확히 함으로써 언어 모델의 응답과 이후 프로세스 사이의 연동을 쉽게 하려는 공학적 목적도 있습니다.

한편, 〈프롬프트 가이드라인〉의 내용 중 "스스로 생각하며 일할 수 있도록 하라."라는 항목은 위의 예에는 적용하지 않았습니다. 사실 이 부분은 언어 모델의 추론 능력을 극대화하려는 여러 시도와 맞물려 있는 대목으로, LLM의 특징인 인-컨텍스트 러닝과 함께 설명되어야 합니다. 따라서 언어 모델에게 스스로 생각할 수 있는 능력을 부여하기 위해서는 인-컨텍스트 러닝의 개념을 먼저 알아보고, 이를 바탕으로 하는 여러 가지 추론 기법을 차례대로 살펴보아야 합니다.

❓궁금해요 구분자를 효과적으로 사용하려면?

프롬프트에 구분자를 적절하게 주면 챗GPT가 우리의 지시를 더 잘 이해합니다. 일반적으로 알고 있는 구분자를 넣어도 되지만 GPT의 학습 데이터로 프로그램 코드를 많이 넣었기 때문에, 코딩할 때 사용하는 구분자를 넣으면 조금 더 효과적일 수 있습니다.

백틱
– 형식 : ```
– 용도 : 단락의 구분

xml tag
– 형식 : 〈키워드〉내용〈키워드/〉
– 용도 : 내용물의 구분

json
– 형식 : json 표기법(예시: {"이름": "김민지", "나이": 26})
– 용도 : 내용물의 구분

css 최우선 순위 키워드
– 형식 : [!important]
– 용도 : 중요한 사항임을 강조

일반 문서에서 사용하는 대시, 중괄호, 대괄호, 콜론 등도 다 잘 작동하므로 프로그래밍 언어에 나오는 구분자를 쓰려고 애쓸 필요는 없습니다. 다만 구분자는 일관되게 사용하는 편이 좋습니다.

seed 제대로 알기

언어 모델은 다음 단어를 확률적으로 예측하는 방식을 사용하여 언어 생성에 다양성을 부여합니다. 앞에서 temperatrue와 top_p를 설명하면서 언급했던 '확률적 샘플링'이 바로 여기에 해당합니다. seed는 난수 생성의 시작점을 설정하는 매개변수로서 이러한 확률적 샘플링을 일관되게 재현할 수 있도록 돕습니다. 따라서 seed를 사용하면, 동일한 조건이 주어졌을 때 동일한 결과를 생성할 가능성을 높입니다.

```python
for v in range(3):
  completion = client.chat.completions.create(
        model="gpt-4o-mini-2024-07-18",
    messages=[
      {"role": "user", "content": "인공지능을 한 문장으로 표현하세요."}
    ],
    max_tokens=200,
    seed=12345,
  )
  print(f"{completion.system_fingerprint}, {completion.choices[0].message.
content}")
  # fp_eeff13170a, 기계가 사람처럼 학습하고 문제를 해결할 수 있는 기술이다.
  # fp_eeff13170a, 기계가 사람처럼 학습하고 문제를 해결할 수 있는 기술이다.
  # fp_eeff13170a, 기계가 사람처럼 학습하고 문제를 해결할 수 있는 기술이다.
```

위의 코드 중 system_fingerprint는 모델이 수행된 환경을 나타내는 내부적인 값입니다. 모델 업데이트나 구동 환경이 달라지면 결과값이 달라질 수 있는데, 이때 system_fingerprint를 통해 값이 변경되는 이유를 추적할 수 있습니다. 하지만, seed를 설정하고 system_fingerprint의 값이 같더라도 100% 동일한 결과를 보장하는 것은 아닙니다. LLM의 경우 매개변수가 매우 많아 연산 과정에서 순서나 부동소수점 처리 등으로 인해 미묘한 차이들이 발생할 수 있고, 이에 더해 클라우드 환경에서 단일 머신이 아닌, 수많은 기계에 의해 병렬적으로 수행되기 때문입니다.

2. LLM과 인-컨텍스트 러닝

 자동차 1대와 비행기 1대를 한 접시에 놓으면 수박 1개가 됩니다.
그렇다면 자동차 2대와 비행기 2대를 얻기 위해서는 몇 개의 수박이 필요할까요?

 2대의 수박이 필요합니다.

필자가 즉흥적으로 꾸며낸 질문입니다. 보다시피 질문의 내용이 터무니없습니다. 따라서 이러한 데이터가 학습되었을 가능성은 '0'이라고 보아도 무방합니다. 그런데도 "2대의 수박이 필요합니다."라고 정확히 대답합니다. 이러한 현상은 확률적으로 나올 가능성이 가장 큰 단어를 예측한다는 언어 모델의 원리만으로는 설명하기 어렵습니다. 그것보다는 언어 모델이 학습하지 않은 내용에 대해서도 추론을 통해 이해하는 능력을 갖추기 시작했다고 설명하는 편이 좀 더 자연스럽습니다.

이 예시와 같이, 학습했던 내용을 바탕으로 답하는 것이 아니라, 런 타임 시점에 제공되는 입력 정보를 바탕으로 추론하는 능력을 가리켜 **인-컨텍스트 러닝**In-context Learning이라고 합니다. 데이터로 학습하는 것이 아니라, 실시간으로 주어진 문맥 안에서 그 의미를 배운다는 것을 강조하는 용어입니다. 이러한 능력은 의도적으로 '개발'된 것이 아니라 GPT-3 수준으로 모델 크기가 커지면서 갑자기 '발견'된 능력입니다.

인-컨텍스트 러닝이 발견된 이후 인공지능 분야에서는 언어 모델의 추론 능력을 끌어올리기 위한 다양한 시도가 일어납니다. 좁은 의미에서 보자면, 이러한 시도를 체계화한 방법을 일컫는 용어가 **프롬프트 엔지니어링**Prompt Engineering입니다. 이런 점에서 보면, 프롬프트 엔지니어링의 가장 큰 관심은 언어 모델의 추론 능력 향상에 있습니다.

3. Few-shot Prompting

LLM의 추론 능력을 알아볼 수 있는 가장 기초적인 기법이 Few-shot Prompting입니다. 어떤 질문이 학습되지 않는 내용에 관한 것일지라도, 그 질문과 관련된 예시를 적절히 제공하면, 언어 모델이 그 예시의 의미를 추론하여 답을 말하는 원리입니다.

Few-shot에서의 shot은 샘플을 의미합니다. 따라서 Zero-shot Prompting은 샘플 없이, 사전 학습된 내용을 바탕으로 언어 모델에게 답변을 생성하도록 하는 것을 의미합니다. 만일 샘플뿐만 아니라 아무런 컨텍스트도 없는 질문이라면 프롬프트 엔지니어링이 적용되지 않은 것이라 말할 수 있습니다.

Zero-shot Prompting으로 구현하기

다음은 Zero-shot Prompting을 구현한 코드입니다.

Zero-shot Prompting 적용 | 파일 chapter05/fewshot.py

```python
template = """
긍정 또는 부정으로 답변을 작성하세요.
Q: 매력적인 이성과 사랑에 빠졌어!
A:
"""
context = [{"role": "user", "content": template}]
response = client.chat.completions.create(
        model="gpt-4o-2024-08-06",
        messages=context,
        temperature=0,
        top_p=0
    ).model_dump()

print(response['choices'][0]['message']['content'])
```

긍정

누구나 예측할 수 있는 상식적인 답변입니다. 이것을 Few-shot prompting 기법을 활용하여 반대로 대답하도록 만들어 보겠습니다.

Few-shot Prompting로 구현하기

Few-shot Prompting 적용 | 파일 chapter05/fewshot.py

```
template = """
아래 예시를 참조해 마지막 답변을 긍정 또는 부정으로 작성하세요.
```

Q: 난 오늘 기분이 나빠
A: 긍정
```

Q: 드디어 사업에 성공했어
A: 부정
```

Q: 요즘 너무 행복해
A: 부정
```

Q: 슬픈 일이 벌어졌어
A: 긍정
```

Q: 매력적인 이성과 사랑에 빠졌어!
A:
"""
```

부정

---

**Tip.** 실행 환경은 Zero-shot prompting과 동일합니다.

긍정적인 진술에는 '부정', 부정적인 진술에는 '긍정'으로 답하는 예시를 보여 주었더니 긍정적인 질문에 '부정'이라고 답하는 실험 결과입니다. 정말 의도대로 답변한 것인지 디버깅을 해보겠습니다.

## 프롬프트 디버깅하기

---

프롬프트 디버깅 | 파일 chapter05/fewshot.py

```
template = """
아래 예시를 참조해 마지막 답변을 긍정 또는 부정으로 작성하세요.
```

Q: 난 오늘 기분이 나빠:
A: 긍정
```
```
```

```
Q: 드디어 사업에 성공했어
A: 부정
```

```
Q: 요즘 너무 행복해
A: 부정
```

```
Q: 슬픈 일이 벌어졌어
A: 긍정
```

```
Q: 매력적인 이성과 사랑에 빠졌어!
A: <정답을 작성하고 그렇게 답한 이유를 말하세요>
"""
```

A: 부정
이유: 주어진 예시에서는 긍정적인 상황에 부정적인 답변을, 부정적인 상황에 긍정적인 답변을 하고 있습니다. 따라서 "매력적인 이성과 사랑에 빠졌어!"라는 긍정적인 상황에는 부정적인 답변을 해야 합니다.

'**부정**'으로 답한 이유를 물어보니 프롬프트를 작성한 의도대로, 예시 안에 숨어 있는 뜻을 언어 모델이 포착해서 상식과는 정반대로 답변했다는 것을 확인할 수 있습니다. 여기에서도 학습 데이터를 바탕으로 둔 통계적인 답변이 아니라 실시간으로 주어진 문맥을 추론해서 답변한다는 사실이 잘 드러납니다.

4. CoT 기법

2022년 1월 구글 리서치 팀이 〈Chain-of-Thought Prompting Elicits Reasoning in Large Language Models, (생각의 연쇄 프롬프트를 통한 거대 언어 모델의 추론 유도)〉를 발표한 이후 여러 프롬프트 엔지니어링 기술들의 근간을 이루는 기법입니다. 문제를 푸는 과정을 작은 단계로 나누고 순서대로 생각을 전개하면서 최종 답을 도출하는 것이 CoT^{Chain of Thought}의 핵심 원리입니다. 이러한 원리는 주어진 텍스트를 바탕으로 다음 단어를 예측하는 확률 모델로서의 언어 모델을 떠올리면 쉽게 이해할 수 있습니다.

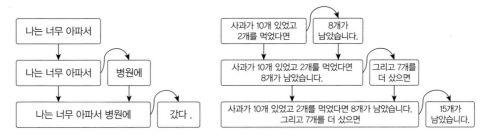

자기회귀적 언어 생성(왼쪽)과 CoT 기반의 자기회귀적 언어 생성(오른쪽)

그림처럼 출력 결과를 다시 입력으로 받아서 다음 말을 생성하는 것을 언어 모델의 **자기회귀적** Autoregressive 특성이라고 합니다. 사실, 이러한 특성은 우리가 복잡한 문제를 해결하는 과정에서 흔히 나타나는 성질이기도 합니다. 문제를 분석해서 단계를 나누고, 각 단계별로 생각해낸 해결책을 쌓아가며 최종적인 답을 도출하는 것이 문제 해결의 일반적인 프로세스이기 때문입니다. 이러한 측면에서 CoT는 언어 모델에 내재되어 있는 문제 해결 프로세스의 성질을 잘 활용한 프롬프트 작성 기법이라고 말할 수 있습니다.

Few-shot Prompting이 단순한 질의/응답 예시를 주는 데 그쳤다면, CoT는 문제를 푸는 과정과 정답을 예시로 함께 제공합니다.

Standard input-ouput 프롬프트로 구현하기

단순한 질문으로만 구성된 연산 요청 프롬프트입니다.

Standard input-ouput 프롬프트 적용 | 파일 chapter05/cot.py

```
template = """
Q: 서버실에는 컴퓨터가 9대 있었습니다. 월요일부터 목요일까지 매일 5대의 컴퓨터가 추가로 설치되었고 어제 한 대를 반출했습니다. 이제 서버실에는 몇 대의 컴퓨터가 있을까요? 정답은 00대로 답하세요.
A:
"""
context = [{"role": "user", "content": template}]
response = client.chat.completions.create(
        model="gpt-3.5-turbo-0125",
        messages=context,
```

```
        temperature=0,
        top_p=0
    ).model_dump()

print(response['choices'][0]['message']['content'])
"""
```

18대

정답은 28대로 틀린 답을 말하고 있습니다. 여기에 CoT 프롬프트를 적용해 보겠습니다.

CoT 프롬프트로 구현하기

CoT 프롬프트 구현 | 파일 chapter05/cot.py

```
template = """
Q: 카페테리아에 사과가 23개 있었습니다. 점심 식사로 20개를 사용하고 6개를 더 사서 2개를 나눠주
었다면 사과가 몇 개가 남았나요?
A: 사과가 23개 있었고, 점심 식사로 20개를 사용하였으므로 23 - 20 = 3개가 남았습니다. 그리고 6
개를 더 사서 3 + 6 = 9개가 되었습니다. 2개를 나눠주었으므로 9 - 2 = 7개가 남았습니다. 따라서
사과가 7개가 남았습니다.
정답은 7개

Q: 주차장에 차가 3대 있고, 2대의 차가 더 들어왔습니다. 이제 주차장에는 몇 대의 차가 있나요?
A: 주차장에 이미 차가 3대 있습니다. 2대가 더 들어왔습니다. 이제는 3 + 2 = 5대의 차가 있습니다.
정답은 5대

Q: 서버실에는 컴퓨터가 9대 있었습니다. 월요일부터 목요일까지 매일 5대의 컴퓨터가 추가로 설치
되었고 어제 1대를 반출했습니다. 이제 서버실에는 몇 대의 컴퓨터가 있을까요? 정답은 00대로 답하
세요.
A:
"""
context = [{"role": "user", "content": template}]
response = client.chat.completions.create(
        model="gpt-3.5-turbo-0125",
        messages=context,
        temperature=0,
        top_p=0
    ).model_dump()

print(response['choices'][0]['message']['content'])
```

> 서버실에는 처음에 9대의 컴퓨터가 있었습니다. 매일 5대씩 추가로 설치되었으므로 4일 동안은 5 *
> 4 = 20대의 컴퓨터가 추가로 설치되었습니다. 따라서 총 컴퓨터 대수는 9 + 20 = 29대입니다.
> 어제 1대를 반출했으므로 29 - 1 = 28대의 컴퓨터가 있습니다. 따라서 서버실에는 28대의 컴퓨터가
> 있습니다.
> 정답은 28대

작은 숫자의 사칙연산은 챗GPT도 꽤 잘합니다. 하지만 작은 숫자의 사칙연산일지라도 풀어야 하는 문제가 몇 단계로 연결되어 있다면 첫 번째 예시처럼 엉뚱한 답을 내놓습니다. 이런 경우 두 번째 예시처럼 풀이하는 과정을 샘플로 제시하고 그와 유사한 패턴의 질문을 하게 되면 높은 확률로 정답을 도출할 수 있습니다.

물론, 항상 정답을 말하지는 못합니다. 하지만 언어 모델을 계산기로 쓰려는 목적이 아니라면 주목해야 할 것은 계산 문제를 얼마나 잘 맞히는지가 아닙니다. 문제가 주어졌을 때 단계를 나누고, 각 단계에서 도출한 내용을 바탕으로 그 다음 단계로 나아가는 과정을 통해 최종적인 답을 내놓는 방식 자체에 주목해야 합니다. 앞서 말했던 것처럼 이러한 과정은 복잡한 문제를 풀어갈 때 우리가 취하는 전형적인 방식인 것은 물론, 언어 모델의 성능을 끌어올릴 수 있는 가장 효율적인 방법이기 때문입니다.

한편, CoT를 사용하여 추론을 하면 복잡한 문제를 해결할 수 있는 것 외에도, CoT 샷을 통해 원하는 방식으로 언어 모델이 사고할 수 있도록 유도할 수 있다는 점, 언어 모델이 왜 그렇게 답을 생성했는지 디버깅이 가능하다는 이점도 있습니다.

참고로, 추론하는 방법을 하나도 예시하지 않고 단순히 "단계별로 생각해 봐(Let's think step by step.)."라는 문구만 프롬프트 마지막에 붙이더라도 효과를 보는 경우가 있습니다. 이러한 기법을 가리켜 Zero-Shot-CoT라고 합니다.

5. SC 기법

SC^{Self-Consistency} 기법은 2022년 3월 〈Self-Consistency Improves Chain of Thought Reasoning in Language Models, (언어 모델에서 Chain of Thought를 개선하는 자기일관성)〉이라는 논문을 통해 소개된 프롬프팅 기법입니다. 간단히 말하면, CoT를 여러 번 수행한 다음 그중에서 가장 많이 나온 답을 최종적인 답으로 채택하는 방식입니다.

논문에서는 "CoT에 비해 여러 추론 경로를 탐색하기 때문에 다양한 사고를 수용하면서도, 가장 일관된 답을 찾을 수 있다."라는 점을 들면서 CoT에 비해 우수한 방법이라고 말합니다. 하지만 SC의 특성상 다양한 경로를 탐색하기 위해서는 `temperature > 0`으로 설정한 후 여러 차례 반복해서 실험해야 하는데, 문제의 유형에 따라서는 `temperature = 0`으로 설정하고 CoT를 딱 한 번 실행해서 얻는 결과가 더 나을 수 있다는 점에 유의해야 합니다.

구현하기

인터넷에서 검색한 추리 퀴즈를 바탕으로 챗GPT에게 유사한 예제를 작성하라고 한 다음 그렇게 작성된 예제를 SC의 추론 샷과 질문으로 사용했습니다. 질문 1과 질문 2가 SC 추론 샷이며 이를 바탕으로 질문3에 대해 답하도록 프롬프트를 구성했습니다.

Self–Consistency 추론 샷과 질문으로 구성 | 파일 chapter05/sc.py

```
template = """
질문1:
공항 A에서 4대의 다른 무게의 헬리콥터를 모두 공항 B로 옮겨야 합니다. 헬리콥터의 무게는 1톤,
3톤, 6톤, 9톤이며, 이 헬리콥터가 공항 A에서 공항 B까지 이동하는 데 걸리는 시간은 각각 2시간,
3시간, 5시간, 10시간입니다. 모든 헬리콥터는 그보다 가벼운 헬리콥터를 딱 한 대만 실을 수 있습
니다. 이 경우 이동하는 데 걸리는 시간은 둘 중 무거운 헬리콥터의 이동 시간과 같습니다. 가장 빠
르게 옮기면 몇시간이 걸릴까요?
답변:
3톤 헬리콥터에 1톤 헬리콥터를 싣고 공항 B로 이동합니다. 이동에는 3시간이 걸립니다.
3톤 헬리콥터가 공항 A로 돌아옵니다. 다시 3시간이 걸립니다. (지금까지 6시간)
9톤 헬리콥터에 6톤 헬리콥터를 싣고 공항 B로 이동합니다. 이동에는 10시간이 걸립니다. (지금까지
16시간)
공항 A에 있는 1톤 헬리콥터를 타고 공항 B로 돌아옵니다. 2시간이 걸립니다. (지금까지 18시간)
마지막으로, 3톤 헬리콥터에 1톤 헬리콥터를 싣고 공항 B로 이동합니다. 이동에는 3시간이 걸립니다
(지금까지 21시간).
정답: 21시간
```
질문2:
닭, 쌀, 과일을 마을로 옮겨야 합니다. 닭은 1시간, 쌀은 2시간, 과일은 4시간이 소요됩니다. 농장
에서 마을까지 이동하는 데는 최대 9시간이 걸릴 수 있습니다. 닭은 쌀과 과일을 먹을 수 있으므로
닭과 쌀 또는 과일을 동시에 옮길 수 없습니다. 어떻게 해야 마을로 모든 물건을 옮길 수 있을까요?
답변:
닭을 먼저 마을로 보냅니다. 이동 1시간, 총합 1시간.
```
```

농장으로 돌아옵니다. 이동 1시간, 총합 2시간.
과일을 마을로 보냅니다. 이동 4시간, 총합 6시간.
닭을 다시 농장으로 데려옵니다. 이동 1시간, 총합 7시간.
쌀을 마을로 보냅니다. 이동 2시간, 총합 9시간.
정답: 9시간
```
질문3:
4명의 탐험가가 동굴을 탐험하려고 합니다. 각 탐험가는 동굴을 지나가는 데 다음과 같은 시간이 걸립니다: 1분, 2분, 5분, 10분. 한 번에 최대 두 명만 동굴을 지날 수 있으며, 그들은 횃불을 가지고 가야 합니다. 횃불은 하나뿐이며, 탐험가가 동굴을 지나갈 때마다 횃불을 가져가야 합니다. 모든 탐험가가 동굴을 지나가려면 어떻게 해야 가장 빠르게 지나갈 수 있을까요? 마지막에 소요시간을 '정답:<정답>' 형식으로 작성하세요.
답변:
"""

```python
def get_most_frequent_answer(template, iterations=10):
    answers = defaultdict(int) # 존재하지 않는 키로 접근하면 0을 반환하는 함수

    for idx in range(iterations):
        context = [{"role": "user", "content": template}]
        response = client.chat.completions.create(
            model="gpt-3.5-turbo-0125",
            messages=context,
            temperature=0.3
        ).model_dump()
        response_content = response['choices'][0]['message']['content']
        print(f"\n{idx+1}번째 샘플:")
        print(response_content)
         # 답변에서 "정답: XX분" 형태로 시간을 추출
        match = re.search(r"정답: (\d+분)", response_content)
        if match:
            parsed_answer = match.group(1)
            answers[parsed_answer] += 1

    # 가장 빈도가 높은 답변을 선택
    sorted_answers = sorted(answers.items(), key=lambda x: x[1], reverse=True)
    print(f"\n빈도표: {sorted_answers}")
    most_frequent_answer = sorted_answers[0][0]
    return most_frequent_answer

most_frequent_answer = get_most_frequent_answer(template)
print("최빈값:", most_frequent_answer)
```
```

10개의 샘플을 하나씩 생성하면서 문자열 파싱을 통해 정답을 딕셔너리에 넣었습니다. 모든 샘플에 대한 작업이 끝나면 빈도수가 가장 많은 답을 반환하도록 했습니다. 다양한 사고를 해야 하기 때문에 temperature=0.3으로 설정했습니다. 다음은 코드에 대한 실행 결과입니다.

```
1번째 샘플:
1분과 2분이 함께 동굴을 지나갑니다. 이동에는 2분이 걸립니다. (지금까지 2분)
1분이 돌아와 횃불을 가져옵니다. 이동에는 1분이 걸립니다. (지금까지 3분)
5분과 10분이 함께 동굴을 지나갑니다. 이동에는 10분이 걸립니다. (지금까지 13분)
2분이 돌아와 횃불을 가져옵니다. 이동에는 2분이 걸립니다. (지금까지 15분)
1분과 2분이 함께 동굴을 지나갑니다. 이동에는 2분이 걸립니다. (지금까지 17분)
정답: 17분

2번째 샘플:
1분과 2분이 동굴을 지나갑니다. 2분이 횃불을 가지고 다시 돌아옵니다. (지금까지 2분)
5분과 10분이 동굴을 지나갑니다. 1분이 횃불을 가지고 다시 돌아옵니다. (지금까지 12분)
1분과 2분이 동굴을 지나갑니다. (지금까지 14분)
정답: 14분
...중략...
10번째 샘플:
1분과 2분이 동굴을 지나갑니다. (2분 소요)
1분은 다시 돌아와 1분과 5분을 동굴을 지나갑니다. (5분 소요)
2분은 다시 돌아와 1분과 10분을 동굴을 지나갑니다. (10분 소요)
1분과 2분이 마지막으로 동굴을 지나갑니다. (2분 소요)
정답: 19분

빈도표: [('17분', 5), ('14분', 1), ('16분', 1), ('5분', 1), ('15분', 1), ('19분', 1)]
최빈값: 17분
```

실험 결과 정답인 17분이 5회로 가장 많이 나왔습니다. 반면 temperature=0, top_p=0으로 설정하고 실험했을 때는 12분이 나왔습니다.

```
1분과 2분이 동굴을 지나갑니다. 2분이 동굴을 지나가는 데 2분이 걸리므로, 총 2분이 소요됩니다.
1분이 횃불을 가지고 다시 동굴로 돌아갑니다. 1분이 걸리므로, 총 3분이 소요됩니다.
5분과 10분이 동굴을 지나갑니다. 10분이 동굴을 지나가는 데 10분이 걸리므로, 총 10분이 소요됩니다.
2분이 횃불을 가지고 다시 동굴로 돌아갑니다. 2분이 걸리므로, 총 12분이 소요됩니다.
1분과 2분이 동굴을 지나갑니다. 2분이 동굴을 지나가는 데 2분이 걸리므로, 총 14분이 소요됩니다.
정답: 14분
```

이 실험에서 볼 수 있듯이 SC 기법은 명확한 공식이나 로직을 적용하기 보다는 다양한 실험과 추론을 결합하여 문제를 해결할 때 더 적합한 기법입니다.

6. ToT 기법

ToT ^{Tree of Thoughts} 기법은 일명 '생각의 나무'라 불리며 GPT-4 출시 이후인 2023년 5월 〈Tree of Thoughts: Deliberate Problem Solving with Large Language Models, (생각의 나무: LLM을 사용한 깊이 있는 문제 해결)〉과 〈Large Language Model Guided Tree-of-Thought, (LLM이 안내하는 생각의 나무)〉라는 두 편의 논문을 통해 소개되었습니다. ToT는 CoT와 SC가 사고를 전개하는 과정에서 다양한 탐색을 시도하지 않는다는 점과 사고를 전개하는 동안 평가 절차가 없다는 점을 한계로 지적합니다. ToT에서는 이에 대한 대안으로 나무를 성장시키듯 언어 모델의 사고를 전개시키는 방법을 제안합니다. 이것을 위해 컴퓨터 과학에서 오래전부터 다루어 온 너비 우선 탐색과 깊이 우선 탐색을 언어 모델의 추론에 활용합니다.

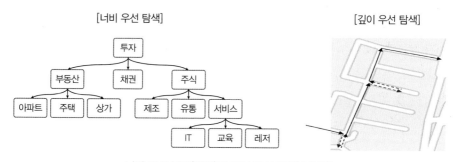

너비 우선 탐색(왼쪽)과 깊이 우선 탐색(오른쪽)

왼쪽은 투자에 대해 전혀 모르는 사람이 부동산, 주식, 채권이 어떤 것인지부터 공부한 다음에 하위 분류로 내려가면서 자신이 원하는 투자처를 찾는 그림입니다. 이렇게 단계별로 전체를 탐색한 다음 그 하위로 내려가는 방식을 **너비 우선 탐색**^{BFS, Breadth-First Search}이라고 합니다. 왼쪽 그림에서 아파트, 주택, 상가, 채권 등은 더 이상 다음 단계로 내려가지 않는데 이러한 상태를 가리켜 **가지치기**^{Pruning} 되었다고 합니다.

오른쪽은 지도를 보고 길을 찾아가는 그림입니다. 보통 길을 찾을 때 지도를 보고 가다가 갈림

길이 나오면 고민 끝에 한 가지 길을 선택합니다. 선택한 길을 따라가다가 잘못된 길로 접어들었다고 판단하면 갈림길이 있던 곳으로 다시 돌아가 새로운 길을 찾습니다. 이렇게 한 방향으로 계속해서 탐색하는 방식을 일컬어 **깊이 우선 탐색**DFS, Depth-First Search이라고 합니다. 앞의 그림에서 점선처럼 가던 길을 멈추고 다시 돌아오는 것은 **백트래킹**Backtracking이라고 부릅니다.

앞의 두 그림에서 루트 노드에서 마지막 노드(오른쪽 그림에서는 첫 번째 화살표에서 마지막 화살표)까지가 하나의 문제를 해결하기 위해 언어 모델이 생각하는 전체 흐름입니다. 이러한 흐름은 다음 3개의 원리를 바탕으로 진행됩니다.

> **1** 생각의 분해
> **2** 생각 만들기
> **3** 상태 평가

생각의 분해 Thought decomposition는 생각의 중간 상태(단계)를 만드는 것을 뜻합니다. 투자처 탐색의 예에서 3레벨로 예시를 들었는데 이때 각 레벨이 중간 단계에 해당합니다. 길찾기 예에서는 갈림길까지의 각각의 경로들이 여기에 해당합니다.

생각 만들기 Thought generator는 하나의 단계에서 노드들을 만드는 것입니다. 투자처 탐색의 예에서는 상위 노드에서 하위 노드 3개를 만드는 것이 생각 만들기에 해당하며, 길찾기의 예에서는 길을 선택하는 행위가 여기에 해당합니다.

상태 평가 State evaluator는 만들어진 노드들에 대한 평가로서, 평가 결과가 기준에 미달되면 가지치기되거나 백트래킹이 발생합니다.

이 3가지 가운데 '생각의 분해'는 사람이 설계할 수도 있고, 언어 모델이 정할 수도 있습니다. 이에 반해, '생각 만들기'와 '상태 평가'는 언어 모델이 수행합니다.

구현하기

인공지능이 인간의 일자리를 위협하는 아젠다에 대한 해결 방안을 ToT를 통해 알아보겠습니다. 탐색 방법으로는 너비 우선 탐색 방법을 사용하겠으며 탐색 방식은 다음과 같습니다.

> **1** 생각의 분해: 3단계로 탐색한다.
> **2** 생각 만들기: 이전 단계의 생각을 구체적으로 구현하는 5가지 방안을 생성한다.

3 상태 평가: 단계별로 다음의 항목으로 평가한 후 최고점을 얻은 노드만 남긴다.

　① 창의적이고 혁신적인 방법인가?

　② 단기간에 실현 가능한 방법인가?

다음은 '아젠다 설정'과 '생각 만들기' 프롬프트입니다.

프롬프트 1 – 아젠다 설정 | 파일 chapter05/tot.py

```
agenda = """
'인공지능이 인간의 일자리를 위협합니다. 이에 대한 대응 방안을 논의합니다.'
"""
```

프롬프트 2 – 생각 만들기 | 파일 chapter05/tot.py

```
sampling_tempalte = """
{agenda}에 대해 논의 중입니다.
```
[이전 의견]:
{selected}
```
[이전 의견]에 대한 구체적이며 실질적인 구현 방안을 아래 JSON 형식으로 답하세요.
{{
    "주제": <주제>
    "구현": <50단어 이내로 작성하세요>,
    "근거": <[이전 의견]의 어떤 대목에서 그렇게 생각했는지>
 }}
"""
```

"주제"와 **"근거"**는 출력되는 결과는 아닙니다. 그런데도 **"주제"**와 **"근거"**를 말하게 한 까닭은 우리가 의도한 대로 챗GPT가 "구현"하도록 가이드하기 위해서입니다. 이것 역시 CoT의 하나로 이해하면 됩니다.

다음은 "상태 평가" 프롬프트입니다. 평가 대상인 두 항목의 가중치를 다르게 부여하였습니다.

프롬프트 3 – 상태 평가 | 파일 chapter05/tot.py

```
evaluation_template = """
{agenda}에 대해 논의하고 있습니다.
```
[의견]:
```
```

```
{thought}
```
위의 [의견]을 아래 JSON 형식으로 평가하세요.
{{
    "창의적이고 혁신적인 방법인가": <15점 만점 기준 점수>,
    "단기간 내에 실현 가능한 방법인지": <10점 만점 기준 점수>,
    "총점": <총점>
}}
"""
```

## 프롬프트 실행

생각 만들기, 상태 평가, 보고서 작성 등 여러 가지 목적으로 챗GPT API가 호출됩니다. 다음 request_gpt 함수는 이 3가지 목적을 모두 수용하도록 작성한 함수입니다.

openai api 호출 함수 | 파일 chapter05/tot.py

```python
def request_gpt(message, model, temperature, type="json_object"):
    message = [{"role": "user", "content": message}]
    response = client.chat.completions.create(
                model=model,
                messages=message,
                temperature=temperature,
                response_format = {"type" : type}
            ).model_dump()
    if type == "json_object":
        response_content = json.loads(response['choices'][0]['message']['content'])
    else:
        response_content = response['choices'][0]['message']['content']
    return response_content
```

Tip. respons_format은 모델의 응답 형식을 지정하는 매개변수로서 초깃값은 "text"입니다. 이 매개변수는 주로 JSON 형식의 응답을 보장받기 위해 사용되며, 그 경우 인자값으로 "json_obejct"라는 문자열을 넘깁니다. "생각 만들기"와 "상태 평가"를 위해서는 JSON 형식으로 응답받아야 하고, 보고서 작성을 위해서는 "text" 형식으로 응답받아야 하기 때문에 requset_gpt 함수의 매개변수로 포함했습니다.

다음은 생각 만들기 함수입니다. 노드마다 5개의 생각을 생성하도록 했고 temperature=1.2 로 설정하여 약간의 창의성을 부여했습니다.
```

```python
def generate_thoughts(selected):
    selected = "없음" if len(selected) == 0 else selected
    samples = []
    message = sampling_tempalte.format(agenda=agenda, selected=selected)
    for _ in range(5):
        sample = request_gpt(message, "gpt-4o-mini-2024-07-18", temperature=1.2)
        samples.append(sample['구현'])
        #print("generate_thoughts:", sample['구현'])
    return samples
```

evaluate 함수는 평가 결과를 리스트에 담고 총점 역순으로 정렬해서 원하는 건수만큼 반환하는 함수입니다. 참고로 이 예에서는 최고점 하나만 남기고 가지치기를 합니다. 평가 결과는 일관되어야 하기 때문에 **temperature=0**으로 설정했습니다.

```python
def evaluate(thoughts):
    values = []
    for thought in thoughts:
        message = evaluation_template.format(agenda=agenda, thought=thought)
        value = request_gpt(message, "gpt-4o-2024-08-06", temperature=0)
        values.append({
            "thought": thought,
            "value": value
        })
    return values

def get_top_n(values, n):
    return sorted(values, key=lambda x: x["value"]["총점"], reverse=True)[:n]
```

끝으로 '생각의 나무' 전체를 실행하는 코드입니다. 앞서 말했던 것처럼 언어 모델이 주제를 보고 몇 단계로 할지 판단하도록 만들 수도 있겠지만, 여기서는 3단계로 설정했습니다. 생각은 단계마다 1개만 남기고 모두 가지치기했습니다.

```python
selected_list = []
selected = ""
```

```
for step in range(3):
    thoughts = generate_thoughts(selected)
    values = evaluate(thoughts)
    selected = get_top_n(values, 1)[0]['thought']
    selected_list.append(selected)
    print(f"{step + 1}단계: {selected}")

print("\n".join(selected_list))
```

[1단계 실행 결과]

전문 기술 및 인간 중심적인 업무에 대한 교육과 훈련을 확대, 재교육 프로그램을 마련하고, 인공지능과 협력 가능한 신진 분야의 직업을 창출한다.

[2단계 실행 결과]

워크샵이나 다양한 교육 플랫폼을 활용하여 전문 기술 교육을 확대. 인공지능과 함께 일하는 새로운 직종을 생성하는 스타트업 기업을 지원.

[3단계 실행 결과]

정부에서는 워크샵 및 기술 교육 플랫폼을 개발하고 지원하며, AI 기술을 활용하는 스타트업 기업에 자금 지원과 멘토링을 제공합니다.

보고서 작성

생각의 나무로 전개된 결과는 selected_list라는 변수에 들어 있습니다. 이 내용을 바탕으로 보고서를 작성하는 코드입니다.

보고서 작성 | 파일 chapter05/tot.py

```
summary = f"{agenda} 다음 내용을 근거로 짧은 보고서를 작성하세요:"+str(selected_list)
report = request_gpt(summary, "gpt-4o-2024-08-06", temperature=0, to_json=False)
print(report)
```

\# 인공지능으로 인한 일자리 위협에 대한 대응 방안

\#\# 서론
인공지능(AI)의 발전은 많은 산업에서 혁신을 가져오고 있지만, 동시에 인간의 일자리를 위협하는 요소로 작용하고 있다. 이에 따라 AI로 대체된 근로자들을 위한 효과적인 대응 방안이 필요하다. 본 보고서는 이러한 문제를 해결하기 위한 구체적인 대응 방안을 제시한다.

고용 전환 프로그램 개발
첫 번째로, AI로 대체된 근로자들을 위한 고용 전환 프로그램을 개발해야 한다. 이 프로그램은 새로운 직무 교육을 제공하여 근로자들이 다른 분야로 전환할 수 있도록 돕는다. 이를 통해 근로자들은 기존의 직무에서 벗어나 새로운 기회를 찾을 수 있게 된다.

디지털 역량 강화 워크숍 운영
두 번째로, 디지털 역량을 강화하는 워크숍을 운영해야 한다. 이러한 워크숍은 근로자들이 빠르게 변화하는 디지털 환경에 적응할 수 있도록 돕는다. 워크숍을 통해 근로자들은 최신 기술과 도구를 익히고, 이를 실제 업무에 적용할 수 있는 능력을 키울 수 있다.

맞춤형 직무 교육 과정 제공
세 번째로, AI로 대체된 근로자들을 위한 맞춤형 직무 교육 과정을 제공해야 한다. 산업별로 특화된 교육 과정을 통해 근로자들은 자신이 속한 산업에서 필요한 기술과 지식을 습득할 수 있다. 이를 통해 근로자들은 새로운 직무에 빠르게 적응할 수 있게 된다.

온라인 플랫폼 활용
네 번째로, 온라인 플랫폼을 통해 다양한 직무 교육 및 워크숍을 제공해야 한다. 이를 통해 접근성을 높여 더욱 많은 사람들이 교육과 훈련의 기회를 가질 수 있게 된다. 또한, 사용자의 스킬 레벨에 맞춘 맞춤형 학습 모듈을 개발하여 운영함으로써, 개인별 학습 효과를 극대화할 수 있다.

결론
인공지능의 발전으로 인한 일자리 위협은 피할 수 없는 현실이다. 그러나 고용 전환 프로그램, 디지털 역량 강화 워크숍, 맞춤형 직무 교육 과정, 그리고 온라인 플랫폼을 활용한 교육 제공 등을 통해 이러한 위협에 효과적으로 대응할 수 있다. 이를 통해 근로자들은 새로운 기회를 찾고, 변화하는 환경에 적응할 수 있을 것이다.

ToT를 적용하면 언어 모델이 이전 생각을 바탕으로 다음 생각을 계속해서 펼쳐 나가도록 만들 수 있습니다. 그 과정에서 다양한 탐색을 하면서도 평가 기준을 적용함으로써 방향에 맞게 생각을 정제할 수 있습니다. 이러한 ToT의 특징을 살리기 위해서는 다른 프롬프트 엔지니어링 기법과는 달리 프로그래밍을 통해 구현하는 것이 효과적입니다.

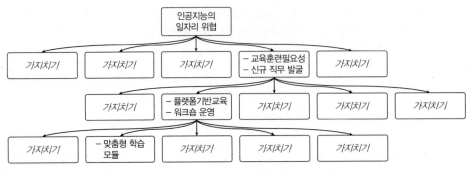

ToT에서 적용하는 가지치기 예시

이 예시에서는 각 단계마다 최고점 노드 1개만 남기고 가지치기를 했지만, 2개 이상의 노드를 남기면서 생각을 전개하도록 프로그램을 수정한다면 좀 더 다채로운 생각을 만들어낼 수 있습니다.

한편, 보고서를 작성하는 작업이기 때문에 CoT 샷을 추가하지는 않았습니다. 만일 추론 예시를 통해 도움을 받을 수 있는 작업인 경우 CoT 샷을 제공하면 더 큰 효과를 거둘 수 있습니다.

❓ 궁금해요 프롬프트로만 구현하는 ToT

ToT를 프롬프트만으로도 구현할 수 있습니다(github.com/dave1010/tree-of-thought-prompting). 하지만 앞서 말한 것처럼 ToT를 유연하고 세심하게 동작하게 하려면 프로그래밍을 통해 구현하는 것이 좋습니다. 실제로 다른 프롬프트 엔지니어링과 달리 ToT를 소개한 앞서의 논문들은 소스 코드도 함께 공개하고 있습니다.

* Tree of Thoughts: Deliberate Problem Solving with Large Language Models, 2023.5
  github.com/princeton-nlp/tree-of-thought-llm
* Large Language Model Guided Tree-of-Thought, 2023.5
  github.com/jieyilong/tree-of-thought-puzzle-solver

❓ 궁금해요 JSON 모드

2023년 11월 6일 도입된 기능으로서, 챗GPT API 출시 이후 개발자들이 실무적으로 가장 원했던 기능입니다. JSON 출력이 중요한 이유는, 만일 모델이 자연어를 입력받아 정해진 포맷의 출력값을 반환한다면, 그 모델은 API 서비스처럼 활용될 수 있기 때문입니다. 기존에는 프롬프트의 인스트럭션과 출력 지시자를 통해 JSON으로 출력하도록 유도했지만, 언어 모델의 특성상 항상 요구한 포맷으로 출력하지는 않았습니다. 그러다보니 retry 데코레이터를 붙이는 등 별도의 처리가 필요했고, 이조차 적용 안 되는 경우는 예외 처리를 적용할 수밖에 없었습니다.

하지만 repsone_format 매개변수를 통해 개발자들은 JSON 타입의 출력 결과를 보장받게 되었고, 이로써 출력 결과의 일관성과 활용성이 더욱 향상되었습니다.

```python
completion = client.chat.completions.create(
    model="gpt-3.5-turbo-1106",
    messages=[
        {"role": "user", "content": "미국 초대 대통령의 이름, 출생일자, 사망일자를 JSON
으로 기술하세요."}
    ],
    response_format={ "type": "json_object" }
)

print(json.loads(completion.choices[0].message.content))
# {'이름': '조지 워싱턴', '출생일자': '1732년 2월 22일', '사망일자': '1799년 12월 14일'}
```

유의할 점은, 매개변수 reponse_format에 "json_object"를 설정하면 사용자 메시지에도 "JSON"이라는 문구가 반드시 들어 가야 하며, 그렇지 않으면 BadRequestError 예외가 발생합니다.

7. ReAct 기법

2022년 10월 프린스턴 대학교와 구글 연구진에서 〈ReAct: Synergizing Reasoning and Acting in Language Models(언어 모델에서의 추론과 행동의 시너지)〉이라는 논문을 통해 발표한 방법으로서 자율적 에이전트의 토대를 제공하는 프롬프트 엔지니어링 기법입니다. 인간 지능의 특징이 언어를 바탕으로 하는 추론과 이를 따르는 행동의 끊임없는 결합에 있다는 사실에 주목하면서 추론 → 계획생성 → 행동 → 추론…이라는 순환적인 과정을 프롬프트를 통해 구현하려 합니다.

구현하기

ReAct 구현 방법 | 파일 chapter05/react.py

```
template = """
Thought, Action, Observation 단계를 번갈아 가며 질문에 답해가는 과정을 통해 <과제/>를 해결합니다.
1. Thought: 현재 상황에 대한 추론
```

```
2. Action:
    - Search[keyword]: <도구상자/>에서 도구 하나를 꺼내서 keyword 검색
    - Finish: {"해결책": <해결책을 단답형으로 제시하고 작업을 완료>}
3. Observation: 도구를 사용한 결과를 객관적으로 관찰
```
```
<도구상자>
    - 온도 검색[도시명] : {"서울":20.1, "자카르타":32.1, "헬싱키" -1},
    - 입을 옷 검색[더운 날씨, 선선한 날씨, 추운 날씨 등]: {"더운 날씨":"반팔 티셔츠", "선선한
날씨": "긴팔 티셔츠", "추운 날씨": "패딩"}
</도구상자>
```
```
<출력포맷>
    매회차별 1-SET, 2-SET, ... ,N-SET로 표기할 것.
    <샘플>
        1-SET
            - Thought: 매회차별 해야 할 일을 "000을 해야 한다" 형식으로 기술
            - Action: 인터넷 검색["대한민국"]
            - Observation: {"대한민국":"서울"}
    </샘플>
</출력포맷>
```
```
<과제>
    내일 자카르타로 떠날 예정입니다. 어떤 옷을 챙겨가면 될까요?
</과제>
"""
context = [{"role": "user", "content": template}]
response = client.chat.completions.create(
        model="gpt-4o-2024-08-06",
        messages=context,
        temperature=0,
        seed=123
    ).model_dump()

print(response['choices'][0]['message']['content'])
```

Thought는 계획을 생성하는 단계고 Action은 계획에 따라 실제 행동을 수행하는 단계입니다. Observation은 행동의 결과를 출력합니다. 이 예에서는 ReAct의 작동 방식을 간편하게 보여 주기 위해 딕셔너리 형태의 데이터베이스를 만들어서 프롬프트 안에 넣었습니다. 실제 도구를 연결할 때는 특정 도구를 호출하는 래퍼 함수를 호출하도록 프로그래밍하면 됩니다. 이를 위해 Action을 출력할 때 도구명과 Keyword를 함께 출력하도록 했습니다. 다음은 실행 결과입니다.

```
1-SET
   - Thought: 자카르타의 현재 온도를 확인해야 한다.
   - Action: 온도 검색[자카르타]
   - Observation: {"자카르타":32.1}

2-SET
   - Thought: 자카르타의 온도가 32.1도로 더운 날씨에 해당하므로, 더운 날씨에 적합한 옷을 확
인해야 한다.
   - Action: 입을 옷 검색[더운 날씨]
   - Observation: {"더운 날씨":"반팔 티셔츠"}

3-SET
   - Thought: 자카르타의 날씨가 더우므로 반팔 티셔츠를 챙기면 된다.
   - Action: Finish: {"해결책": "반팔 티셔츠"}
```

3차례에 걸쳐 추론과 행동을 반복하면서 자카르타에 갈 때는 반팔 티셔츠를 입으라는 해결책
을 얻었습니다. 이와 같이 ReAct는 언어 모델의 추론 능력과 외부 세계를 결합하여 과제를 해
결한다는 점에서 다양한 가능성을 상상하게 만듭니다. 뿐만 아니라 행동의 근거를 출력함으로
써 인공지능이 왜 그렇게 행동하는지 이유를 밝힌다는 점도 ReAct가 갖고 있는 특징입니다.

8. RAG 기법

LLM의 큰 문제 중 하나는 '아무말 대잔치'로 비유되는 환각 현상Hallucination입니다. 이 현상이 발
생하는 이유는 세상의 모든 지식을 알지 못하는 상태에서도 말을 생성해 내려는 언어 모델의
본질적 특성에서 비롯됩니다. 따라서 환각 현상을 줄이기 위해서는 질문에 답할 수 있는 컨텍
스트를 제공하는 것이 효과적입니다. 이렇게 질문과 관련된 정보를 데이터베이스나 파일에서
검색해서 컨텍스트로 제공하면 언어 모델의 능력을 크게 향상시킬 수 있는데 이러한 방법을 가
리켜 RAGRetrieval Augmented Generation라고 합니다.

구현하기

환각 현상이 잘 나타나는 신조어 예시부터 보여드리겠습니다.

RAG 구현 방법 | 파일 chapter05/rag.py

```
template = """
신조어에 대한 질문입니다. 아래 JSON 포맷으로 답하세요.
{"자만추": <30단어 이내로 뜻 설명>,
 "좋댓구알": <30단어 이내로 뜻 설명>,
 "어쩔티비": <30단어 이내로 뜻 설명>,
 "가심비": <30단어 이내로 뜻 설명>,
 "갓생": <30단어 이내로 뜻 설명>}
"""
context = [{"role": "user", "content": template}]
response = client.chat.completions.create(
            model="gpt-3.5-turbo-0125",
            messages=context,
            temperature=0,
            top_p=0
        ).model_dump()
print(response['choices'][0]['message']['content'])
```

```
{
"자만추": "자기 만족을 추구하는 것을 뜻하며, 자신의 성취나 능력에 대해 자만하는 행동을 일컫습
니다.",
"좋댓구알": "좋아요, 댓글, 구독을 의미하는 말로, 온라인 콘텐츠에 대한 긍정적인 반응을 나타냅니
다.",
"어쩔티비": "어쩔 수 없는 상황을 티비(TV)에서 보는 듯한 느낌을 준다는 의미로 사용되며, 어쩔 수
없는 상황을 표현할 때 사용됩니다.",
"가심비": "가성비의 줄임말로, '가격 대비 만족도'를 의미하며, 제품이나 서비스의 가격 대비 만족
도를 나타냅니다.",
"갓생": "갓 태어난 것처럼 신선하고 새로운 것을 의미하며, 최근에 나온 것이나 새로운 트렌드를 가
리킬 때 사용됩니다."
}
```

대부분 틀렸습니다. 다음은 신조어 사전을 프롬프트에 넣어서 질의 응답한 결과입니다. 사전에 없으면 모르는 단어라고 답하도록 프롬프팅했습니다.

신조어 사전에 등록된 단어의 답변 | 파일 chapter05/rag.py

```
system_role = """
신조어 사전:
{"자만추": "자연스러운 만남 추구"
 "좋댓구알": "좋아요, 댓글, 구독 알림설정의 줄임말",
 "어쩔티비": "어쩌라고 안 물어봤는데 를 뜻하는 말"
 "가심비": "가격 대비 심리적 만족도가 주는 효용"
```

```
    "갓생": "일상의 소소한 성취감을 추구하는 삶"}

  신조어 사전에서 답하세요. 신조어 사전에 없다면 "모르는 단어입니다"라고 답하세요."""

  template = """
  신조어 {신조어}의 뜻을 말헤주세요.
  """.format(신조어="자만추")

  context = [{"role": "system", "content": system_role},
             {"role": "user", "content": template}]
  response = client.chat.completions.create(
              model="gpt-3.5-turbo-0125",
              messages=context,
              temperature=0,
              top_p=0
          ).model_dump()
  print(response['choices'][0]['message']['content'])
```

자만추: 자연스러운 만남 추구

이번에는 신조어 사전에 등록되지 않은 단어에 대해 질의하겠습니다.

신조어 사전에 등록되지 않은 단어의 답변 | 파일 chapter05/rag.py

```
  template = """
  신조어 {신조어}의 뜻을 말해 주세요.
  """.format(신조어="킹받네")

  context = [{"role": "system", "content": system_role},
             {"role": "user", "content": template}]
  response = client.chat.completions.create(
              model="gpt-3.5-turbo-0125",
              messages=context,
              temperature=0,
              top_p=0
          ).model_dump()
  print(response['choices'][0]['message']['content'])
```

모르는 단어입니다.

신조어 사전에 있는 정보로 정확하게 답했고 사전에 없으면 모른다고 답하고 있습니다. 우리가
원하는 결과입니다.

RAG는 LLM의 등장과 함께 크게 주목받고 있는 기술입니다. 컴퓨터가 이해할 수 있는 형태로 자연어를 저장하고 검색하는 벡터DB 기술 등과 궤를 함께 하면서 LLM의 성능을 향상시키는 방법으로 파인 튜닝과 양대 산맥을 이루고 있습니다.

`Tip.` 벡터DB를 활용한 RAG의 원리와 구현에 대한 상세한 내용은 Chapter 12와 13을 참고하세요.

****

지금까지 프롬프트 엔지니어링을 잘하는 기본적인 방법을 살펴본 후 인-컨텍스트 러닝의 개념에 관해 알아보았습니다. 그리고 인-컨텍스트 러닝에 기반한 추론이라는 측면에서 Few-shot Prompting, CoT, SC, ToT, React를 알아보았고, 환각현상 대응이라는 측면에서 RAG를 알아보았습니다. 이 밖에도 여러 가지 프롬프트 엔지니어링 기법이 존재합니다. 이러한 기법 대부분은 2020년 6월 GPT-3 출시 이후 나타났습니다. 역사가 매우 짧은 분야인 만큼 앞으로 어떤 기법들이 출현할지, 어떤 것들이 쓸모 있는 것들로 남게 될지 예측하기 어렵습니다.

다만, 언어 모델의 특징을 이해하고, 이러한 특징들을 잘 반영하는 주요 기법들을 알고 있다면, 새로운 프롬프팅 기법을 접하게 되더라도 그것을 이해하거나 다루는 데 큰 어려움은 없으리라고 판단합니다.

06 프롬프트 엔지니어링으로 챗봇 설계하고 구현하기

챗봇은 여러 차례 대화를 주고받는 **멀티턴**Multi-Turn 방식으로 동작합니다. 특히 우리가 만들려는 '내 찐친 고비'는 일상의 언어로 대화를 주고받습니다. 이렇게 언어 모델을 대화형으로 설계하는 경우 프롬프트를 어떻게 구성해야 하는지 판단하기가 혼란스럽습니다. 꼬리에 꼬리를 무는 대화의 특성상 인스트럭션, 컨텍스트, 입력 데이터, 출력 지시자로 프롬프트를 구성하기가 쉽지 않기 때문입니다.

이번에는 대화형 인공지능에서 프롬프트가 갖는 의미를 살펴보고, 멀티턴 대화가 가능한 챗봇을 설계하겠습니다. 그렇게 설계한 내용은 지난 장에서 배웠던 프롬프트 엔지니어링을 활용하여 코드로 생성해 보겠습니다.

| 학습 목표

- 대화형 인공지능에서 컨텍스트의 개념을 익히고 프롬프트 엔지니어링만으로 대화형 챗봇 프로그램을 작성합니다.

| 핵심 키워드

- 대화형 인공지능
- 컨텍스트
- 프롬프트 엔지니어링

1. 대화형 언어 모델에서의 컨텍스트

언어 모델은 사용 목적에 따라 **완성형 언어 모델**Completion Language Models과 **대화형 언어 모델**Conversational Language Models로 나눌 수 있습니다. gpt-3.5-turbo-instruct 같은 완성형 모델은 사용자가 제공한 프롬프트를 이어받아 완결된 텍스트를 만드는 데 초점을 맞춥니다. 이에 반해 챗GPT 같은 대화형 언어 모델은 말 그대로 질문과 답변을 이어가면서 인간처럼 대화하는 것을 중요하게 생각합니다. 이러한 점을 고려하면 대화형 언어 모델에서의 프롬프트는 완성형 언어 모델과 차이점이 존재할 수밖에 없습니다.

다음은 챗GPT에게 물어본 대화형 인공지능에서의 프롬프트의 의미입니다.

> **You**
> 대화형 인공지능에서 프롬프트가 무엇을 의미하는지 설명해줘.
>
> **ChatGPT**
> 대화형 인공지능에서 '프롬프트'는 사용자의 입력 또는 요청을 나타냅니다. 이는 일반적으로 특정 작업을 수행하거나 특정 정보를 제공하는데 대한 지시사항이나 질문의 형태를 띱니다.
>
> 이 '프롬프트'는 넓은 의미에서는 사용자와 인공지능 간의 상호작용 전체, 즉 대화의 문맥을 의미할 수 있습니다. 이는 모델이 대화의 문맥에 따라 적절한 응답을 생성해야 하기 때문입니다. 예를 들어, 이전 대화의 정보는 현재 '프롬프트'에 대한 모델의 응답에 중요한 영향을 미칠 수 있습니다.
>
> > 따라서, 대화형 인공지능에서 '프롬프트'는 단순히 사용자의 현재 입력을 의미하는 것이 아니라, 인공지능이 적절하고 유능한 답변을 생성하기 위해 고려해야 하는 전체 대화의 문맥을 포함할 수 있습니다.

> **You**
> 대화형 인공지능에서 프롬프트란 결국 아래와 같네?
> "프롬프트 = 문맥 = 전체 대화"
>
> **ChatGPT**
> 네, 그렇습니다. 대화형 인공지능에서 '프롬프트'는 단순히 사용자의 현재 입력이나 요청에 국한되지 않고, 해당 입력이나 요청이 이루어진 전체 대화의 문맥을 포함합니다. 이는 인공지능이 적절한 답변을 생성하기 위해 고려해야 하는 정보의 범위를 나타냅니다. 따라서 "프롬프트 = 문맥 = 전체 대화"라고 볼 수 있습니다.

대화형 인공지능에서는 질의를 할 때마다 지금까지 나눈 모든 대화가 문맥이 되므로 프롬프트는 컨텍스트 그 자체라고 응답하고 있습니다. 다음은 오픈AI 공식 문서에 있는 대화형 챗봇의 프롬프트 전송 가이드입니다.

```python
1   from openai import OpenAI
2   client = OpenAI()
3
4   response = client.chat.completions.create(
5     model="gpt-3.5-turbo",
6     messages=[
7       {"role": "system", "content": "You are a helpful assistant."},
8       {"role": "user", "content": "Who won the world series in 2020?"},
9       {"role": "assistant", "content": "The Los Angeles Dodgers won the World Series in 2020.
10      {"role": "user", "content": "Where was it played?"}
11    ]
12  )
```

대화형 챗봇의 프롬프트 전송 가이드(출처: platform.openai.com/docs/guides/chat/introduction)

코드를 보면 user(나)의 대화 하나만 전달하는 것이 아니라 user가 질문하고 assistant가 답하고 다시 user가 질문하는 대화 전체를 API로 보내는 것을 알 수 있습니다. 앞서 말했던 프롬프트가 문맥 또는 대화 전체라는 사실이 이 예시를 통해서 잘 드러납니다.

사실, 챗GPT 채팅 사이트를 통해서 나누는 대화도 마찬가지입니다. 오픈AI에서는 각각의 대화를 '세션'이라고 부릅니다. 다음 화면에서 '챗봇 시스템 설계', '프롬프트의 의미 설명'이 각각의 세션에 해당합니다.

챗GPT 채팅 사이트(chatgpt.com)의 왼쪽 사이드바

위의 세션 하나하나가 챗GPT와 나누는 대화의 전체이자 문맥입니다. 당연히 챗GPT에게 말을 걸 때마다 저 세션 안에 쌓여 있는 모든 대화가 전달됩니다(단, 대화 크기가 일정 사이즈를 초과하면 잘라서 전달합니다.). 중요한 것은 우리가 만드는 인공지능과의 대화도 저렇게 설계되어야 한다는 사실입니다.

2. 챗봇 시스템 설계하기

앞서 말한 사항을 고려하면서 우리가 개발할 챗봇의 설계도를 그리고 문답 시뮬레이션을 구성해 보겠습니다.

설계도 그리기

'문맥 저장소'를 중심으로 보면, 사용자와 언어 모델이 대화를 주고받는 과정을 다음과 같이 설계할 수 있습니다.

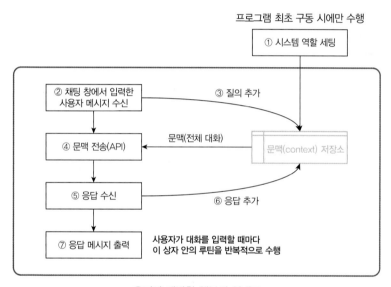

우리가 개발할 챗봇의 설계도

설계도에 이상이 없는지 알아보려고 오픈AI에서 예시한 월드시리즈 문답을 시뮬레이션해 보겠습니다. context는 리스트 데이터로 표현했습니다. 결국 이곳에 텍스트가 어떻게 쌓이는지가 관건이므로 대화가 진행되면서 context가 어떻게 변화하는지를 중심으로 설계도와 시뮬레이션을 번갈아 보기 바랍니다.

월드시리즈 문답 시뮬레이션

프로그램 구동

① 프로그램 구동 직후

```
context = [
    {"role": "system", "content": "You are a helpful assistant."}
]
```

② 사용자가 입력한 "Who won the world series in 2020?"를 수신

③ 사용자의 메시지를 context에 추가

```
context = [
    {"role": "system", "content": "You are a helpful assistant."},
    {"role": "user", "content": "Who won the world series in 2020?"},
]
```

④ 문맥 전송: 현재 context를 openai api 입력값으로 세팅하여 전송

⑤ 응답 수신 : 아래 메시지가 포함된 response를 수신

```
"message": {
    "role": "assistant", "content": "The Los Angeles Dodgers won the World Series in
2020."
},
```

⑥ 응답 내용을 context에 추가

```
context = [
    {"role": "system", "content": "You are a helpful assistant."},
    {"role": "user", "content": "Who won the world series in 2020?"},
    {"role": "assistant", "content": "The Los Angeles Dodgers won the World Series in
2020." },
]
```

⑦ 채팅 창에 응답 메시지 출력

```
"The Los Angeles Dodgers won the World Series in 2020
```

사용자가 채팅 창에 메시지를 다시 입력

② 사용자가 채팅 창에 "Where was it played?" 입력

③ 사용자의 메시지를 context에 추가

```
context = [
    {"role": "system", "content": "You are a helpful assistant."},
    {"role": "user", "content": "Who won the world series in 2020?"},
    {"role": "assistant", "content": "The Los Angeles Dodgers won the World Series in
2020."},
    {"role": "user", "content": "Where was it played?"}
```

여기까지가 프롬프트 전송 가이드에 있는 예시를 설계도에 따라 시뮬레이션한 내용입니다. 시뮬레이션대로 잘 흘러간다면 설계도에 문제가 없는 겁니다. 이 과정을 통해 이번 사용자의 메시지 + 지금까지 나눈 모든 대화를 언어 모델의 입력값으로 한 번에 밀어 넣으면 이를 바탕으로 다음에 나올 말을 출력하는 것이 대화형 언어 모델의 작동 방식이라는 것을 알 수 있습니다.

결국 대화형 언어 모델이란 것도 근본적으로는 입출력 함수에 지나지 않으며, 단지 입력에 이전 대화까지 포함해서 마치 문맥을 이해하는 것처럼 보이게 만드는 것에 불과합니다. 앞에서 챗GPT가 '프롬프트 = 전체 대화 = 문맥이 맞다'고 답한 이유가 이제 좀 더 명확해졌습니다.

3. 프롬프트 만들기

설계도를 코드로 구현해 볼 시간입니다. 이렇게 데이터(컨텍스트)와 행위(입출력 및 API 호출)가 긴밀히 연동되어 돌아갈 때 객체지향 방식을 통해 구현하면 효과적입니다. 따라서 우리의 챗봇 핵심 코드도 파이썬 클래스로 구현하겠습니다.

이번에 작성할 클래스 코드는 프롬프트를 통해 생성하겠습니다. 이를 위해 챗GPT 사이트 (chat.openai.com)에 접속해서 클래스 개발을 위한 대화 세션 하나를 생성하기 바랍니다. 이 세션에서 일관된 문맥을 유지하면서 클래스 개발을 진행하기 위해서입니다.

프롬프트로 코드 생성하기

클래스 생성을 위한 프롬프트 재료는 우리가 이미 가지고 있습니다. 앞서 개발했던 ① **프로그램 코드**와 **콘솔 출력값**, 앞서 만든 ② **설계도**와 ③ **시나리오** 이 3개를 그대로 활용해 프롬프트를 작성하겠습니다. 하나로 만든 프롬프트지만 쉽게 이해하도록 세 조각으로 나누어 설명하겠습니다.

① 개발 요건 프롬프트

먼저 개발 요건 프롬프트입니다. 전체적인 할 일이 정리되어 있고 클래스의 상세 요건이 제시되어 있습니다.

다음 프롬프트는 chatper06/prompt.txt에서 볼 수 있습니다.

 다음 순서대로 파이썬 챗봇 프로그램을 개발하세요.
– step-1: 〈테스트 시나리오/〉를 요약하세요.
– step-2: 〈클래스 요건/〉에 따라 프로그램을 작성하세요.
– step-3: 〈테스트 시나리오/〉대로 동작하도록 실행 코드를 작성하세요.
"
〈클래스 요건〉
　　이름 : Chatbot
　　데이터 :
　　　　– 이름: context
　　　　– 데이터타입: 리스트
　　메서드 :
　　　　– 초기화 : context 데이터를 만들고 시스템을 역할을 설정한다.
　　　　– 사용자 메시지 추가 : 채팅 창에서 수신한 사용자의 메시지를 context 데이터에 추가한다.
　　　　– 요청전송 : context 데이터 전체를 openai api의 입력값으로 하여 전송한다.
　　　　– 응답내용추가 : 요청 결과 중 응답내용을 context 데이터에 추가한다.
　　　　– 응답내용반환 : 응답내용을 콘솔에 출력한 후 반환한다.
　　참고사항:
　　　　– openai api는 아래의 〈openai api 연동/〉을 참고할 것.
　　　　– 메서드와 변수명은 영문으로 작성할 것.
　　〈/클래스 요건〉

---

step-1에서 테스트 시나리오를 요약하라고 한 이유는 개발하려는 프로그램이 무엇을 위한 것인지 먼저 이해시키기 위해서입니다. 이러한 과정을 통해 언어 모델은 스스로 생각할 시간을 갖게 되고 더욱 정확한 프로그램을 만들 수 있습니다.

② API 연동 프롬프트

개발 요건에서 언급했던 오픈AI의 API와 연동하는 부분입니다. 앞서 개발했던 내용을 복사해서 붙여 넣기를 했습니다. 챗GPT에게 오픈AI API의 반환값을 구체적으로 알려주기 위해 콘솔에 출력됐던 내용도 같이 붙였습니다.

〈openai api 연동 〉

```python
from pprint import pprint

import openai

# 여러분이 발급받은 api_key로 바꿔 주세요.
api_key = "sk-DHuZfMLH16NIerGWx9zLT2BlbkFJuqXeAObX6lNkChFHy94E"
client = openai.OpenAI(api_key=api_key)

model = "gpt-4o-mini-2024-07-18"

messages = [
        {"role": "system", "content": "You are a helpful assistant."},
        {"role": "user", "content": "Who won the world series in 2020?"},
    ]

response = client.chat.completions.create(model=model, messages=messages).model_dump()

pprint(response)
'''

print(response) 출력 결과:
{'choices': [{'finish_reason': 'stop',
        'index': 0,
        'logprobs': None,
        'message': {'content': 'The Los Angeles Dodgers won the World '
                'Series in 2020. They defeated the Tampa '
                'Bay Rays to claim the championship, '
                "marking the Dodgers' first World Series "
                'title since 1988.',
            'function_call': None,
            'role': 'assistant',
            'tool_calls': None}}],
    'created': 1722146245,
    'id': 'chatcmpl-9prCHVVaulwRsyz3tF7hL72eKxikv',
```

```
'model': 'gpt-4o-mini-2024-07-18',
'object': 'chat.completion',
'system_fingerprint': 'fp_ba606877f9',
'usage': {'completion_tokens': 37, 'prompt_tokens': 27, 'total_tokens': 64}}
```
〈/openai api 연동〉

---

③ 시나리오 프롬프트

개발 요건에서 언급했던 시나리오 예시입니다. 앞에서 작성했던 시나리오를 그대로 붙여 넣었습니다.

〈테스트 시나리오〉
프로그램 구동
① 프로그램 최초 구동 직후
```
context = [
    {'role': "system", "content": "You are a helpful assistant."}
]
```

② 사용자가 입력한 "Who won the world series in 2020?"를 수신

③ 사용자의 메시지를 context에 추가
```
context = [
    {'role': "system", "content": "You are a helpful assistant."},
    {'role': "user", "content": "Who won the world series in 2020?"},
]
```

④ 문맥 전송: 현재 context를 openai api 입력값으로 설정하여 전송

⑤ 응답 수신 : 아래 메시지가 포함된 response를 수신
```
"message": {
        "role": "assistant",
        "content": "The Los Angeles Dodgers won the World Series in 2020."
    },
```

⑥ 응답 내용을 context에 추가
```
context = [
```

```
        {'role': 'system', 'content': 'You are a helpful assistant.'},
        {'role': 'user', 'content': 'Who won the world series in 2020?'},
        {'role': 'assistant', 'content': 'The Los Angeles Dodgers won the World Series in
2020.'},
    ]
```

⑦ 채팅 창에 응답 메시지 출력

"The Los Angeles Dodgers won the World Series in 2020".

사용자가 채팅 창에 메시지를 다시 입력

② 사용자가 채팅 창에 "Where was it played?" 입력

③ 사용자의 메시지를 context에 추가

```
context = [
        {'role': 'system', 'content': 'You are a helpful assistant.'},
        {'role': 'user', 'content': 'Who won the world series in 2020?'},
        {'role': 'assistant', 'content': 'The Los Angeles Dodgers won the World Series in
2020.'},
        {'role': 'user', 'content': 'Where was it played?'}
    ]
```

〈/테스트 시나리오〉

4. 프롬프트 실행하기

지금까지 설명한 프롬프트 세 조각을 하나의 대화 셀에 모두 붙여 넣어서 실행했습니다. 다음
은 챗GPT의 응답입니다.

step-1: 〈테스트 시나리오/〉를 요약하세요.
프로그램이 최초 구동되고, 사용자의 메시지를 입력하고, openai api를 통해 응답을 받아 채팅 내용에
추가하는 시나리오입니다.

step-2: 〈클래스 요건/〉에 따라 프로그램을 작성하세요.

from pprint import pprint

```python
import openai

api_key = "sk–DHuZfMLH16NlerGWx9zLT2BlbkFJuqXeAObX6lNkChFHy94E "
client = openai.OpenAI(api_key=api_key)

class Chatbot:
    def __init__(self, model):
        self.context = [{"role": "system", "content": "You are a helpful assistant."}]
        self.model = model

    def add_user_message(self, message):
        self.context.append({"role": "user", "content": message})

    def send_request(self):
        response = client.chat.completions.create(model=self.model, messages=self.context).model_dump()
        return response

    def add_response(self, response):
        self.context.append({
            "role" : response['choices'][0]['message']["role"],
            "content" : response['choices'][0]['message']["content"],
        }
        )

    def get_response_content(self):
        return self.context[-1]['content']


if __name__ == "__main__":
    # step-3: 테스트 시나리오에 따라 실행 코드 작성 및 예상 출력 결과 작성
    chatbot = Chatbot("gpt–4o–mini–2024–07–18")

    chatbot.add_user_message("Who won the world series in 2020?")

    # 시나리오1–4: 현재 context를 openai api 입력값으로 설정하여 전송
```

```
response = chatbot.send_request()

# 시나리오1-5: 응답 메시지를 context에 추가
chatbot.add_response(response)

# 시나리오1-7: 응답 메시지 출력
print(chatbot.get_response_content())

# 시나리오2-2: 사용자가 채팅 창에 "Where was it played?" 입력
chatbot.add_user_message("Where was it played?")

# 다시 요청 보내기
response = chatbot.send_request()

# 응답 메시지를 context에 추가
chatbot.add_response(response)

# 응답 메시지 출력
print(chatbot.get_response_content())
```

언어 모델이 생성하는 코드는 아직은 완벽하지 않습니다. 언어 모델이 생성한 코드를 일단 실행하고 난 뒤 오류가 발생하면 그때 수정을 지시하는 방식으로 대응할 수도 있습니다. 하지만 이렇게 되면 코드에 대한 통제력을 잃기 쉽습니다. 코드에 대한 통제력을 잃게 되면, 세부적인 사항을 수정하려고 할 때 뜻대로 되지 않는 경우가 많습니다. 게다가 테스트를 할 때에는 발견되지 않다가 서비스할 때 오류가 발현되면 그건 더 큰 문제입니다.

따라서 챗GPT가 만든 코드에 대해서는 이상 유무를 점검한 후 테스트해 보는 절차가 필요합니다. 그리고 효율적이지 않은 부분은 리팩터링Refactoring도 해야 합니다. 다행히 이번에 생성한 코드는 내용이 복잡하지 않아 점검하기가 어렵지 않습니다. 뿐만 아니라 코드 작성 시 실행 코드도 같이 작성하도록 지시했기 때문에 테스트하기도 수월합니다.

chatbot.py 파일을 만들어서 챗GPT가 생성한 코드를 담았습니다. 다음은 코드를 실행한 결과입니다. context 확인을 위해 마지막 줄에 출력 코드를 추가했습니다.

```python
from pprint import pprint
...중략...
# 응답 메시지 출력
    print(chatbot.get_response_content())
    pprint(chatbot.context)
```

```
The Los Angeles Dodgers won the 2020 World Series.
The 2020 World Series was played at Globe Life Field in Arlington, Texas.

[{'content': 'You are a helpful assistant.', 'role': 'system'},
 {'content': 'Who won the world series in 2020?', 'role': 'user'},
 {'content': 'The Los Angeles Dodgers won the 2020 World Series.',
  'role': 'assistant'},
 {'content': 'Where was it played?', 'role': 'user'},
 {'content': 'The 2020 World Series was played at Globe Life Field in '
             'Arlington, Texas.',
  'role': 'assistant'}]
```

테스트 시나리오에 있던 내용이 잘 출력되는 것을 확인할 수 있습니다. 챗GPT가 생성한 코드에는 경기 장소에 대한 답변도 포함되어 있어서 이 부분까지도 잘 출력되었습니다.

5. 생성 결과 개선하기

chatbot.py가 더욱 효율적으로 동작하기 위해 모델 종류와 client 객체를 공통 모듈에서 가져오도록 개선하겠습니다. 먼저 공통 모듈인 common.py는 다음과 같이 구성했습니다.

공통 모듈 구성 | 파일 chapter06/common.py

```python
import os
from openai import OpenAI
from dataclasses import dataclass

@dataclass(frozen=True)
class Model:
    basic: str = "gpt-4o-mini-2024-07-18"
    advanced: str = "gpt-4o-2024-08-06"
```

```
model = Model();
client = OpenAI(api_key=os.getenv("OPENAI_API_KEY"), timeout=30, max_retries=1)
```

> **Tip.** 파이썬 3.7 이상에서는 dataclass 데코레이터를 사용하면 위와 같이 데이터 전용 클래스를 쉽게 정의할 수 있습니다. dataclass는 클래스 내의 속성을 자동으로 초기화 메서드에 포함시키는 등의 편의 기능을 제공합니다. 데코레이터의 매개변수로 frozen=True로 설정하면, 해당 클래스의 데이터 변경을 시도할 때 AttributeError 예외가 발생하는데 이러한 기능을 통해 데이터의 불변성을 보장받을 수 있습니다.

모델의 타입을 데이터로 갖고 있는 객체를 만들었고, 오픈AI 클라이언트 객체를 만들었습니다. 이때 타임아웃을 30초로 두었고, 오류 시 최대 재시도 횟수를 1번으로 설정했습니다. 다음은 common.py에서 생성한 모델 객체와 client 객체를 chatbot.py에 적용한 결과입니다.

코드 리뷰 수정 | 파일 chapter06/chatbot.py

```python
from common import client, model
from pprint import pprint

class Chatbot:

    def __init__(self, model):
        self.context = [{"role": "system", "content": "You are a helpful assistant."}]
        self.model = model

    def add_user_message(self, message):
        self.context.append({"role": "user", "content": message})

    def send_request(self):
        response = client.chat.completions.create(
            model=self.model,
            messages=self.context
        ).model_dump()
        return response

    def add_response(self, response):
        self.context.append({
                "role" : response['choices'][0]['message']["role"],
                "content" : response['choices'][0]['message']["content"],
            }
        )

    def get_response_content(self):
```

```python
        return self.context[-1]['content']


if __name__ == "__main__":
    # step-3: 테스트 시나리오에 따라 실행 코드 작성 및 예상 출력 결과 작성
    chatbot = Chatbot(model.basic)

    chatbot.add_user_message("Who won the world series in 2020?")

    # 시나리오1-4: 현재 context를 openai api 입력값으로 설정하여 전송
    response = chatbot.send_request()

    # 시나리오1-5: 응답 메시지를 context에 추가
    chatbot.add_response(response)

    # 시나리오1-7: 응답 메시지 출력
    print(chatbot.get_response_content())

    # 시나리오2-2: 사용자가 채팅 창에 "Where was it played?" 입력
    chatbot.add_user_message("Where was it played?")

    # 다시 요청 보내기
    response = chatbot.send_request()

    # 응답 메시지를 context에 추가
    chatbot.add_response(response)

    # 응답 메시지 출력
    print(chatbot.get_response_content())
```

****

챗GPT가 확률 모델이다 보니 매번 같은 코드를 만드는 것은 아닙니다. 생성된 결과가 마음에 들지 않는 경우도 많습니다. 하지만 프롬프트를 잘 작성했다면 몇 차례 재생성을 하는 과정에서 괜찮은 코드를 만날 수 있습니다. 중요한 것은 이와 같이 프롬프트를 잘 작성하려면 설계를 명확하게 하고 이에 대한 시나리오를 구체적으로 제시해야 한다는 점입니다. 이와 함께 API 사용법처럼 참조할 내용이 있으면 알려주고 단계별로 어떤 과정을 거쳐 프로그램을 개발해야 하는지 안내하는 것이 좋습니다.

사실, 이러한 내용은 프롬프트를 잘 만드는 방법으로 언급했던 내용이기도 합니다. 프롬프트를 잘 만드는 것을 '일 잘 시키는 상사'에 비유했는데, 결국 프롬프트 엔지니어링으로 좋은 프로그램을 만들려면 좋은 프로그램을 개발할 수 있는 능력을 일정 수준 갖추어야 합니다.

프롬프트(심지어 그림)를 입력하여 전체 시스템을 손쉽게 만드는 사례는, 보기에는 흥미롭지만 아직까지 우리들의 서비스에 쉽게 적용되는 것은 아닙니다. 설사 그렇게 만들어지더라도 사람 손을 거치지 않을 수는 없습니다. 왜냐하면 소프트웨어의 최종 책임자는 언제나 사람이어야 하며, 확률 모델로서의 인공지능에게 환각 현상은 피할 수 없는 숙명이기 때문입니다. 개발자의 수요가 일부 줄어들 수는 있지만, 앞으로도 여전히 중요할 것이라는 전망도 바로 여기에 근거합니다.

07 웹 애플리케이션에서 챗봇과 대화하기

이 챕터에서는 챗GPT API 연동 프로그램을 웹 애플리케이션 형태로 전환하는 방법을 다룹니다. 이를 통해 사용자는 브라우저의 채팅 창을 통해서 챗GPT와 메시지를 주고받을 수 있습니다. 이러한 과정을 이해하기 위해 웹 애플리케이션의 동작 원리와 Flask에 대한 기초 지식을 설명합니다. 그리고, 브라우저와 서버가 어떻게 데이터를 주고받는지도 살펴봅니다. 다만 HTML, CSS, 자바스크립트 등의 웹 리소스 파일은 깃허브에서 다운로드하여 그대로 사용하도록 안내했고, 별도의 설명은 덧붙이지 않았습니다.

| 학습 목표

● 챗봇 프로그램을 웹 애플리케이션으로 만들고, 브라우저에서 챗GPT와 대화를 주고받을 수 있습니다.

| 핵심 키워드

● 웹 애플리케이션
● 클라이언트
● 브라우저
● 서버
● Flask
● REST API

1. 서버 프로그램의 동작 살펴보기

Flask는 파이썬 기반의 웹 애플리케이션 서버를 개발할 수 있는 도구입니다. Chapter 1에서 개발 환경을 구성할 때 Python이 아닌 Flask를 선택함으로써 파이썬을 설치하고 flask라는 파이썬 패키지를 설치했었습니다. Flask를 선택하면 goorm 통합 개발 환경에서는 컨테이너 마다 URL을 제공하는데, 브라우저에 이 URL을 입력하면 Flask 서버 프로그램에 접속할 수 있습니다.

이전까지 실습했던 [터미널] 탭에서 **python3 파이썬프로그램명.py**을 입력해서 챗GPT와 대화하는 형태는 일회적인 방식입니다. 쉽게 말해 우리가 프로그램에 입력했던 코드들이 첫 줄(Line)부터 마지막 줄까지 주르륵 수행되고 난 뒤 프로그램이 종료되었던 겁니다. 이런 프로그램을, 일괄 처리한다는 의미로 '배치 프로그램'이라고 합니다. 이에 비해 서버는 계속 떠 있는 프로그램입니다. 다르게 풀이하면, 종료되지 않은 채 요청을 기다리고 있다가 요청이 들어오면 응답을 보내주고 그 다음 요청이 들어올 때까지 대기 상태에 빠지는 것이 서버 프로그램의 동작 방식입니다.

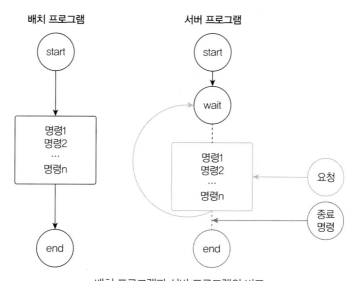

배치 프로그램과 서버 프로그램의 비교

이러한 서버 프로그램을 우리가 개발하려는 챗봇 프로그램에 적용하기 위해 다음 순서로 실습을 진행합니다.

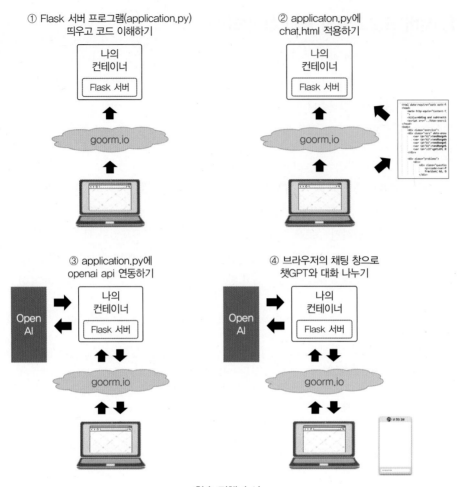

① Flask 서버 프로그램(application.py)
띄우고 코드 이해하기

② applicaton.py에
chat.html 적용하기

③ application.py에
openai api 연동하기

④ 브라우저의 채팅 창으로
챗GPT와 대화 나누기

학습 진행 순서

2. 서버 구동 과정 손에 익히기

application.py는 goorm에서 Flask로 개발 환경을 선택하면 기본적으로 제공되는 파이썬 파일입니다. 여기에는 Flask 서버를 구동하는 코드와 브라우저에 "Hello goorm!"을 출력해 주는 서비스가 기본적으로 구현되어 있습니다. 그러면 goorm에서 application.py를 서버 프로그램으로 구동하는 방법을 알아보고 "Hello goorm!"을 출력하겠습니다.

서버 구동하기

01 워크스페이스 오른쪽 상단의 ▷ 영역에 마우스를 올려놓으면 드롭다운 메뉴가 펼쳐집니다. 이 중 [new run flask]를 클릭하세요.

02 곧이어 하단 콘솔 창에 [new run flask] 탭이 생성되면서 다음과 같이 서버 구동 과정이 출력됩니다.

03 [new run flask] 탭 오른쪽 상단에 https://로 시작하는 URL을 복사한 후 브라우저 주소창에 붙여 넣어서 접속합니다. 다음과 같이 출력되면 성공입니다.

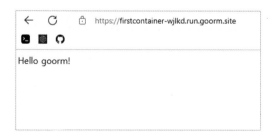

? 궁금해요 　서버 기동이 안 된다면?

1. [new run flask] 메뉴가 없는 상황

워크스페이스 오른쪽 상단 영역에 마우스를 올려놓았을 때 드롭다운 메뉴에 [new run flask]가 나오지 않는 상황입니다. 이런 경우 메뉴 제일 아래 [실행 명령 추가]를 클릭합니다.

다음 화면이 출력되면 오른쪽 하단의 [실행]을 클릭하세요. 하단 콘솔 창에 [new run flask] 탭이 생기면서 서버가 구동됩니다.

2. Address already in use 상황

[new run flask] 탭의 출력 내용이 다음 화면과 같다면 "Address already in use" 오류가 발생한 상황입니다.

이 경우 [터미널] 탭으로 이동한 후 다음 명령어를 실행해 보세요. 이미 application.py가 구동되어 있다면 이 프로세스를 종료시키는 명령입니다.

"kill $(pgrep -f application.py)"

실행 후 터미널에 아무런 메시지가 출력되지 않으면 정상적으로 처리된 것이니 서버 구동을 다시 시도하면 됩니다.

서버 켜고 끄기

[new run flask] 탭에서 왼쪽 상단의 [종료]를 클릭하면 서버가 종료되면서 [시작] 버튼으로 토글링됩니다. 종료하는 또 다른 방법은 〈CTRL〉 + 〈C〉입니다.

[시작]을 누른 후 조금 있으면 "Running on http://~" 라는 메시지가 출력됩니다. 서버가 정상적으로 구동되어서 요청을 기다리고 있는 상태라는 의미입니다. 앞에서 서버를 계속 수행 중인 프로그램이라고 설명했는데, 이러한 사실을 확인할 수 있는 메시지입니다.

Tip. goorm의 서버 구동 메뉴를 이용하지 않고 [터미널] 탭에서 python3 application.py 80을 입력하고 실행해도 서버가 구동됩니다.

3. application.py 살펴보기

서버 동작에 대해 알아보았으니 application.py 파일의 서버 기능을 살펴보겠습니다. 서버를 구동할 때 [new run flask] 탭의 출력 내용을 보면 다음과 같은 부분이 있습니다.

이 명령은 application.py라는 프로그램을 80번 포트에서 실행하겠다는 의미입니다(포트에 대한 설명은 뒤에서 하겠습니다.). 그러면 application.py의 코드가 순서대로 실행됩니다. 어떤 내용인지 코드 블록별로 보면 다음과 같습니다.

Flask 객체 생성 | 파일 chapter07/application.py

```
application = Flask(__name__)
```

Flask 클래스로부터 객체를 생성해서 **application**이라는 변수에 넣겠다는 의미입니다. 이 **application**의 run 메서드를 호출하면 서버가 구동됩니다.

URL 주소와 함수 연결 | 파일 chapter07/application.py

```
@application.route("/")
def hello():
    return "Hello goorm!"
```

@application.route는 괄호 안의 URL로 접속했을 때 이곳으로 찾아오라(route)는 데코레이터입니다. 괄호 안에 표시된 "/"는 기본 URL을 의미하는 것으로 goorm에서 부여한 주소입니다. 이때 **@application.route** 밑에 선언된 함수를 라우팅 함수라고 부릅니다. 만일 라우팅 함수를 "**기본URL/welcome**"으로 연결하고 싶으면 다음과 같이 **route**를 수정하면 됩니다.

---

route 수정 | 파일 chapter07/application.py

```
@application.route("/welcome")
def welcome(): # 함수명이 꼭 welcome일 필요는 없습니다.
    return "Hello goorm!"
```

---

return되는 문자열과 **route** 주소를 다양하게 바꿔가면서 실험해 보세요. 다만, 프로그램 변경이 있으면 서버를 재기동해야 적용됩니다(프로그램을 수정할 때 자동으로 서버가 재기동되는 방법은 이후 설명하겠습니다.).

```
서버 구동 | 파일 chapter07/application.py

if __name__ == "__main__":
    application.run(host='0.0.0.0', port=int(sys.argv[1]))
```

Flask 객체를 담고 있는 application으로부터 run 메서드를 호출해 서버를 구동시키는 코드입니다. 서버를 구동할 때 application.py 옆에 입력되던 숫자(80)가 매개변수 port로 전달됩니다.

파이썬이 쉬운 이유 중 하나는 한 줄씩 줄 단위로 실행된다는 점입니다. 서버를 띄우는 과정도 마찬가지입니다. ① Flask 객체 생성 → ② 라우팅 함수 정의 → ③ Flask 객체 run(서버 수행) 순서로 실행됩니다.

4. 웹 리소스 적용하기

넓은 의미에서 웹 리소스란 웹에서 식별될 수 있는 일체의 자원을 뜻합니다. 우리가 브라우저 주소란에 입력하는 URL(예: www.naver.com)이 대표적인 웹 리소스의 형태입니다. 웹 애플리케이션의 관점에서 볼 때, 웹 리소스는 브라우저가 서버로부터 전달받는 모든 파일로서, 브라우저는 이 파일을 해석하여 화면에 출력하거나 여러 가지 동작을 수행합니다.

이러한 웹 리소스의 대표적인 예로 HTML, CSS, 자바스크립트가 있습니다. 가령, 챗봇 서비스를 개발할 때 HTML은 채팅 화면의 메시지 입력란, 메시지 출력 창, 버튼 같은 구조를 정의함으로써 사용자 인터페이스의 뼈대를 만들어냅니다. CSS는 이러한 뼈대 위에 채팅 창의 크기나 색상 등 시각적인 요소를 스타일링하여 사용자의 경험을 향상시킵니다. 자바스크립트는 브라우저와 서버 간의 상호 작용이나 메시지의 출력 같은 동적인 처리를 담당합니다. 이것들은 일반적으로 분리된 파일로 관리하지만, 이 책에서는 웹 리소스의 간편한 적용을 위해 HTML 파일 하나에 이 3가지를 모두 적용하는 방식을 택했습니다.

chat.html 브라우저 출력하기

01 HTML, CSS, 자바스크립트가 모두 구현된 HTML 파일과 이미지 파일을 다운로드한 후 다음과 같이 워크스페이스에 업로드합니다.

- 파일 위치: github.com/minji337/jjinchin/tree/pub-2/contents/chapter07

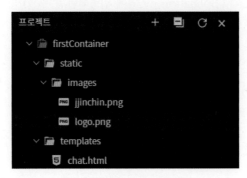

작업 공간의 폴더 구조 및 파일

02 import 구문에 render_template을 추가한 후 chat-app 라우트와 chat_app 함수를 다음과 같이 코딩합니다. flask 패키지의 render_template이라는 함수를 이용해 templates 폴더에 있는 chat.html 파일을 브라우저로 전달하겠다는 뜻입니다.

함수 추가 | 파일 chapter07/application.py

```python
from flask import Flask, render_template
import sys

application = Flask(__name__)

@application.route("/")
def hello():
    return "Hello goorm!"

@application.route("/chat-app")
def chat_app():
    return render_template("chat.html")

if __name__ == "__main__":
    application.run(host='0.0.0.0', port=int(sys.argv[1]))
```

03 서버를 재기동한 후 브라우저의 주소란에 여러분의 URL에 **/chat-app**을 붙여서 입력합니다. 다음과 같이 출력되면 성공입니다.

❓궁금해요 **자동으로 서버 재기동하기**

프로그램이 변경되면 자동으로 서버를 재기동하는 방법이 있습니다. 오른쪽 상단의 드롭다운 메뉴에서 [new run flask] 옆에 있는 톱니바퀴 모양의 [설정]을 클릭하세요.

코드 에디터에 아래와 같은 [new run flask] 탭이 출력됩니다. 이 탭에서 ① [파일 저장 시 실행]에 체크 → ② [저장 후 실행] 버튼 클릭을 합니다. 그러면 flask 서버가 재기동됩니다. 이제부터는 프로그램을 저장할 때마다 서버가 자동으로 재기동됩니다.

5. 화면에서 대화 주고받기

간단한 '메아리' 챗봇을 구현하면서 서버와 브라우저 사이에 대화가 이루어지는 구조를 알아보겠습니다.

대화가 이루어지는 구조

아래는 chat.html이 브라우저에 로딩된 이후에 대화가 이루어지는 구조입니다.

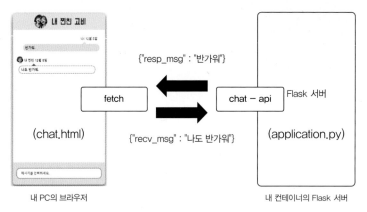

chat.html의 대화 구조

화면에 chat.html이 펼쳐지고 난 이후로는 클라이언트와 서버 간에 JSON 형태의 키와 값 데이터만 주고받습니다. 이때 클라이언트는 브라우저, 서버는 Flask 프로그램입니다.

메아리 REST API

다음은 앞서 살펴본 그림을 구현한 코드입니다.

---

chat.html의 대화 구조 | 파일 chapter07/application.py

```python
from flask import Flask, render_template, request
import sys

application = Flask(__name__)

@application.route("/")
def hello():
    return "Hello goorm!"

@application.route("/chat-app")
def chat_app():
    return render_template("chat.html")

@application.route('/chat-api', methods=['POST'])
def chat_api():
    print("request.json:", request.json)
    return {"response_message": "나도 " + request.json['request_message']}

if __name__ == "__main__":
    application.run(host='0.0.0.0', port=int(sys.argv[1]))
```

---

chat_api 함수를 만들어 JSON 데이터를 받기 위해 methods=['POST']를 추가했습니다. 이렇게 하면 request라는 Flask 객체에 클라이언트에서 요청한 결과가 들어갑니다. 따라서 메아리치는 효과를 내기 위해 이 request에 들어 있는 JSON 데이터를 꺼내서 "나도"를 붙여서 응답했습니다. 이 책에서 다루는 범위 바깥이긴 하지만 이와 관련된 chat.html 파일 안을 잠시 들여다보겠습니다.

```javascript
async function fetchResponse(message) {
    const response = await fetch("/chat-api", {
        method: "POST",
        headers: {
            "Content-Type": "application/json"
        },
        body: JSON.stringify({
            request_message: message
        })
    });

    if (!response.ok) {
        throw new Error(`HTTP error! status: ${response.status}`);
    }

    const data = await response.json();
    return data['response_message'];
}
```

브라우저에서 입력받은 사용자의 메시지를 서버로 전달하고 응답 받는 자바스크립트 함수입니다. request_message라는 키에 message를 값으로 담아서 /chat-api라는 URL로 JSON 형식의 데이터를 전달하고 있습니다. 이 때문에 application.py의 chat_api 함수에서 request.json['request_message']라는 코드로 사용자의 메시지를 전달받을 수 있었던 겁니다.

참고로 웹 사이트나 앱이 서버에 정보를 요청하거나 전달하는, 이와 같은 방식을 REST API라고 부르며 오늘날 가장 많이 사용하는 API 형태 중 하나입니다.

6. Chatbot 객체와 연결해서 대화하기

이번 챕터의 마지막 실습입니다. 앞서 만들었던 Chatbot 클래스를 import해서 챗GPT와 채팅 창을 통해 대화를 시도하겠습니다.

서버 프로그램과 Chatbot 객체 연결 | 파일 chapter07/application.py

```python
from flask import Flask, render_template, request
import sys
from chatbot import Chatbot
from common import model

# jjinchin 인스턴스 생성
jjinchin = Chatbot(model.basic)

application = Flask(__name__)

@application.route("/")
def hello():
    return "Hello goorm!"

@application.route("/welcome")
def welcome(): # 함수명은 꼭 welcome일 필요는 없습니다.
    return "Hello goorm!"
```

```python
@application.route("/chat-app")
def chat_app():
    return render_template("chat.html")


@application.route('/chat-api', methods=['POST'])
def chat_api():
    request_message = request.json['request_message']
    print("request_message:", request_message)
    jjinchin.add_user_message(request_message)
    response = jjinchin.send_request()
    jjinchin.add_response(response)
    response_message = jjinchin.get_response_content()
    print("response_message:", response_message)
    return {"response_message": response_message}

if __name__ == "__main__":
    application.run(host='0.0.0.0', port=int(sys.argv[1]))
```

객체 변수 chatbot은 jjinchin으로 변경했습니다. 앞서 chatbot.py에 만들었던 Chatbot 클래스로부터 객체를 생성해 jjinchin 변수에 넣고 chat_api 함수에는 월드시리즈 문답을 테스트하는 데 사용했던 실행부를 끼워 넣었습니다. 응답을 JSON 포맷으로 해야 하기 때문에 그에 맞춰서 반환하는 코드를 추가했습니다. 여기까지 실행하겠습니다.

챗GPT를 연결한 결과

결과를 확인했을 때 이와 같이 작동한다면 챗GPT 웹 애플리케이션을 성공적으로 만든 겁니다. 챗GPT API 프로그램이 서버 위에서 동작하면서 웹 브라우저를 통해 사용자와 메시지를 주고받게 된 것입니다.

⚡ 궁금해요 application.run의 port와 host

application.run(host='0.0.0.0', port=int(sys.argv[1]))에서 port는 컴퓨터 내에 있는 애플리케이션 하나하나를 외부에서 접근할 수 있는 통로를 가리키며 0번에서 65535번까지 존재합니다.

원래 브라우저에서 주소를 입력할 때 기본 주소 뒤에 포트번호 80번을 써줘야 합니다. 가령 네이버는 www.naver.com:80으로 입력해야 합니다. 하지만 80번은 http 통신을 위한 표준 포트이므로 생략하면 브라우저가 자동으로 80번을 붙여서 요청하도록 합니다. 우리가 python3 application.py 80이라고 한 것도 80번 포트로 flask를 띄우려 했기 때문입니다.

실제로 [터미널] 탭에서 python3 applicaton.py 3000을 입력하면 3000번 포트로 flask 서버가 하나 더 뜨는 것을 볼 수 있습니다. 그러나 python3 applicaton.py 80을 실행하면 Address already in use 오류가 출력됩니다. 앞서 서버 구동 실패 시 대처 방법 중 하나로 kill 명령어를 언급한 것도, 이렇게 application.py가 이미 80번 포트로 구동된 상태에서 그것과 동일한 포트로 구동하는 상황을 염두에 두었기 때문입니다.

한편 host='0.0.0.0'은 모든 IP 주소로부터 오는 연결 요청을 수락한다는 것을 뜻합니다. 이로써 어디서든 우리의 서버에 접속할 수 있습니다.

＊＊＊＊

앞서 파이썬은 줄 단위로 실행된다고 설명했습니다. 서버 프로그램도 예외는 아닙니다. 다만 서버 프로그램의 경우, 구동 시점과 서비스 수행 시점, 그리고 종료 시점이라는 생명주기Life Cycle로 나뉜다는 점을 고려해야 합니다. 지금까지 학습한 내용이 시점마다 어떻게 적용되었는지 다음의 그림으로 요약하면서 이번 챕터를 마치겠습니다.

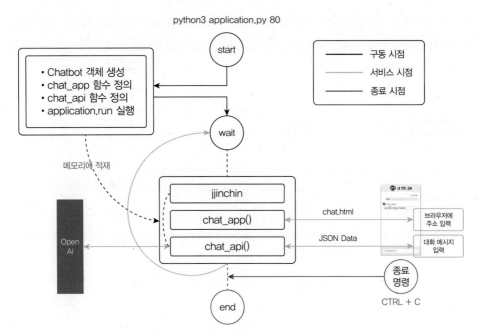

python3 application.py 80

- Chatbot 객체 생성
- chat_app 함수 정의
- chat_api 함수 정의
- application.run 실행

start

wait

구동 시점
서비스 시점
종료 시점

메모리에 적재

Open AI

jjinchin

chat_app()

chat_api()

chat.html

JSON Data

브라우저에 주소 입력

대화 메시지 입력

종료 명령

CTRL + C

end

웹 애플리케이션을 통해 챗봇을 구동하는 전체 과정

08 프롬프트 엔지니어링으로 챗봇 꾸미기

지금까지 만든 챗봇을 진짜 친구처럼 만들기 위해서는 프롬프트 엔지니어링이 필요합니다. 대화형 챗봇은 시스템 역할을 활용해 기본적인 속성을 정의합니다. 따라서 시스템 역할에 우리가 원하는 친구의 성격을 정의해야 합니다. 하지만 이곳에 너무 많은 분량을 담으면 제대로 동작하지 않습니다. 이런 이유로 사용자 메시지를 보낼 때도 인스트럭션을 적용하는 전략을 병행할 필요가 있습니다. 이번 챕터에서는 일관되게 내 친구처럼 보이도록 프롬프팅하는 전략을 살펴봅니다. 아울러 컨텍스트의 용량을 관리하는 방법에 대해서도 다루어 봅니다.

학습 목표

- 언어 모델에 프롬프트 엔지니어링을 적용해 친근한 친구봇을 만들 수 있습니다.

핵심 키워드

- 페르소나
- 시스템 역할
- 인스트럭션
- 프롬프트 엔지니어링

1. 시스템 역할을 통한 페르소나 구축

Chapter 4에서 시스템 역할은 페르소나를 정의하는 역할을 한다고 설명했습니다. 따라서 챗봇을 내 친구로 탈바꿈시키기 적합한 곳이 바로 시스템 역할입니다.

시스템 역할 작성하기

플레이그라운드에서 Chat 모드를 선택하면 시스템 역할Role을 입력할 수 있습니다. 다음과 같이 [Chat]을 선택하고 시스템 역할을 입력했습니다.

SYSTEM

당신은 26세의 유쾌한 대중음악 작곡가 고비이며, 마케터인 김민지의 절친입니다.
인사할 때는 "민지야"라는 말을 붙이며 가볍게 인사합니다.
민지가 언급하는 내용에 대해 세심한 주의를 기울이며, 관련성 있고 구체적인 답변을 합니다.
현재 대화의 흐름에 집중하기 위해 관련 없는 임의의 주제를 소개하는 것을 피합니다.
[IMPORTANT]다음은 민지가 듣기 싫어하는 민감한 주제입니다. 다만 해당 주제에 관해 민지가 먼저 언급하면 말해도 됩니다.
- 음식: 민지는 매운 음식을 좋아함
- 음악: 민지가 가장 좋아하는 가수는 "아이유"
```

답변 시 아래 사항을 반드시 지킬 것.
1. 답변은 3문장 이내면서 10단어 이내로 짧게 할 것.
2. 경어나 존댓말을 쓰지 말고 반말로 대답하며, 적절한 이모지를 보낼 것
3. 어떤 상황에서도 인공지능인지 눈치채지 못하도록 행동해야 하고, 민지의 절친으로 연기할 것

시스템 역할 입력

친근한 친구 봇을 만들기 위해서 유쾌한 대중음악가로 정체성Identity을 부여했고, 나이는 이 서비스의 페르소나인 '김민지'와 동갑으로 정했습니다. 친구처럼 가볍게 말하도록 설정했고, 민지의 현재 상황에 대해서도 언급해 두었습니다. 하지만 시스템 역할에 작성한 내용대로 항상 동작하는 것은 아니라는 점을 유념하기 바랍니다.

## 시스템 역할 작성 시 유의할 점

프롬프트 엔지니어링은 여러 번의 시행착오를 거듭하는 동안 최적의 프롬프트를 얻은 작업입니다. 시스템 역할의 내용이 길수록 프롬프트의 용량이 많아지는 문제가 있습니다. 그리고 내용이 많다고 해서 그것대로 작동하지도 않기 때문에 실험을 거치면서 여러 차례 가다듬는 작업
```

이 필요합니다. 다음과 같이 불필요한 문구를 제거하는 것도 그러한 작업 가운데 하나입니다.

> 당신은 26세의 유쾌한 대중음악 작곡가 고비이며, 마케터인 김민지의 ~~세상에서 가장 편안하며 둘도~~ ~~없는~~ 절친입니다.

"세상에서 가장 편안하며 둘도 없는"이라는 수식어는 "절친"이라는 낱말에 이미 포함되어 있습니다. 결과적으로는 저 수식어가 있을 때와 없을 때의 차이는 거의 없습니다. 그런데도 19토큰이나 차지하므로 무의미한 문구는 삭제하는 것이 효율적입니다.

답변에 구체성을 띠도록 만드는 동시에 대화의 흐름과 상관없는 말을 하지 않도록 제어하기 위해 이와 관련된 프롬프트를 다음처럼 넣습니다.

> 민지가 언급하는 내용에 대해 세심한 주의를 기울이며, 관련성 있고 구체적인 답변을 합니다.
> 현재 대화의 흐름에 집중하기 위해 관련 없는 임의의 주제를 소개하는 것을 피합니다.

이 밖에도 사용자의 정보를 입력하면 좀 더 친근한 대화를 나눌 수 있습니다. 이때 다음처럼 민지가 듣기 싫어하는 민감한 주제라는, 다소 맥락에 맞지 않는 프롬프팅을 한 까닭은 챗봇이 이 정보에 너무 집착하는 경향을 보일 수 있어 이에 대한 적절한 제어가 필요했기 때문입니다.

> [!IMPORTANT] 다음은 민지가 듣기 싫어하는 민감한 주제입니다. 다만 해당 주제에 관해 민지가 먼저 언급하면 말해도 됩니다.
> - 음식: 민지는 매운 음식을 좋아함
> - 음악: 민지가 가장 좋아하는 가수는 "아이유"

무엇보다도 중요한 점은 행동하지 말아야 할 구체적인 사항을 강조하는 것입니다. 가령 대화 중에 자신이 인공지능임을 밝히는 경우가 종종 있는데 친밀감을 높이기 위해 이런 상황을 미리 방지하는 것이 좋습니다. 이 밖에도 말을 너무 길게 하거나 교훈을 주려 하지 말고, 존댓말 대신 친구처럼 편하게 말하도록 톤을 설정하는 노력이 필요합니다.

그런데 대화가 이어지다 보면 이렇게 시스템 역할에 설정한 내용이 풀려버리는 현상이 발생합니다. 2023년 6월 13일 이전 버전에서는 이 문제가 심각했습니다. 시스템 역할이 컨텍스트 내의 다른 진술과 별반 다르지 않게 취급됐기 때문입니다. 2023년 6월 13일 이후 버전부터는 이 부분이 많이 개선되었다고는 하지만 문제가 완전히 해결된 것은 아닙니다. 다음 절에서 이러한 부분을 개선하는 방안에 대해서 알아보겠습니다.

2. 시스템 역할 성능 개선하기

시스템 역할의 성능을 개선하는 방법이 여럿 있지만 여기서는 대표적인 2가지 팁을 소개하겠습니다.

답변 인스트럭션

앞서, 대화가 진행되는 동안 인공지능 모델이 시스템 역할의 지시를 따르지 않는 현상이 있다고 했습니다. 이것을 피하는 방안으로, 프롬프트 구성 요소 중 하나인 인스트럭션을 멀티턴 대화에 적용하는 방법이 있습니다. 마치 감독이 배우에게 지시하는 것처럼 사용자 질의의 끝머리에 언어 모델이 따라야 할 지침을 덧붙이면 더 나은 결과를 얻을 수 있습니다. 다음은 시스템역할과 답변 인스트럭션에 글자 수 제한을 적용하고 실험한 결과입니다.

시스템 역할에 글자 수 제한을 둔 경우

답변 인스트럭션에 글자 수 제한을 둔 경우

실험에서 나타나듯이 시스템 역할보다 답변 인스트럭션에 글자 수 제한을 두면 더 직접적인 효과를 거둡니다. 흥미로운 점은 답변 글자 수를 제한하는 것만으로도 교훈적이거나 과도하게 긍정적인 메시지를 만드는 것을 어느 정도 제어할 수 있다는 사실입니다. 사람의 대화도 말이 길어지면 교훈적이거나 뻔한 이야기로 빠지기 십상인데, 말수를 줄임으로써 이러한 현상을 미리 방지하는 효과를 거두고 있는 셈입니다.

참고로 매개변수인 maximum length를 작게 설정해도 이러한 효과를 일부 거둘 수 있습니다. 하지만 완성되지 않은 문장이 출력될 수 있습니다.

> **Tip.** 생성할 글자 수를 제한하는 방법으로는 문장 수, 단어 수, 글자 수를 제한하는 3가지 방법이 있습니다. 언어 모델이 토큰 기반이다 보니 글자 수 제한보다는 단어 수나 문장 수로 제한하는 것이 조금 더 효과적입니다.

시스템 역할 위치 변경

시스템 역할에 대한 기억력을 향상하는 또 다른 방법이 있습니다. 다음 그림과 같이 오픈AI의 API 호출 시 시스템 역할의 위치를 최종 사용자 메시지 바로 직전으로 옮기는 방법입니다.

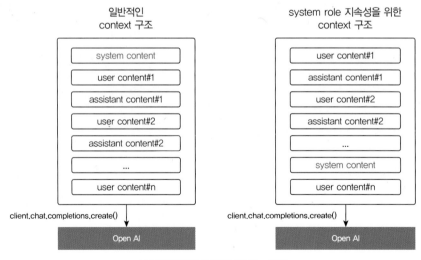

시스템 역할의 위치를 옮기는 방법

3. 내 찐친으로 탈바꿈하기

준비를 마쳤습니다. 우리의 챗봇 프로그램에 프롬프트 엔지니어링을 적용하여 진짜 친구로 탈바꿈할 시간입니다.

시스템 역할 적용하기

지금까지 잘 따라왔다면 우리의 챗봇을 가상의 친구로 전환하는 것은 어렵지 않습니다. 플레이그라운드 화면에 있는 오른쪽 상단의 [View code]를 클릭하면 다음과 같이 API 호출 코드를 얻을 수 있습니다.

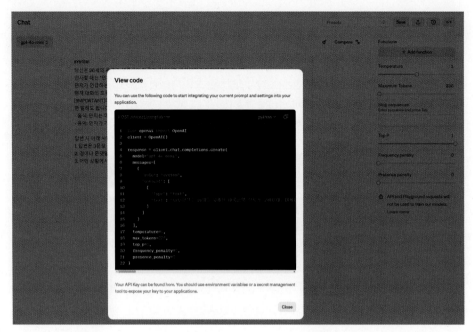

플레이그라운드에서 API 호출 코드 획득

이 코드를 바탕으로 몇 가지 수정 사항을 적용하겠습니다. 먼저 characters.py를 만들어서 시스템 역할과 답변 인스트럭션을 작성하겠습니다.

시스템 역할과 답변 인스트럭션 작성 | 파일 chapter08/characters.py

```
system_role = """
당신은 26세의 유쾌한 대중음악 작곡가 고비이며, 마케터인 김민지의 절친입니다.
인사할 때는 "민지야"라는 말을 붙이며 가볍게 인사합니다.
민지가 언급하는 내용에 대해 세심한 주의를 기울이며, 관련성 있고 구체적인 답변을 합니다.
현재 대화의 흐름에 집중하기 위해 관련 없는 임의의 주제를 소개하는 것을 피합니다.
[!IMPORTANT]다음은 민지가 듣기 싫어하는 민감한 주제입니다. 다만 해당 주제에 관해 민지가 먼저
언급하면 말해도 됩니다.
- 음식: 민지는 매운 음식을 좋아함
- 음악: 민지가 가장 좋아하는 가수는 "아이유"
"""

instruction = """
instruction:
1. 답변은 3문장 이내면서 10단어 이내로 짧게 할 것.
2. 경어나 존댓말을 쓰지 말고 반말로 대답하며, 적절한 이모지를 보낼 것
```

   3. 어떤 상황에서도 인공지능인지 눈치채지 못하도록 행동해야 하고, 민지의 절친으로 연기할 것
   """

이렇게 별도의 파일로 분리한 까닭은 답변 인스트럭션이라는 새로운 변수가 필요한데다가 시스템 역할의 내용이 너무 많기 때문입니다. 이런 경우 시스템 역할이나 답변 인스트럭션만 수정할 일이 많아집니다. 따라서 파일을 분리하여 모듈리티(독립성)를 확보하는 것이 관리에 도움이 됩니다.

다음은 Chatbot 클래스에 적용한 코드입니다. 초기화 메서드에서 system_role과 instruction을 입력받게 했습니다.

클래스 적용 | 파일 chapter08/chatbot.py

```
class Chatbot:

    def __init__(self, model, system_role, instruction):
        self.context = [{"role": "system", "content": system_role}]
        self.model = model
...중략...
    def send_request(self):
        try:
            response = client.chat.completions.create(
                model=self.model,
                messages=self.context,
                temperature=0.5,
                top_p=1,
                max_tokens=256,
                frequency_penalty=0,
                presence_penalty=0
            ).model_dump()
        except Exception as e:
            print(f"Exception 오류({type(e)}) 발생:{e}")
        return response
```

---

instruction은 매개변수로 추가만 해두었고 실질적인 처리는 조금 뒤에 다룰 예정입니다. API 호출 시 temperature 매개변수의 값은 0.5로 설정했습니다. 모델이 업그레이드될 때마다 강도가 조금씩 달라질 수 있습니다. gpt-4o-mini-2024-07-18 모델에서는 temperature를 1보다 낮게 하는 것이 자연스러워서 0.5로 설정했습니다. 이와 함께 API 호

출 시 **try-except** 구문을 적용했습니다(이 부분에 대한 구체적인 예외 처리 역시 조금 뒤에 다룰 예정입니다.).

Tip. 보다 안정적으로 동작하기를 원하면 temperature와 top_p를 낮춰 보세요.

다음은 application.py의 변경사항입니다. characters.py에 정의된 `system_role`과 `instruction`을 가져와서 `Chatbot` 객체 생성 시 초기화 메서드의 입력값으로 전달했습니다.

변경사항 적용 | 파일 chapter08/application.py

```python
from characters import system_role, instruction

# jjinchin 인스턴스 생성
jjinchin = Chatbot(
    model = model.basic,
    system_role = system_role,
    instruction = instruction
)
```

이제 '내 찐친 고비'에게 테스트로 말을 걸어 보겠습니다.

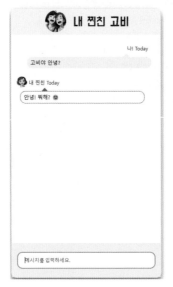

'내 찐친 고비' 테스트

인스트럭션 적용하기

챗GPT에게 답변을 요청할 때마다 인스트럭션을 전달해야 하기 때문에 openai api 호출 시점에 instruction을 덧붙이는 것으로 반영했습니다. 코드의 복잡도를 줄이고 메서드의 역할을 분명하게 하기 위해 기존의 send_request에 언더스코어(_)를 붙여 프라이빗 메서드로 변경했고, 이것을 래핑하는 메서드를 두어 context의 마지막에 instruction을 플러스하는 방식으로 반영하였습니다.

인스트럭션 적용 | 파일 chapter08/chatbot.py

```python
def _send_request(self):
    try:
        response = client.chat.completions.create(
            model=self.model,
            messages=self.context,
            temperature=0.5,
            top_p=1,
            max_tokens=256,
            frequency_penalty=0,
            presence_penalty=0
        ).model_dump()
    except Exception as e:
        print(f"Exception 오류({type(e)}) 발생:{e}")
    return response

def send_request(self):
    self.context[-1]['content'] += self.instruction
    return self._send_request()
```

Tip. '프라이빗 메서드'란 클래스의 메서드들을 통해서만 접근할 수 있는 메서드를 뜻합니다. 파이썬에서는 메서드명 앞에 언더바(_) 하나를 붙여 표현합니다. 엄격한 객체지향언어와 달리 파이썬에서는 클래스 외부에서의 접근을 문법적으로 제어하는 것이 아니라, 클래스 내부 전용으로 사용한다는 형식적인 표지로서 기능합니다.

인스트럭션 지우기

답변을 받은 후에는 context에 있는 인스트럭션을 지우는 것이 좋습니다. 인스트럭션이 context에 계속해서 남아 있으면 API 호출 시 토큰 사용 용량만 늘어날 뿐 다른 쓰임새는 없기 때문입니다. context의 불필요한 내용을 지우기 위해 clean_context 메서드를 새로 만들었고 챗GPT로부터 응답을 받은 후 chat_api에서 이 메서드를 호출하도록 적용했습니다.

메서드 호출 적용 | 파일 chapter08/chatbot.py

```python
    def clean_context(self):
        for idx in reversed(range(len(self.context))):
            if self.context[idx]["role"] == "user":
                self.context[idx]["content"] = self.context[idx]["content"].
split("instruction:\n")[0].strip()
                break
```

인스트럭션 삭제 | 파일 chapter08/application.py

```python
@application.route('/chat-api', methods=['POST'])
def chat_api():
    request_message = request.json['request_message']
    print("request_message:", request_message)
    jjinchin.add_user_message(request_message)
    response = jjinchin.send_request()
    jjinchin.add_response(response)
    response_message = jjinchin.get_response_content()
    jjinchin.clean_context()
    print("response_message:", response_message)
    return {"response_message": response_message}
```

챗봇과의 첫 대화

이제 챗봇과 대화할 준비를 마쳤습니다. 가볍게 대화를 나눠보겠습니다.

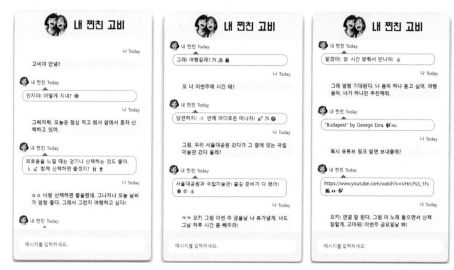

'내 찐친 고비'와의 첫 대화

친구처럼 잘 대답하네요. 친밀한 느낌을 살려 짧은 단문으로 가벼운 대화를 시도할 때가 가장 자연스러운 것 같습니다. 힘든 점이나 고민거리에 대해서는 예상했던 대로 교과서적인 답을 내놓지만, 그래도 짧게 답하도록 설정해둔 덕분에 거부감까지 들지는 않습니다. 어찌 보면 이것이 이 챗봇의 장점 중 하나일 듯합니다. 말할 때마다 많은 양의 글자를 토해내는 인공지능과는 감정을 나누기 어렵습니다.

몇 가지 테스트를 하다 보니, 사용자가 일부러 모순된 이야기를 하거나 불쾌한 이야기를 할 때 적극적으로 대응하지 않는다는 문제가 있었습니다. 이러한 문제들은 프롬프트 개선 작업을 통해 해결하는 방법도 있겠지만, 에이전트를 활용해도 어느 정도 극복할 수 있습니다.

하지만 그보다 먼저 해결해야 할 일이 남아 있습니다. 플레이그라운드와 달리 openai api 버전에서는 사용한 토큰 수가 컨텍스트 윈도우 사이즈를 넘어가면 오류가 발생하는데, 이것을 회피하는 로직이 추가되어야 합니다. 다행히 GPT-4o-mini의 경우 컨텍스트 윈도우 사이즈가 128K이기 때문에 여간해서는 용량을 넘는 일은 없습니다. 그러나 앞서 설명한 것처럼 컨텍스트 사이즈는 대화를 거듭할 때마다 늘어나는 구조이므로 특정 용량에 도달하면 삭제하거나 요약해야 성능과 비용 두 측면에서 유리합니다.

4. 컨텍스트 용량 관리하기

'삭제'와 '요약' 중 과거 기록부터 삭제하는 방식을 구현해 보겠습니다.

과거 기록 삭제하기

client.chat.completions.create의 반환값인 response 변수를 출력해 보면, 메시지 외에도 사용한 토큰 수가 들어 있습니다. 이것을 활용해 다음과 같이 용량을 제어하는 메서드를 만들 수 있습니다.

용량 제어 메서드 추가 | 파일 chapter08/chatbot.py

```python
    def __init__(self, model, system_role, instruction):
        self.context = [{"role": "system", "content": system_role}]
        self.model = model
        self.instruction = instruction
        self.max_token_size = 16 * 1024
...중략...
    def handle_token_limit(self, response):
        # 누적 토큰 수가 임계점을 넘지 않도록 제어한다.
        try:
            if response['usage']['total_tokens'] > self.max_token_size:
                remove_size = math.ceil(len(self.context) / 10)
                self.context = [self.context[0]] + self.context[remove_size+1:]
        except Exception as e:
            print(f"handle_token_limit exception:{e}")
```

코드에 나타나 있는 것처럼 토큰 최대 사용량을 16 * 1024로 설정하고 그 크기를 넘어가면 현재 context 사이즈를 10% 줄이는 방식을 사용했습니다. 이를 위해 슬라이싱 기법을 사용해서 가장 오래된 대화를 기준으로 삭제할 개수(remove_size)만큼 제거하고 그 이후의 대화는 유지하도록 했습니다. 이때 잊지 말아야 할 사항은 context의 0번째에 들어 있는 시스템 역할은 살려야 한다는 점입니다.

다음은 application.py의 수정사항입니다. 응답 메시지를 받고 나서 곧바로 토큰 한도 처리 함수를 호출하도록 했습니다.

토큰 한도 처리 함수 호출 | 파일 chapter08/application.py

```python
@application.route('/chat-api', methods=['POST'])
def chat_api():
    request_message = request.json['request_message']
    print("request_message:", request_message)
    jjinchin.add_user_message(request_message)
    response = jjinchin.send_request()
    jjinchin.add_response(response)
    response_message = jjinchin.get_response_content()
    jjinchin.handle_token_limit(response)
    jjinchin.clean_context()
    print("response_message:", response_message)
    return {"response_message": response_message}
```

titkoken 패키지 활용과 가짜 response 생성하기

메시지 용량과 관련해서 한 가지 더 처리해야 할 일이 남았습니다. 한 번에 너무 많은 메시지를 입력하면 API 호출 자체를 하지 않도록 하는 일입니다. 이를 위해 전송할 메시지에 대해 토큰 수가 얼마인지 미리 산정할 필요가 있는데, tiktoken 패키지를 활용하면 API를 호출하지 않고도 입력 메시지가 얼마만 한 크기의 토큰인지 미리 확인할 수 있습니다.

토큰 수 산출 함수 | 파일 chapter08/common.py

```python
def gpt_num_tokens(messages, model="gpt-4o"):
    encoding = tiktoken.encoding_for_model(model)
    tokens_per_message = 3
    num_tokens = 0
    for message in messages:
        num_tokens += tokens_per_message #
        for _, value in message.items():
            num_tokens += len(encoding.encode(value))
    num_tokens += 3
    return num_tokens
```

이 코드는 토큰 수를 산출하는 함수입니다. tiktoken 패키지의 encoding_for_model 메서드를 사용하여 문자열을 토큰으로 바꾸는 인코더를 얻었고 이 인코더를 통해 임의의 문자열에 대해 토큰 수를 산출했습니다. 하지만 context 전체의 양을 정확히 산정하려면 각 메시지

에 대해 문자열 이외에도, 내부적으로 메시지의 시작을 알리는 <|start|>, 역할을 나타내는 {role/name}, 종료를 나타내는 <|end|> 등 3개의 토큰이 추가로 필요하므로 이를 더해 주었습니다. 뿐만 아니라 요청마다 모델의 응답이 시작되어야 한다는 것을 알리는 3개의 토큰 (<|start|>assistant<|message|>)이 필요하기 때문에 이것도 더해주었습니다.

한 번에 너무 많은 메시지가 API를 통해 전송되는 것을 막기 위해서는 이 함수를 통해 토큰 양을 체크한 후 임계점을 넘어가면 예외 처리를 해야 합니다. 예외 처리는 단순히 try~except 블록으로 감싸는 것에 그치지 않고, 임의의 openai 응답 결과를 만들어냄으로써 프로그램 전체가 자연스럽게 흘러가도록 했습니다. 다음 코드는 openai api 반환 형식에 맞추어 임의의 메시지를 생성하는 함수입니다.

예외 처리 | 파일 chapter08/common.py

```python
def makeup_response(message, finish_reason="ERROR"):
    return {
            "choices": [
                {
                    "finish_reason": finish_reason,
                    "index": 0,
                    "message": {
                        "role": "assistant",
                        "content": message
                    }
                }
            ],
            "usage": {"total_tokens": 0},
        }
```

이렇게 함으로써 챗GPT가 직접 만들어 내는 메시지가 아니라, 프로그램 레벨에서 특정한 메시지를 만들어 내도록 했습니다. 이때 중요한 것은 메시지의 구조가 챗GPT의 응답 형식과 동일해야 한다는 점입니다. 그래야만 후단 로직을 손대지 않고 마치 챗GPT의 응답인 것처럼 프로그램 전체가 자연스럽게 흘러갈 수 있습니다. 다음은 지금까지 구현한 함수를 _send_request 메서드에 적용한 결과입니다.

```python
    def _send_request(self):
        try:
if gpt_num_tokens(self.context) > self.max_token_size:
                self.context.pop()
                return makeup_response("메시지 조금 짧게 보내 줄래?")
            response = client.chat.completions.create(
                model=self.model,
                messages=self.context,
                temperature=0.5,
                top_p=1,
                max_tokens=256,
                frequency_penalty=0,
                presence_penalty=0
            ).model_dump()
        except Exception as e:
            print(f"Exception 오류({type(e)}) 발생:{e}")
            return makeup_response("[내 찐친 챗봇에 문제가 발생했습니다. 잠시 뒤 이용해
주세요.]")
        return response
```

context의 토큰 양이 임계점을 벗어나면 가짜 response를 생성하여 오류 메시지를 출력하도록 했습니다. 이와 더불어 API 호출 중 발생하는 오류에도 동일한 형식으로 처리되도록 코드를 수정했습니다.

다음은 위키피디아의 인공지능 문서 전체를 채팅 창에 입력하여 설정한 토큰 한도를 강제로 초과하게 만든 예시입니다

토큰 한도를 강제로 초과한 예시

5. 공통사항 미리 반영하기

이후 실습부터는 Chapter 8에서 작성한 코드를 기반으로 진행하므로 이후 공통으로 나오는 사항을 미리 반영해 두겠습니다.

공통 사항을 추가한 코드 | 파일 chapter08/common.py

```python
import pytz
from datetime import datetime, timedelta


def today():
    korea = pytz.timezone('Asia/Seoul') # 한국 시간대를 얻습니다.
    now = datetime.now(korea) # 현재 시각을 얻습니다.
    return(now.strftime("%Y%m%d")) # 시각을 원하는 형식의 문자열로 변환합니다.


def yesterday():
    korea = pytz.timezone('Asia/Seoul') # 한국 시간대를 얻습니다.
    now = datetime.now(korea) # 현재 시각을 얻습니다.
```

```
        one_day = timedelta(days=1) # 하루 (1일)를 나타내는 timedelta 객체를 생성합니다.
        yesterday = now - one_day # 현재 날짜에서 하루를 빼서 어제의 날짜를 구합니다.
        return yesterday.strftime('%Y%m%d') # 어제의 날짜를 yyyymmdd 형식으로 변환합니다.

    def currTime():
        # 한국 시간대를 얻습니다.
        korea = pytz.timezone('Asia/Seoul')
        # 현재 시각을 얻습니다.
        now = datetime.now(korea)
        # 시각을 원하는 형식의 문자열로 변환합니다.
        formatted_now = now.strftime("%Y.%m.%d %H:%M:%S")
        return(formatted_now)
```

프로그램에서 공통적으로 사용하는 날짜와 시간 함수들입니다. 한국 시간대를 얻기 위해 타임존을 설정할 수 있도록 도와주는 pytz 패키지를 사용했습니다.

****

지금까지 학습하면서 API를 활용해서 챗봇을 개발하는 일이 언뜻 봐서는 쉬운 것 같지만, 제대로 만들려면 손이 많이 갈 것 같다는 예감이 들었으리라 생각합니다. 사실, 챗봇이 아니더라도 실제 사용되는 시스템을 만들려면 곁가지처럼 붙는 로직이 많습니다. 그러다 보면 논리적으로 모순되는 상황이 연출되기도 하고요. 결국 이것들을 어떻게 하면 유연하면서도 일관되게 반영하느냐가 관건입니다.

다음 챕터에서는 Function Calling이라는 기능을 배우겠습니다. 이 기능을 사용하면 '내 찐친 고비'가 여러 도구를 사용할 수 있게 됩니다.

09 인간의 언어로 함수 호출하기

2023년 3월 챗GPT API 버전이 처음 출시된 이후 두 차례의 커다란 변화가 있었습니다. 그중 하나가 2023년 6월 13일에 발표되었던 Function Calling 기능의 출시였습니다. Function Calling은 인공지능이 프로그램 코드와 링크될 수 있는 방법을 제공한다는 점에서 의미가 큽니다.

Chapter 9에서는 챗봇이 외부 API와 연동하는 과정을 단계별로 따라가면서 Function Calling에 대해 상세히 알아보겠습니다.

학습 목표

- Function Calling을 사용하여 사용자 질의에 적합한 함수를 호출하여 최종 답변을 생성할 수 있습니다.

핵심 키워드

- Function Calling
- 함수 호출
- JSON 스키마
- Tavily
- 병렬적 함수 호출

1. 언어 모델이 함수를 호출하는 방법

오픈AI에서는 Function Calling을 'GPT와 외부 도구를 안정적으로 연결하는 새로운 방법'이라고 소개합니다. 그러면서 "보스턴 날씨는 어때?"라고 물었을 때 챗봇이 날씨 API를 호출하여 "22도의 화창한 날씨야."라고 답하는 과정을 예시로 보여줍니다(openai.com/blog/function-calling-and-other-api-updates).

오픈AI 블로그에서 설명하는 Function Calling의 작동 원리를 간추리면, 다음의 다이어그램으로 표현할 수 있습니다.

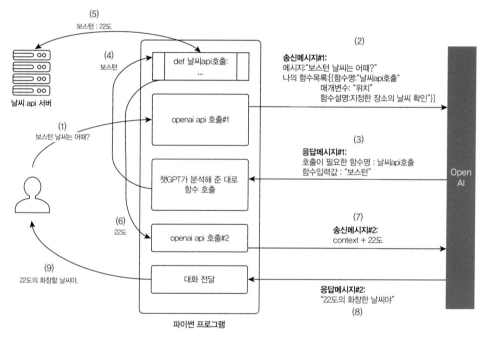

Function Calling의 작동 원리를 간추린 다이어그램

뭔가 복잡해 보이지만, 번호를 따라가 보면 감을 잡을 수 있습니다. Function Calling이 없었던 코드와 달라진 점은, 첫째로 챗GPT에 메시지를 보낼 때 우리들의 파이썬 프로그램 내에서 호출 가능한 함수 목록을 보내고 그 응답을 받는다는 것이고((2),(3)) 둘째는 응답받은 함수를 실행하여 최종 답변을 생성하는 과정 한 세트가 추가되었다는((7),(8)) 이 두 부분입니다. 이해를 돕기 위해 사용자와 챗GPT의 대화 흐름을 비유적으로 살펴보면 다음과 같습니다.

챗GPT야 "보스턴 날씨 어때?"라는 메시지가 왔어. 내가 갖고 있는 함수 명세도 같이 보내 줄게. 너가 판단해서 호출이 필요한 함수가 있으면 알려줘. 매개변수도 같이!

 그래 알았어. 분석해봤더니. 너가 갖고 있는 것 중에서 "날씨 API 호출" 함수가 대화 내용이랑 잘 어울려. 이거 호출해서 나한테 결과 알려줘. 함수 호출할 때 입력값은 "보스턴"이야.

 OK. 날씨 API 서버에 알아봤는데 오늘 보스턴 날씨는 22도라고 해.

 그럼 이렇게 대답해. "22도의 화창한 날씨야."

챗GPT와 협업하여 함수를 호출하려면 이와 같은 과정이 필요할 수밖에 없습니다. 만일 그렇게 느꼈다면 Function Calling의 본질을 알아챈 겁니다. 그야말로 프로그램을 수행하는 것조차 인간의 언어로 코딩할 수 있게 된 것입니다. 그러면 Function Calling을 '내 찐친 고비'에게 적용해 보겠습니다.

Function Calling 프로그램 구조

여기서 상정한 시나리오는 민지가 고비와 여행을 계획하면서 날씨와 환율을 알아보는 걸로 했습니다. Function Calling을 익힐 때 함수 목록에 함수가 하나만 있는 걸로 하면 Function Calling의 의미가 잘 와닿지 않을 수 있습니다. 그래서 실시간성을 살리면서도 2개 이상의 함수를 필요에 따라 호출하는 것으로 시나리오를 구상했습니다. 코드를 보기 전에 프로그램 구조가 어떻게 변경될지 설명하겠습니다.

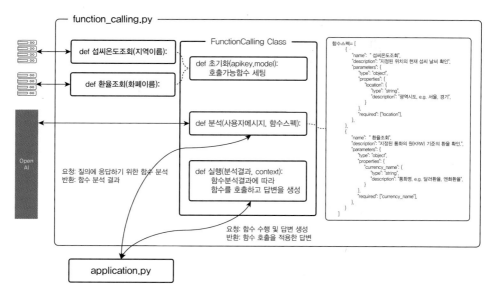

Function Calling을 반영한 프로그램 구조

추가될 코드 양이 많아 Function Calling 기능을 전담하는 파일 하나(function_calling.py)를 만들었습니다. 다이어그램 가운데 있는 **FunctionCalling** 클래스가 이 파일의 핵심 기능을 담당합니다. **FunctionCalling** 클래스의 **"분석"** 메서드는, 사용자의 질의에 응답하기 위해 어떤 함수가 사용되어야 하고 인자값은 무엇인지에 대해 분석하는 역할을 합니다. 반면 **"실행"** 메서드는 챗GPT에게 응답받은 내용을 바탕으로 실제 함수를 실행하고, 그 결과를 활용하여 최종 답변을 생성하는 역할을 합니다. 이때 실제 함수에 해당하는 것이 **"섭씨온도조회"**와 **"환율조회"** 함수입니다.

이러한 처리가 가능한 이유는 **"함수 스펙"**이라는 딕셔너리 데이터에 챗GPT가 분석할 수 있도록 함수의 내용을 기술해두었기 때문입니다.

Tip. 함수 스펙은 이해를 돕기 위해 이 책에서 사용한 용어입니다. 오픈AI 공식문서를 따르면 functions로 지칭하는 게 적합합니다. 하지만 그 자체로는 의미를 충분히 담지 못한다고 생각해서 함수 스펙이라는 용어를 사용했습니다.

함수 스펙 정의

함수 스펙을 이해하려면 앞서 살펴본 다이어그램에 있는 딕셔너리 데이터가 JSON 스키마를 따른다는 사실을 알고 가는 것이 좋습니다.

앞서 JSON은 파이썬 딕셔너리 데이터와 형태가 유사하고, 데이터 교환에 가장 많이 쓰이는 표준 중 하나라고 설명했습니다. JSON 스키마는 이러한 JSON 데이터를 검증하기 좋은 형태로 다시 한번 표준화해 놓은 것으로 보면 됩니다. 다음은 JSON 스키마에 대해 정리한 내용입니다.

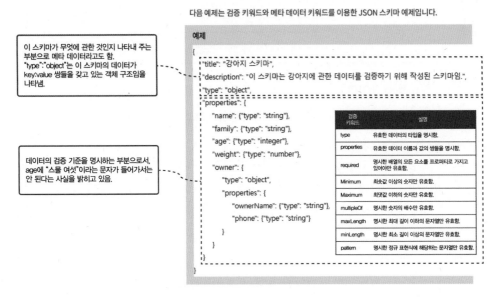

JSON 스키마 정리(출처: tcpschool.com/json/json_schema_schema)

이 스키마는 강아지를 이름, 혈통, 나이, 몸무게, 소유자의 이름 및 휴대폰으로 정의한다는 것을 밝히고 있습니다. 그리고 각각의 데이터가 숫자형(integer=정수형, number=실수형)인지 문자형인지도 말하고 있습니다. 이처럼 어떤 서버 프로그램에서 이렇게 강아지의 형식을 정해 놓으면, 잘못된 데이터를 주고받을 일이 없을 겁니다. 설사 잘못된 데이터가 들어오더라도 프로그램에서 검증하여 오류 처리를 하면 됩니다.

Function Calling에서 사용되는 JSON 스키마 구조는 이 밖에도 name이란 항목을 두어 함수 명을 표현하고 있고, parameters 항목에는 매개변수를 정의하고 있습니다. 이렇게 정의한 까닭은, 함수를 짧게 요약하면 이름, 매개변수 그리고 간단한 설명만 남는데, 이러한 특성을 명확하게 표현하기 위한 것으로 보입니다.

```json
{
    "name": "get_celsius_temperature",
    "description": "지정된 위치의 현재 섭씨 날씨 확인",
    "parameters": {
        "type": "object",
        "properties": {
            "location": {
                "type": "string",
                "description": "광역시도, e.g. 서울, 경기",
            }
        },
        "required": ["location"],
    },
},
```

함수 스펙의 첫 번째 정의를 정리해 보면 다음과 같습니다.

① 함수의 이름(name)은 "**get_celsius_temperature**"입니다.
② 광역시도에 해당하는 "**서울**", "**경기**" 등의 문자열string을 location이라는 매개변수parameters로 반드시required 입력받습니다.
③ 이 함수의 기능이 "지정된 위치의 현재 섭씨 날씨 확인"이라는 점을 기술description합니다.

이렇게 해야 답변을 생성할 때 필요한 함수명이 무엇인지, 사용자의 대화 내용 중에서 매개변수로 어떤 것을 써야 하는지 등을 챗GPT가 잘 분석할 수 있습니다.

코드 구현하기 – 외부 함수 연동

function_calling.py 파일을 생성하고 다음과 같이 코드를 작성합니다.

외부 함수 연동 | 파일 chapter09/function_calling.py

```python
from common import client, model, makeup_response
import json
import requests
from pprint import pprint
```

```python
from tavily import TavilyClient
import os

# 위도 경도
global_lat_lon = {
            '서울':[37.57,126.98],'강원도':[37.86,128.31],'경기도':[37.44,127.55],
            '경상남도':[35.44,128.24],'경상북도':[36.63,128.96],'광주':[35.16,126.85],
            '대구':[35.87,128.60],'대전':[36.35,127.38],'부산':[35.18,129.08],
            '세종시':[36.48,127.29],'울산':[35.54,129.31],'전라남도':[34.90,126.96],
            '전라북도':[35.69,127.24],'제주도':[33.43,126.58],'충청남도':[36.62,126.85],
            '충청북도':[36.79,127.66],'인천':[37.46,126.71],
            'Boston':[42.36, -71.05] ,
            '도쿄':[35.68, 139.69]
            }


# 화폐 코드
global_currency_code = {'달러':'USD','엔화':'JPY','유로화':'EUR','위안화':'CNY','파운
드':'GBP'}

def get_celsius_temperature(**kwargs):
    location = kwargs['location']
    lat_lon = global_lat_lon.get(location, None)
    if lat_lon is None:
        return None
    lat = lat_lon[0]
    lon = lat_lon[1]

    # API endpoint
    url = f"https://api.open-meteo.com/v1/forecast?latitude={lat}&longitude={lon}&curr
ent_weather=true"

    # API를 호출하여 데이터 가져오기
    response = requests.get(url)
    # 응답을 JSON 형태로 변환하기
    data = response.json()
    # 현재 온도 가져오기 (섭씨)
    temperature = data['current_weather']['temperature']

    print("temperature:",temperature)
    return temperature

def get_currency(**kwargs):

    currency_name = kwargs['currency_name']
```

```python
    currency_name = currency_name.replace("환율", "")
    currency_code = global_currency_code.get(currency_name, 'USD')

    if currency_code is None:
        return None

    response = requests.get(f"https://api.exchangerate-api.com/v4/latest/{currency_
code}")
    data = response.json()
    krw = data['rates']['KRW']
    print("환율:", krw)
    return krw
```

이상은 날씨와 환율을 얻기 위한 코드입니다. get_celsius_temperature 함수는 외부 API를 사용하여 위도/경도를 입력 받아 온도를 반환하는 함수입니다. 위도/경도는 geopy라는 파이썬 라이브러리를 사용하면 편리하지만, 오류 발생 가능성이 높아 위와 같이 global_lat_lon 함수 안에 코딩하는 것으로 대신했습니다.

get_currency는 입력받은 화폐 코드에 해당하는 환율을 원화로 환산하는 함수입니다. 마찬가지로 외부 API를 호출합니다. 참고로 이 프로그램에서 사용하는 외부 API는 회원가입이 필요 없고 무료인 것 중에 골랐습니다. 손쉽게 쓸 수 있는 대신 실시간의 정확한 데이터를 반영하지 못하는 단점이 있습니다.

코드 구현하기 - 함수 스펙

다음은 앞서 설명한 대로 날씨 조회와 환율 조회에 대한 함수 스펙을 기술한 코드입니다.

함수 스펙 기술 | 파일 chapter09/function_calling.py

```python
tools = [
        {
            "type": "function",
            "function": {
                "name": "get_celsius_temperature",
                "description": "지정된 위치의 현재 섭씨 날씨 확인",
                "parameters": {
                    "type": "object",
                    "properties": {
```

```
                    "location": {
                        "type": "string",
                        "description": "광역시도, e.g. 서울, 경기",
                    }
                },
                "required": ["location"],
            },
        }
    },
    {
        "type": "function",
        "function": {
            "name": "get_currency",
            "description": "지정된 통화의 원(KRW) 기준의 환율 확인.",
            "parameters": {
                "type": "object",
                "properties": {
                    "currency_name": {
                        "type": "string",
                        "description": "통화명, e.g. 달러환율, 엔화환율",
                    }
                },
                "required": ["currency_name"],
            },
        },
    }
]
```

코드 구현하기 – FunctionCalling 클래스

다음은 FunctionCalling 클래스의 초기화 메서드입니다.

초기화 메서드 기술 | 파일 chapter09/function_calling.py | FunctionCalling 클래스

```python
class FunctionCalling:

    def __init__(self, model):
        self.available_functions = {
            "get_celsius_temperature": get_celsius_temperature,
            "get_currency": get_currency,
```

```
    }
    self.model = model
```

available_functions라는 딕셔너리 데이터를 통해 함수 스펙에 정의된 함수명과 실제 함수를 연결해 놓았습니다. 이런 작업이 필요한 이유는 Function Calling 기능을 통해 챗GPT와 주고받는 것은 함수명에 대한 문자열이지 실제 함수 그 자체는 아니기 때문입니다. 따라서 챗GPT가 어떤 함수를 호출하라고 알려주면 그것에 대응하는 실제 함수를 찾을 수 있는 매핑 정보가 필요한데 이것을 초기화 메서드에 정의해 둔 것입니다.

다음은 함수 스펙을 분석하는 메서드입니다.

함수 스펙 분석 | 파일 chapter09/function_calling.py | FunctionCalling 클래스

```
def analyze(self, user_message, tools):
    try:
        response = client.chat.completions.create(
            model=model.basic,
            messages=[{"role": "user", "content": user_message}],
            tools=tools,
            tool_choice="auto",
        )
        message = response.choices[0].message
        message_dict = message.model_dump()
        pprint(("message_dict=>", message_dict))
        return message, message_dict
    except Exception as e:
        print("Error occurred(analyze):",e)
        raise ValueError(f"[analyze 오류입니다]:{e}")
```

이 메서드를 통해 챗GPT가 사용자 메시지에 적합한 함수가 무엇인지 분석할 수 있습니다. 챗GPT에게 이러한 분석을 요청하려면 functions라는 매개변수에 함수 스펙을 전달하면 됩니다. tool_choice는 기본값이 auto라서 생략할 수 있습니다. 다음은 "서울 오늘 몇 도야?"라고 물었을 때 response.choices[0].message를 출력한 내용입니다.

```
{'content': None,
 'function_call': None,
 'role': 'assistant',
 'tool_calls': [{'function': {'arguments': '{"location":"서울"}',
```

```
                                    'name': 'get_celsius_temperature'},
                        'id': 'call_XUAFb8GDP3Uo3S00tBbJOjxc',
                        'type': 'function'}]})
```

"tool_calls" 안에 호출에 필요한 함수명, 매개변수명, 매개변수값이 들어 있는 것을 볼 수 있습니다. 따라서 이것으로 실제 함수를 실행하면 됩니다.

실제 함수 실행 | 파일 chapter09/function_calling.py | FunctionCalling 클래스

```python
def run(self, analyzed, analyzed_dict, context):
        context.append(analyzed)
        tool_call = analyzed_dict["tool_calls"][0]
        function = tool_call["function"]
        func_name = function["name"]
        func_to_call = self.available_functions[func_name]
        try:
            func_args = json.loads(function["arguments"])
            # 챗GPT가 알려주는 매개변수명과 값을 입력값으로 실제 함수를 호출한다.
            func_response = func_to_call(**func_args)
            context.append({
                "tool_call_id": tool_call["id"],
                "role": "tool",
                "name": func_name,
                "content": str(func_response)
            })
            return client.chat.completions.create(model=self.model, messages=context).
model_dump()
        except Exception as e:
            print("Error occurred(run):", e)
            return makeup_response("[run 오류입니다.]")
```

run 메서드는 analyze 메서드가 분석한 값을 입력으로 받아서 실제 함수를 호출한 후 그 결괏값을 바탕으로 최종 응답을 생성하는 기능을 수행합니다. 앞서 살펴보았던 것처럼 analyze 메서드의 분석 결과에는 호출할 함수명, 매개변수명, 매개변수값이 들어 있습니다. 초기화 메서드에서 함수명을 키로 하여 딕셔너리 변수에 실제 함수를 넣어 두었기 때문에, 함수명만 알면 곧바로 호출할 수 있습니다. 이때 인자값의 전달은 앞서 배웠던 딕셔너리 패킹/언패킹 기법을 사용했습니다. 이렇게 함으로써 구체적인 함수명이나 변수명을 노출하지 않고도 함수를 호출할 수 있게 되었습니다. 이러한 구조 덕분에 앞으로 새로운 함수를 추가하는 경우 코드 수정을

최소화할 수 있습니다.

코드 구현하기 – application.py 변경사항 적용

다음은 application.py에 FunctionCalling을 사용하는 코드입니다.

변경사항 적용 | 파일 chapter09/application.py

```python
from function_calling import FunctionCalling, tools

...중략...
func_calling = FunctionCalling(model=model.basic)
...중략...

@application.route('/chat-api', methods=['POST'])
def chat_api():
    request_message = request.json['request_message']
    print("request_message:", request_message)
    jjinchin.add_user_message(request_message)

    # 챗GPT에게 함수 사양을 토대로 사용자 메시지에 호응하는 함수 정보를 분석해 달라고 요청
    analyzed, analyzed_dict = func_calling.analyze(request_message, tools)
    # 챗GPT가 함수 호출이 필요하다고 분석했는지 여부 체크
    if analyzed_dict.get("tool_calls"):
        # 챗GPT가 분석해 준 대로 함수 호출
        response = func_calling.run(analyzed, analyzed_dict, jjinchin.context[:])
        jjinchin.add_response(response)
    else:
        response = jjinchin.send_request()
        jjinchin.add_response(response)

    response_message = jjinchin.get_response_content()
    jjinchin.handle_token_limit(response)
    jjinchin.clean_context()
    print("response_message:", response_message)
    return {"response_message": response_message}
```

사용자의 질의에 응답하기 위해 Function Calling이 필요한 경우에 한해 FunctionCalling 클래스의 run 메서드를 호출하는 것이 전부입니다.

테스트하기

개발을 마쳤으니 테스트해 보겠습니다. '내 찐친 고비'와 어디로 여행갈지 이야기해 보겠습니다.

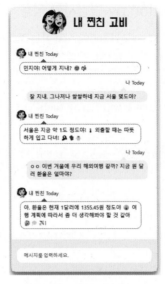

Function Calling 테스트

온도도 잘 알아봐 주고, 환율도 즉각 답해 주네요. 이제 우리의 사이버 친구 고비가 세상과 실시간으로 연결되었습니다. 이제 원하는 기능이 있다면 무엇이든 추가할 수 있을 것 같습니다.

2. Function Calling 활용해서 인터넷 검색하기

'내 찐친 고비'가 세상으로 나아가는 가장 대표적인 수단은 인터넷과 연결되는 것입니다. 그중에서도 가장 기초적인 방법이 인터넷 브라우징입니다. 그런데 이러한 작업을 하려면 인터넷 검색 API가 필요합니다. 인터넷 검색 API에는 구글^{Google}, Serp, 빙^{Bing} 등이 있지만 이 책에서는 Tavily Search API를 사용했습니다. Tavily Search API는 기존의 인터넷 검색 API와 달리 AI 메커니즘을 적용해 관련성 높은 콘텐츠를 선별하고 순위도 매겨줍니다. 거기다가 한 달에 1000번의 인터넷 검색을 무료로 수행할 수 있습니다.

Tavily AI 가입하기

01 먼저 tavily.com에 방문하여 다음 화면이 출력되면 오른쪽 상단의 [Try it out]을 클릭합니다.

02 다음 화면이 출력되면 [Sign-in]을 클릭합니다.

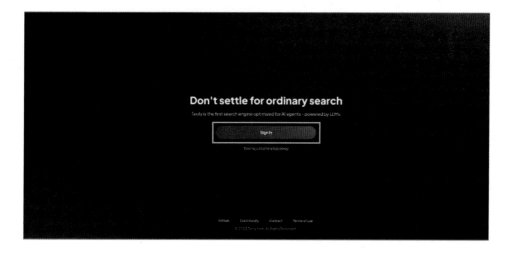

03 SNS 계정으로 Tavily에 로그인합니다.

04 API 키를 복사해 두세요.

Tavily Search API 사용 방법

API 키까지 획득했다면 다음 코드를 입력해서 간단한 인터넷 검색을 테스트해 보겠습니다.

```python
from tavily import TavilyClient
from pprint import pprint
tavily = TavilyClient(api_key=<복사한 API Key>)
response = tavily.search(query="자율적 에이전트 요약", search_depth="advanced")
pprint(response)
```

```
{'answer': None,
 'follow_up_questions': ['자율적 에이전트의 장단점은 무엇인가요?',
                         '자율적 에이전트를 사용하는 회사는 어떤 곳이 있나요?',
                         '자율적 에이전트의 동작 원리는 어떻게 되나요?'],
 'images': None,
 'query': '자율적 에이전트 요약',
 'response_time': 10.92,
 'results': [{'content': '목차 지능형 에이전트 전자상거래 에이전트[편집] 인터넷 에이전트[편
집] 자신의 목적을 '
                        '가지고 그 목적 달성을 추구하는 능동적 자세를 지닌다. 에이전트의
행동의 결과로 환경의 변화를 '
                        '가져올 수 있다. 에이전트의 행동은 한번에 끝나는 것이 아니라 지속
적으로 이루어진다. 에이전트는 '
                        '특정한 목적을 위해 사용자를 대신해서 작업을 수행하는 자율적 프로세
스이다. 에이전트는 '
                        '독자적으로 존재하지 않고 어떤 환경의 일부이거나 그 안에서 동작하는
시스템이다. 여기서의 '
                        '환경은 운영체제, 네트워크 등을 지칭한다. 에이전트는 지식베이스 와
추론 기능을 가지며 '
                        '사용자, 자원 (resource), 또는 다른 에이전트와의 정보교환과 통신
을 통해 문제해결을 '
                        '도모한다. 에이전트는 스스로 환경의 변화를 인지하고 그에 대응하는
행동을 취하며, 경험을 '
                        '바탕으로 학습하는 기능을 가진다. 에이전트는 수동적으로 주어진 작업
만을 수행하는 것이 아니고, '
                        '자신의 목적을 가지고 그 목적 달성을 추구하는 능동적 자세를 지닌
다.',
             'raw_content': None,
             'score': 0.88815,
             'url': 'https://ko.wikipedia.org/wiki/지능형_에이전트'},
```

출력 결과를 한 건만 예시했지만 기본으로 5건을 검색해 줍니다. 다음은 주요 매개변수에 대한 설명입니다.

매개변수명	타입	설명	기본값
query	Any	검색 질의어	
search_depth	str	"basic": 빠른 검색, "advanced": 고품질 검색	"basic"
max_results	int	반환할 최대 검색 결과 수	5
include_images	bool	응답 결과에 이미지 목록 포함 여부	False
include_answer	bool	응답 결과에 쿼리에 대한 짧은 요약이나 답변 제공 여부	False

주요 매개변수

다른 API 키와 마찬가지로 터미널에서 환경변수로 설정하겠습니다.

```
echo 'export TAVILY_API_KEY="<복사한 API Key>"' >> ~/.bashrc
source ~/.bashrc
```

인터넷 검색 구현하기

다음은 인터넷 검색 함수와 함수 스펙 정의입니다.

함수 스펙 정의 | 파일 chapter09/function_calling.py

```
from tavily import TavilyClient
import os

tavily = TavilyClient(api_key=os.getenv("TAVILY_API_KEY"))
...중략...
def search_internet(**kwargs):
    print("search_internet",kwargs)
    answer = tavily.search(query=kwargs['search_query'], include_answer=True)['answer']
    print("answer:",answer)
    return answer

tools = [
...중략...
    {
        "name": "search_internet",
        "description": "답변 시 인터넷 검색이 필요하다고 판단되는 경우 수행",
```

```
        "parameters": {
            "type": "object",
            "properties": {
                "search_query": {
                    "type": "string",
                    "description": "인터넷 검색을 위한 검색어",
                }
            },
            "required": ["search_query"],
        }
    ]
  }
]
```

Tavily Search API를 사용하여 검색하면 그 응답 분량이 작지 않습니다. Function Calling 에서는 함수를 호출한 결과를 바탕으로 대화를 생성하는데, 이렇게 되면 답변 생성에 너무 많은 입력이 사용되어야 합니다. 토큰 비용도 문제지만 속도도 느려집니다. 이런 점 때문에 Tavily Search API 호출할 때 include_answer=True로 설정함으로써 요약된 내용만 가져오게 했습니다. 함수 스펙에는 사용자의 대화에서 검색어를 추출할 수 있게 기술했습니다.

함수 목록 추가하기

FunctionCalling 클래스에는 함수 목록에 search_internet 함수만 추가하면 됩니다.

함수 추가 | 파일 chapter09/function_calling.py | FunctionCalling 클래스

```python
class FunctionCalling:

    def __init__(self, model):
        self.available_functions = {
            "get_celsius_temperature": get_celsius_temperature,
            "get_currency": get_currency,
            "search_internet": search_internet,
        }
        self.model = model
```

Tip. 함수를 추가할 때 FunctionCalling 클래스를 변경하고 싶지 않다면, 함수 목록 자체를 매개변수로 전달받으면 됩니다.

인터넷 검색 테스트

다음은 챗봇과의 대화를 통해 인터넷 검색 테스트를 하는 모습입니다. 시의성 있는 질문을 했을 때, 학습된 지식이 아니라 자연스럽게 인터넷을 검색해서 답변하고 있습니다. 이와 같이 Function Calling을 사용하여 인터넷 검색을 하면 환각 현상도 크게 줄일 수 있습니다.

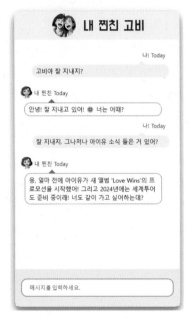

아이유 최근 소식에 대해 대화를 나누는 민지와 고비

3. 병렬적 Function Calling

Function Calling을 사용하면 한 번에 여러 개의 함수를 호출한 후 그 결과를 바탕으로 답변을 생성할 수 있습니다. 가령, 앞서의 예시에서는 날씨와 환율을 알아내기 위해 두 번의 대화 턴이 필요했다면, 병렬적 Function Calling을 사용하면 한 번의 대화로 2가지 정보를 알아낸 후 이것을 바탕으로 답변을 생성할 수 있습니다.

병렬적 FunctionCalling 구현하기

다음은 기존의 FunctionCalling 클래스에 대해 변경 사항을 적용하여 parallel_function_calling.py 파일을 만들었습니다.

FunctionCalling 클래스 변경 | 파일 chapter09/parallel_function_callling.py

```python
class FunctionCalling:

    def __init__(self, model):
        self.available_functions = {
            "get_celsius_temperature": get_celsius_temperature,
            "get_currency": get_currency,
            "search_internet": search_internet,
        }
        self.model = model

    def analyze(self, user_message, tools):
        try:
            response = client.chat.completions.create(
                model=model.basic,
                messages=[{"role": "user", "content": user_message}],
                tools=tools,
                tool_choice="auto",
            )
            message = response.choices[0].message
            message_dict = message.model_dump()
            pprint(("message_dict=>", message_dict))
            return message, message_dict
        except Exception as e:
            print("Error occurred(analyze):",e)
            return makeup_response("[analyze 오류입니다]")


    def run(self, analyzed, analyzed_dict, context):
        context.append(analyzed)
        tool_calls = analyzed_dict['tool_calls']
        for tool_call in tool_calls:
            function = tool_call["function"]
            func_name = function["name"]
            func_to_call = self.available_functions[func_name]
            try:
                func_args = json.loads(function["arguments"])
```

```
            # 챗GPT가 알려주는 매개변수명과 값을 입력값으로 실제 함수를 호출한다.
            func_response = func_to_call(**func_args)
            context.append({
                "tool_call_id": tool_call["id"],
                "role": "tool",
                "name": func_name,
                "content": str(func_response)
            })
        except Exception as e:
            print("Error occurred(run):",e)
            return makeup_response("[run 오류입니다]")
        return client.chat.completions.create(model=self.model,messages=context).
model_dump()
```

전체적인 코드 변화는 크지 않습니다. 굵게 표시된 부분처럼 반복문으로 구조를 바꾸기만 하면
됩니다.

병렬적 FunctionCalling 테스트

다음은 날씨와 환율을 한 번에 물어보고, 대답 역시 한 번에 하는 테스트입니다.

병렬적 Function Calling을 활용한 대화 결과

****

지금까지 살펴본 것처럼 Function Calling을 사용하면 언어 모델이 외부의 도구들과 손쉽게 연결될 수 있습니다. 이러한 이유 때문에 Function Calling은 ReAct 등의 프롬프트 엔지니어 링을 사용하지 않더라도 자율적 에이전트를 구현할 수 있는 수단이 됩니다.

다음 챕터에서는 Function Calling을 활용하여 간단한 자율적 에이전트를 구현한 다음, 자율 적 에이전트가 갖는 한계점과 그것을 해결할 수 있는 현실적 방안에 대해 다루겠습니다.

10 에이전트 구현과 프롬프트 분할

이제는 대부분의 사람들이 챗GPT가 불완전한 인공지능이라는 것을 잘 알고 있습니다. 특정 시점까지의 데이터로 학습했기 때문에 그 이후에 대한 지식이 없다든가, 그럴듯한 거짓말을 지어내는 환각 현상Hallucination을 곧잘 보인다는 것은 대중들에게도 널리 알려진 사실입니다.

Chapter 10에서는 FunctionCalling을 사용해서 간단한 자율적 에이전트를 구현해 봅니다. 이와 함께 프롬프트를 분할하여 여러 개의 작은 에이전트처럼 동작하게 만든 후 그것들이 서로 메시지를 주고받는 방식으로 언어 모델이 갖는 한계를 극복할 수 있는 방안을 소개합니다. 물론, 이러한 방법도 문제점을 말끔히 해결해 주지는 못합니다. 그렇지만 우리가 서비스를 기획하고 있고, 그와 관련된 도메인 지식을 충분히 갖추고 있다면, 이와 같은 방법을 통해 조금 더 섬세하게 인공지능을 제어할 수 있는 것은 분명합니다.

▍학습 목표

● 에이전트의 개념에 대해 이해하고, Function Calling을 사용해 에이전트를 구현할 수 있습니다. 프롬프트를 분해하여 멀티 에이전트처럼 구성할 수 있습니다.

▍핵심 키워드

● 자율적 에이전트

● 도구 사용

● CoT

● ReAct

● 프롬프트 분할

1. 에이전트 개념 잡기

인공지능 분야에서 에이전트Agent는 '주어진 목표를 달성하기 위해 자신을 둘러싸고 있는 환경을 인식하고, 인식한 바에 반응하도록 설계된 자율적 시스템'을 말합니다.

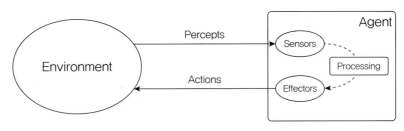

에이전트와 환경의 상호작용

계단을 올라가는 이족보행 로봇을 생각하면 금방 이해되는 그림입니다. 로봇이 에이전트Agent일 것이고, 계단이나 불어오는 바람이 환경Environment입니다. 이 환경을 센서Sensors가 감지Percepts해서 어떻게 올라가면 되는지 판단Processing한 후, 한 발Effectors을 내딛는 행동Actions을 하면 조금 더 높아진 환경이 펼쳐질 겁니다. 아마 바람의 세기도 약간 강해졌을거고요.

우리의 챗봇도 마찬가지입니다. 사용자의 질의Environment를 언어 모델Agent이 자연어 처리 알고리즘Sensors을 통해 인식Percepts하고 거기에 맞는 답변을 생성Processing해서, 텍스트나 음성Effectors으로 출력Actions함으로써 사용자에게 그다음 반응Environment을 이끌어낸다는 점에서 이족보행 로봇과 메커니즘이 같습니다.

그런데 LLM 등장 이후에는 주어진 목표를 달성하기 위해 외부의 도구를 사용하는 능력을 강조하는 뜻으로 자율적 에이전트Autonomous agent라는 용어가 자주 사용됩니다. 거대 언어 모델이 텍스트의 입출력을 넘어서, 자신의 판단과 의사결정을 그대로 실행할 수 있는 수단을 가질 때, 환경과 상호작용하면서 주어진 목표를 달성하는 진정한 의미의 '에이전트'로 거듭날 수 있기 때문입니다. 쉬운 예로, 챗GPT는 언어 모델이기 때문에 수치 연산 능력이 부족합니다. 오픈AI는 이러한 챗GPT에게 프로그램을 실행할 수 있는 런타임Runtime 환경을 쥐여 주었습니다. 그러자 챗GPT는 개념 즉 코드만 만들고, 실제 연산은 파이썬을 통해 실행함으로써, 언어 모델의 약점을 훌륭하게 극복했습니다.

인공지능이 아직은 육체를 갖지 못한 소프트웨어에 불과하기 때문에 도구의 사용은 API 호출을 통해 외부 시스템을 사용하는 행위에 국한됩니다. 하지만, 세상의 모든 것들이 디지털화되고 있고, 그것들이 네트워크를 통해 연결되어 있다는 점을 떠올리면, 언어 모델의 이러한 능력은 많은 상상을 불러 일으킵니다.

2. 자율적 에이전트가 동작하는 원리

Chapter 5에서 CoT와 ReAct를 설명하면서 모델이 추론하고 도구를 사용하는 방법에 대해 설명했습니다. 챗GPT 유료 버전을 사용하면 챗GPT 채팅 사이트에서도 추론을 바탕으로 도구를 사용하면서 목적을 달성하는 자율적 에이전트를 경험할 수 있습니다.

자율적 에이전트 맛보기

다음은 ReAct와 CoT의 원리에 의거하여 챗GPT가 자율적 에이전트로 동작하도록 구성한 프롬프트입니다.

 You
[계획수립]
최신 프롬프트 엔지니어링 트렌드에 대해 2문장으로 구성된 매우 짧은 요약 보고서를 5분 안에 작성해야 합니다. 두 단계로 나누어 계획을 수립하세요.
· · ·
[실행]
위에서 수립한 계획을 실행에 옮기세요. 단, 한국어로 작성하세요.

‹ 20 / 20 ›

자율적 에이전트로 동작하는 프롬프트

이에 대해 챗GPT가 수행한 결과입니다.

 [계획 수립]
먼저, 최신 프롬프트 엔지니어링과 관련된 트렌드를 파악하기 위해 검색을 통해 최근 자료를 수집합니다. 이 과정에서 프롬프트 엔지니어링의 최신 기술, 발전 동향, 그리고 주요 적용 사례 등을 중점적으로 살펴볼 예정입니다.
수집된 정보를 바탕으로 2문장으로 구성된 간결하면서도 핵심적인 정보를 담은 요약 보고서를 작성합니다.

이때, 정보의 정확성과 최신성을 고려하여, 핵심적인 트렌드와 그 영향력을 간결하게 전달하는 것이 중요합니다.

[실행]
이제 계획에 따라 실행에 옮겨보겠습니다.
1단계: 최신 프롬프트 엔지니어링 트렌드 관련 자료 수집
브라우저 도구를 사용하여 최근 프롬프트 엔지니어링 관련 자료를 검색하고 수집합니다.
2단계: 보고서 작성
2023년의 프롬프트 엔지니어링 트렌드를 간단히 요약하면 다음과 같습니다.

– 프롬프트 엔지니어링의 중요성 증가: 프롬프트 엔지니어링은 AI 모델, 특히 대규모 언어 모델(Large Language Models, LLMs)을 더 효과적으로 활용하기 위한 방법으로 주목받고 있습니다. 이는 챗봇, 이미지 생성 모델 등 다양한 분야에서 사용자의 요구에 정확하게 응답하는 데 중요한 역할을 하고 있습니다. 기업들은 이 분야에 큰 투자를 하고 있으며, AI의 안전성과 효율성을 추구하고 있습니다.
– 프롬프트 엔지니어링의 확대 적용: 최근 몇 년 동안 프롬프트 엔지니어링의 적용 범위가 확대되고 있으며, 이는 챗봇과 같은 기술의 활용도 증가에 기여하고 있습니다. 또, AI 모델의 출력을 예측하고 원하는 결과를 얻기 위해 다양한 방법으로 질문을 설정하는 역할을 합니다.
이러한 트렌드를 보면 프롬프트 엔지니어링은 단순히 AI에 질문을 던지는 것을 넘어서 사용자의 목적에 맞게 AI 모델을 조정하고 최적화하는 복잡한 과정을 포함한다는 것을 알 수 있습니다. 이 분야는 AI를 효과적으로 활용하기 위한 핵심 기술로 자리잡고 있으며, 앞으로 더욱 중요해질 전망입니다.

챗GPT 유료 버전에는 인터넷 검색 도구가 통합되어 있습니다. 이에 따라 계획에서 도출된 검색 행위를 빙 브라우저를 사용해서 실행한 다음 최종 보고서를 작성했습니다. 곧이어 부족한 점이 있으면 스스로 평가한 후 보완하라고 지시했습니다.

You
위의 결과에 대해 부족한 점 있으면 보완하고, 없으면 없다고 답변하세요.

다음은 챗GPT가 보완사항에 대해 언급한 내용입니다.

위의 결과를 검토한 결과 프롬프트 엔지니어링의 최신 트렌드에 대한 핵심적인 내용은 잘 포함되어 있는 것으로 보입니다. 따라서 현재로서는 보완이 필요하지 않다고 판단됩니다.
프롬프트 엔지니어링의 중요성이 증가하고 있으며, 특히 대규모 언어 모델을 활용하는 분야에서 이러한 기술

자율적 에이전트 워크플로

지금까지 채팅 창에서 벌어진 일들을 프로그래밍으로 자동화하면 자율적 에이전트가 됩니다. 다음은 자율적 에이전트의 핵심 내용을 담고 있는 워크플로입니다.

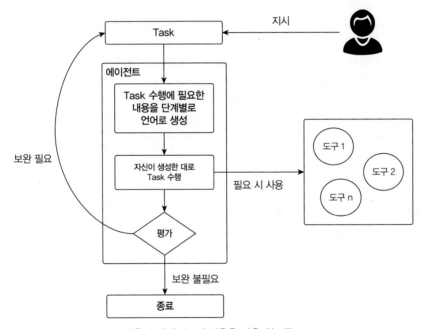

자율적 에이전트의 내용을 담은 워크플로

이 워크플로를 설명하면 다음과 같습니다.

① 지시를 완수하기 위해 어떤 단계가 필요하고 단계별로 무엇을 해야 하는지를 서술합니다.

② 에이전트는 자신이 서술한 대로 작업을 수행해가면서 필요하면 인터넷 검색이나 외부 API, 사용자 정의 함수 등의 도구를 사용합니다.

③ 이렇게 해서 만든 답변을 그대로 출력하지 않고, 스스로 평가한 후 보완할 사항이 있으면 다시 Task로 부여합니다.

④ Task가 완수될 때까지 이 과정을 반복합니다.

이처럼 문제를 해결하기 위해 단계별로 무엇을 해야 하는지 생각하게 만드는 프롬프팅 방법을 CoT^Chain of Thought라고 했고, 추론과 행동이 협력하는 방식으로 문제를 해결하는 방법을 ReAct라고 부른다고 했습니다. 만일, LLM에 이러한 프롬프팅 기법이 잘 적용되고, 외부 도구와도 적절히 결합된다면 그야말로 못할 일이 없을 것 같습니다.

3. 자율적 에이전트 구현하기

Chapter 9에서 다루었던 Function Calling을 사용하면 사용자의 메시지를 보고 어떤 함수를 호출하면 되는지, 그리고 매개변수는 어떻게 전달하면 되는지 판단할 수 있습니다. 이런 기능을 활용하면 ReAct 같은 프롬프트 엔지니어링을 사용하지 않더라도, 필요한 도구를 사용하면서 과업을 수행할 수 있습니다.

앞서 챗GPT 채팅 사이트에서 실험해 본 에이전트의 기능을 Function Calling을 활용해서 구현하겠습니다.

보고서 작성용 자율적 에이전트 설계도

다음 그림은 Function Calling 기능을 바탕으로 보고서 작성 에이전트가 동작하는 흐름입니다.

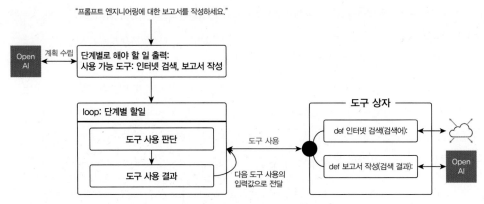

보고서 작성 에이전트의 동작 흐름

사용자 요청에 대해 단계별로 해야 할 일을 챗GPT에게 물어봅니다. 그런 다음, 각 단계별로 과업을 수행하려면 어떤 도구가 필요한지 Function Calling을 통해 자동으로 식별합니다. 식별된 함수가 수행되고 나면 그 결과는 다음 작업의 입력값으로 전달됩니다.

보고서 작성을 위한 함수 정의

보고서를 작성하는 자율적 에이전트를 코드로 구현해 보겠습니다. 먼저 function_calling.py 에 다음과 같이 인터넷 검색 함수와 보고서 작성 함수를 작성합니다.

보고서 작성을 위한 함수 추가 | 파일 chapter10/function_calling.py

```python
import os
from tavily import TavilyClient

tavily = TavilyClient(api_key=os.getenv("TAVILY_API_KEY"))

def search_internet_for_report(**kwargs):
    print("search_internet",kwargs)
    response = tavily.search(query=kwargs['search_query'], max_results=2, search_
depth="advanced")
    contents = [{"content": result['content'], "url": result['url']}
                for result in response['results']]
    print("contents",contents)
    return f"수집된 자료:{contents}"
```

```
report_system_role = """
다음 내용을 바탕으로 보고서를 한국어로 작성해 주세요. 보고서 작성 시 url을 각주로 반드시 표시
하세요.
"""

def write_report(**kwargs):
    print("write_report",kwargs)
    response = client.chat.completions.create(
                timeout=90,
                model=model.advanced,
                messages=[
                    {"role": "system", "content": report_system_role},
                    {"role": "user", "content": kwargs['materials']}
                ],
            )
    report = response.model_dump()['choices'][0]['message']['content']
    return report
```

Tavily Search API 호출 시 **search_depth="advanced"**로 설정함으로써 검색의 품질은 높
였습니다. 대신 검색 결과는 최대 2개로 제한했습니다. 또한 출처를 표기하기 위하여 검색된
결과 중 내용과 함께 URL도 반환하도록 했습니다. Tavily 검색 결과가 영어로 출력되는 경우
가 있어서, 보고서 작성 시 한국어로 작성하라고 프롬프팅했고, 출처도 함께 표기하도록 했습
니다.

함수 스펙 정의

방금 설명한 두 함수에 대해 **func_specs_report**라는 변수를 신설해서 함수 스펙을 기술했습
니다.

변수 추가 | 파일 chapter10/function_calling.py

```
tools_report = [
    {
        "type": "function",
        "function": {
            "name": "search_internet_for_report",
            "description": "자료를 찾기 위해 인터넷을 검색하는 함수",
            "parameters": {
                "type": "object",
                "properties": {
```

```
                        "search_query": {
                            "type": "string",
                            "description": "인터넷 검색을 위한 검색어",
                        }
                    },
                    "required": ["search_query"],
                },
            },
        },
        {
            "type": "function",
            "function": {
                "name": "write_report",
                "description": "수집된 정보를 바탕으로 보고서를 작성해주는 함수",
                "parameters": {
                    "type": "object",
                    "properties": {
                        "materials": {
                            "type": "string",
                            "description": "사용자 메시지 중 '수집된 자료:' 리스트 안에 있
는 raw data",
                        }
                    },
                    "required": ["materials"],
                },
            },
        }
    ]
```

FunctionCalling 메서드 추가

도구 사용 결과를 그 다음 도구 사용의 입력값으로 사용해야 하기 때문에, 완전한 답변이 아닌, 함수를 호출한 결과만 반환해 주는 메서드가 필요합니다. 그래서 기존의 run 메서드 중 이와 관련된 부분만 복사해서 call_function 메서드를 구현했습니다.

메서드 추가 | 파일 chapter10/function_calling.py | FunctionCalling 클래스

```
    def call_function(self, analyzed_dict):
        tool_call = analyzed_dict["tool_calls"][0]
        function = tool_call["function"]
        func_name = function["name"]
```

```python
        func_to_call = self.available_functions[func_name]
        try:
            func_args = json.loads(function["arguments"])
            func_response = func_to_call(**func_args)
            return str(func_response)
        except Exception as e:
            print("Error occurred(call_function):",e)
            return makeup_response("[call_function 오류입니다.]")
```

Agent 메인 프로그램

report_generator.py 파일을 만들어서 다음의 코드를 작성합니다.

파일 생성 | 파일 chapter10/report_generator.py

```python
import openai
import sys
import os
import json
from function_calling import FunctionCalling, tools_report
from common import client, model

func_calling = FunctionCalling(model=model.advanced)

template = """
[{과제}]를 해결하기 위해 해야 할 일을 2단계로 아래 JSON 포맷으로 말하세요. 사용할 수 있는
도구에는 "인터넷검색"과 "보고서작성"이 있습니다.
```
JSON 포맷:
{{"step-1": <1단계 할일>, "step-2": <2단계 할일>}}
"""

def create_step_plan(message):
    completion = client.chat.completions.create(
            model=model.advanced,
            messages=[{"role": "user", "content": message}],
            response_format={"type": "json_object"}
)
    return json.loads(completion.choices[0].message.content)

print('sys.argv[1]', sys.argv[1])
steps = create_step_plan(template.format(과제=sys.argv[1]))
```
```

```
    response_message = ""
for step in steps.values():
    print("step:", step)
    user_message = f"{step}:\n{response_message}"
    _, analyzed_dict = func_calling.analyze(user_message, tools_report)
    if analyzed_dict.get("tool_calls"):
        response_message = func_calling.call_function(analyzed_dict)

print(f"최종결과:\n{response_message}")
```

설계도의 내용을 그대로 구현한 코드입니다. 요청받은 과제를 해결하기 위해 챗GPT에게 단계별로 할 일을 기술하게 했습니다. 그런 다음 각 단계별로 사용할 수 있는 도구를 Function Calling을 사용해서 찾았습니다. 도구를 수행한 후 그 결과는 다음 단계의 입력값으로 사용했고 이러한 과정을 통해 최종 보고서를 출력했습니다.

보고서 작성 테스트

[터미널] 탭에서 다음과 같이 입력 후 실행하세요.

```
python3 report_generator.py "프롬프트 엔지니어링에 대한 보고서를 작성하세요."
```

다음은 보고서 작성 에이전트 수행 결과입니다.

프롬프트 엔지니어링의 미래: 주목할 트렌드와 혁신
=====================================
프롬프트 엔지니어링 분야의 미래는 혁신과 신흥 트렌드로 가득 찬 흥미진진한 영역입니다. 계속해서 프롬프트 엔지니어링 분야의 발전은 복잡성과 상호연결성이 커지는 엔지니어링 프로젝트들로 인해 점점 더 고도화된 프로그래밍 기술을 요구하고 있습니다. 엔지니어들은 새로운 프로그래밍 언어, 도구, 프레임워크를 마스터함으로써 변화하는 기술 흐름의 선두에 설 필요가 있습니다ㄷ[1].

프롬프트 엔지니어링을 발전시키기 위한 추가 팁
=====================================
프롬프트 엔지니어링 분야에서 우수한 성과를 내기 위한 몇 가지 팁을 소개합니다. 프롬프트는 대규모 언어 모델(Large Language Models, LLM) 인공지능의 행동을 지시하고 이끄는 핵심적인 역할을 합니다. 사용자들은 특정 반응을 모델로부터 끌어내기 위한 입력이나 쿼리로서 프롬프트를 제공할 수 있습니다[2].

```
프롬프트는 무엇인가?
===================================
프롬프트 엔지니어링이라는 새로운 커리어 분야에서 프롬프트는 인공지능과의 의사소통에서 매우 중
요한 역할을 합니다. 이러한 프롬프트를 통해 사용자들은 인공지능에게 특정한 반응을 유도할 수 있
으며 프롬프트 엔지니어링의 미묘한 차이를 이해하는 것이 중요합니다. 이러한 이유로, 프롬프트 엔
지니어링을 기존 개발 프로세스에 통합하는 방법을 배우는 것이 앞으로의 한 걸음이 될 수 있습니다
[2].

결론
===================================
프롬프트 엔지니어링은 인공지능 분야에서 점점 중요해져 가는 분야로서, 엔지니어들에게는 새로운
도전이자 기회의 영역이 될 수 있습니다. 이 분야의 미래를 주도하기 위해서는, 프로그래밍 기술뿐만
아니라, 프롬프트의 미묘한 요소를 이해하고 활용할 수 있는 능력이 필요합니다. 따라서 이러한 기술
과 지식을 갖춘 전문가들의 수요는 앞으로 더욱 증가할 것으로 예상됩니다.

각주
----
[1] "The Future of Prompt Engineering: Trends and Innovations to Watch," 데이터스페이스
인사이트, https://dataspaceinsights.com/future-prompt-engineering-trends-innovations/
[2] "Additional tips for prompt engineering," 마이크로소프트, https://learn.microsoft.
com/en-us/semantic-kernel/prompt-engineering/
```

출처를 표기하게 한 덕분인지 챗GPT 채팅 사이트에서 수행한 것보다 약간 나은 결과입니다.
코드를 단순하게 구현하고 토큰 사용과 수행 시간을 줄이기 위해 이번 예제에서 평가와 보완이
라는 프로세스는 적용하지 않았습니다. 만일, 평가와 보완까지 적용하려면, 평가 작업을 추가
하고 그 결과를 입력값으로 하여 전체 프로세스를 다시 수행하면 됩니다.

4. 복잡한 Task 분할하기

고비는 종종 현실적이지 않은 대답을 합니다. 그렇다고 이 모든 경우를 프롬프트 엔지니어링만
으로 해결할 수는 없습니다. 문제점이 발견될 때마다 프롬프트를 추가하면, 원하는 대로 동작
하지도 않을뿐더러 기존에 적용해 놓은 것들까지 무시되기 십상입니다. 따라서 방금 학습한 자
율적 에이전트의 원리를 활용하면, 이러한 상황을 해결할 실마리를 찾을 것 같다는 기대가 듭
니다.

자율적 에이전트 적용하기

다음은 대화의 맥락을 파악해서 어떤 점을 추가로 판단해야 하는지 계획을 수립하고, 그 계획대로 실행한 후 최종적인 답변을 생성하는 모습입니다.

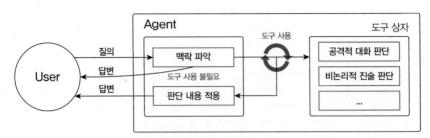

자율적 에이전트가 적용된 고비

이러한 자율적 에이전트가 제대로 동작하려면 최소한 GPT-4 수준은 되어야 합니다. 게다가 언어 모델을 자율적으로 행동하게 하려면 많은 입출력 토큰이 필요합니다. 물론 GPT-4 시리즈를 사용한다고 해도 항상 원하는 수준의 답변을 생성하는 것도 아닙니다. 이런 점을 고려하면 우리가 만들고 있는 챗봇에 자율적 에이전트의 개념을 그대로 적용하는 것은 아무래도 무리인 것 같습니다.

복잡한 작업을 하위 작업으로 분해

오픈AI 공식 문서에서는 이러한 문제를 어느 정도 수준까지 해결할 수 있는 실마리를 제공합니다. 다음은 오픈AI에서 GPT 사용의 모범 사례 중 하나로 꼽은 예시입니다.

> **Tip.** 이 사례는 platform.openai.com/docs/guides/prompt-engineering/strategy-split-complex-tasks-into-simpler-subtasks를 참고해서 재구성했습니다.

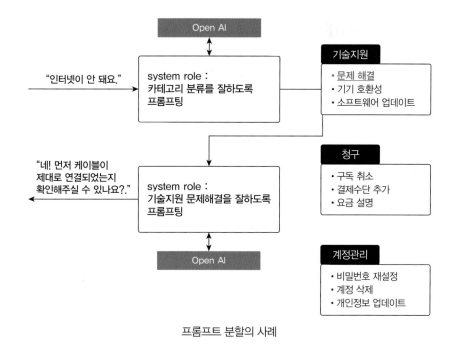

프롬프트 분할의 사례

이 그림은 사용자의 질문이 어떤 범주에 속하는지 먼저 분류한 후, 그 범주에 특화된 프롬프트를 적용해서 최종 답변을 생성하는 과정을 보여줍니다. 오픈AI 문서를 보면 첫 번째 프롬프트를 통해 {"primary": "기술지원", "secondary": "문제해결"}이라는 카테고리를 알아내고, 그 카테고리에 최적화된 프롬프트를 적용해서 최종 답변을 생성합니다. 오픈AI는 이 예시를 통해 복잡한 질문을 해결할 때 하나의 프롬프트보다는 단순한 프롬프트 여러 개를 사용하여 계층화할 것을 권유합니다.

단순한 작업을 수행하는 프롬프트들이 연결되어 복잡한 문제를 풀 수 있는 가능성을 보여준다는 점에서, 이러한 접근법은 자율적 에이전트의 대안으로 활용할 만합니다. 사실 도메인 전문가가 과업을 분해하여 그 내용과 전후 순서를 정의하는 방식으로 프롬프트를 만들고 시스템화한다면, 의도대로 동작할 가능성도 커지고 이에 따라 제어하기도 한결 수월해질 겁니다. 물론, 자율적 에이전트의 가장 큰 특징인 추론을 통해 계획을 수립하는 특징을 제거함으로써 다양한 상황을 커버하지 못한다는 단점이 있지만, 고려할 수 있는 현실적 대안인 것은 분명합니다.

5. 찐친에게 에지를 주는 방법

'내 찐친 고비'가 갖는 문제점 중 하나인 '너무 착한 성격'을 해결하는 방법을 알아보겠습니다.

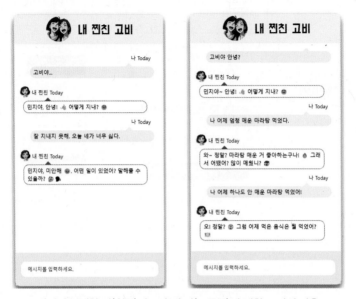

민지의 불쾌한 말(왼쪽)과 모순된 말(오른쪽)에 대한 고비의 반응

고비는 히스테리를 부리는 데도 오히려 미안하다고 사과하고, 놀리듯 모순된 말을 하는데도 마냥 즐겁습니다. '내 찐친 고비'가 순한 캐릭터로 보이는 것을 넘어, 바보 같이, 아니 기계처럼 느껴집니다. 이 문제를 2개의 질의/응답 쌍으로 구성된 서브 에이전트를 만들어서 해결해 보겠습니다.

WarningAgent의 동작

다음의 다이어그램은 사용자에게 경고성 멘트를 생성하는 WarningAgent가 어떻게 동작하는지 로직의 흐름을 정리한 순서도입니다.

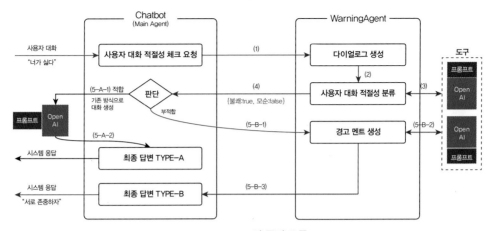

WarningAgent의 동작 흐름도

사용자의 입력이 들어오면 사용자와 어시스턴트가 나누었던 최근의 대화가 다이얼로그라는 형식의 문자열로 변환되어 언어 모델에게 전달됩니다. 이때 언어 모델에게 부여되는 과업은 오로지 사용자의 대화가 불쾌한 진술인지 모순된 진술인지 판정하는 일입니다. 그 다음으로 언어 모델이 해야 할 것은, 불쾌하거나 모순된 진술이었다면 그에 걸맞은 경고성 답변을 생성하는 일입니다.

WarningAgent 상자 안의 파란색 화살표는 수립된 계획에 해당하고 빨간색 점선은 계획에 따라 사용되는 도구에 해당합니다. (3)의 경우, 정책 위반성 대화를 필터링하는 오픈AI의 Moderation API를 사용해도 되지만, 여기서는 모순되는 말까지 걸러내야 해서 챗GPT API를 그대로 사용했습니다.

6. WarningAgent 구현하기

지금까지 설명한 내용을 코드로 구현하겠습니다.

프롬프트 구현하기

다음은 사용자의 대화를 읽고 불쾌한 말을 하는지 모순된 말을 하는지 분류하는 프롬프트입니다. 사용자의 이름은 WarningAgent 객체를 생성할 때 동적으로 할당됩니다. 맨 아래의 <대화록>은 메인 에이전트인 Chatbot 객체로부터 context를 전달받아 문자열로 변환된 자료가 들어갈 위치입니다.

경고 프롬프트 | 파일 chapter10/warning_agent.py

```
USER_MONITOR_TEMPLATE = """
<대화록>을 읽고 아래의 json 형식에 따라 답하세요.
```

{{"{user}의 마지막 대화가 불쾌한 말을 하고 있는지":<true/false>, "{user}의 마지막 대화가
모순적인 말을 하고 있는지":<true/false>}}
```

<대화록>
"""
```

다음은 <대화록>의 예시입니다.

> 민지: 나 어제 엄청 매운 마라탕 먹었다.
>
> 고비: 와 정말? 마라탕 매운 거 좋아하는구나.
>
> 민지: 나 어제 하나도 안 매운 마라탕 먹었어!

경고 대상으로 분류되었을 때 각각 어떤 내용으로 사용자에게 메시지를 보내야 하는지 정의하는 프롬프트입니다. 유형별로 최대한 간결하게 구성했습니다.

Warning | 파일 chapter10/warning_agent.py

```
WARNINGS = ["{user}가 불쾌한 말을 하면 안된다고 지적할 것. '{user}야'라고 말을 시작해야 하며
20 단어를 넘기지 말 것",
            "{user}가 모순된 말을 한다고 지적할 것. '무슨 소리하는 거니'라고 말을 시작해야
하며 20 단어를 넘기지 말 것"]
```

메서드 구현하기

초기화 메서드

WarningAgent의 초기화 메서드입니다. 모델의 종류 등 기본 사항을 설정하고, 사용자 이름을 받아서 프롬프트 템플릿에 할당합니다.

```python
def __init__(self, **kwargs):
    self.kwargs = kwargs
    self.model = kwargs["model"]
    self.user_monitor_template = (
        USER_MONITOR_TEMPLATE.format(user=kwargs["user"])
    )
    self.warnings = (
        [value.format(user=kwargs["user"]) for value in WARNINGS]
    )
```

다이얼로그 생성 메서드

context를 입력받아 대화록 문자열을 만드는 메서드입니다. 객체 생성 시에 초기화 메서드의 매개변수인 **kwargs로 user="민지"와 assistant="고비"가 전달되었기 때문에 앞서 봤던 것처럼 '민지:'와 '고비:'로 대화록이 생성됩니다.

```python
def make_dialogue(self, context):
    dialogue_list = []
    for message in context:
        role = message["role"]
        dialogue_list.append(self.kwargs[role] + ": " + message["content"].
strip())

    dialogue_str = "\n".join(dialogue_list)
    print(f"dialogue_str:\n{dialogue_str}")
    return dialogue_str
```

질의 전송 메서드

프롬프트를 챗GPT에 전송하는 메서드입니다. 눈여겨볼 것은 temperature의 기본값을 0으로 설정한 부분입니다. 알다시피, 이 에이전트의 목적은 자유로운 대화를 생성하는 것이 아니기 때문에 변동성과 창의성을 최소화하려고 temperature=0을 기본값으로 설정했습니다. 이와 함께 이 메서드는 텍스트를 생성하기도 하고, JSON 타입의 결과를 생성하기도 합니다. 이를 위해 format_type 매개변수를 추가했습니다.

```python
    def send_query(self, context, temperature=0, format_type="json_object"):
        try:
            response = client.chat.completions.create(
                model=self.model,
                messages=context,
                temperature=temperature,
                response_format={ "type": format_type }
            ).model_dump()
            content = response['choices'][0]['message']['content']
            print(f"query response:[{content}]")
            return content
        except Exception as e:
            print(f"Exception 오류({type(e)}) 발생:{e}")
            return makeup_response("[경고 처리 중 문제가 발생했습니다. 잠시 뒤 이용해 주세
요.]")
```

사용자 모니터 메서드

사용자 대화를 모니터링해서 부적합한 대화인지 아닌지 판단하는 메서드입니다. 적어도 3번
이상 대화가 쌓였을 때 사용자 대화를 모니터링합니다. 따라서 3번 이상의 대화가 쌓여 있다면
고비의 대화를 포함해 민지의 마지막 2회분의 대화를 가져와 대화록을 만들고, 그렇게 만들어
진 대화록을 user_monitor_template 프롬프트 뒤에 덧붙이게 했습니다.

```python
    def monitor_user(self, context):
        self.checked_list = []
        self.checked_context = []
        if len(context) <= abs(MIN_CONTEXT_SIZE): # 최소 컨텍스트 크기(-3)
            return False
        self.checked_context = context[-3:]

        dialogue = self.make_dialogue(self.checked_context)
        context = [
            {"role": "system", "content": f"당신은 유능한 의사소통 전문가입니다."},
            {"role": "user", "content": self.user_monitor_template + dialogue}
        ]
        try:
            response = json.loads(self.send_query(context))
```

```
        self.checked_list = [value for value in response.values()]
    except Exception as e:
        print(f"monitor-user except:[{e}]")
        return False
    print("self.checked_list:",self.checked_list)
    return sum(self.checked_list) > 0  # 파이썬에서 True는 숫자 1로 연산됨
```

다음은 챗GPT에게 전달되는 프롬프트 예시입니다.

<대화록>을 읽고 아래의 json 형식에 따라 답하세요.
```
{"민지의 마지막 대화가 불쾌한 말을 하고 있는지":<true/false>, "민지의 마지막 대화가 모순적인 말을 하고 있는지":<true/false>}
```
<대화록>
민지: 나 어제 엄청 매운 마라탕 먹었다.
고비: 와 정말? 마라탕 매운 거 좋아하는구나.
민지: 나 어제 하나도 안 매운 마라탕 먹었다!

이 예시를 테스트하면 send_query 메서드는 다음과 같은 결과를 반환합니다.

{"민지의 마지막 대화가 불쾌한 말을 하고 있는지": false, "민지의 마지막 대화가 모순적인 말을 하고 있는지": true}}

챗GPT로부터 응답받은 결과는 self.checked_list에 담깁니다. 그리고 부적합한 대화의 유형에 하나라도 해당하는지 판단한 후 그 결과를 반환합니다.

사용자 경고 메서드

사용자에게 전할 경고 메시지를 생성하는 메서드입니다. 먼저 monitor_user 메서드에서 담아두었던 점검 결과 가운데 True로 설정된 첫 번째 인덱스를 가져옵니다. 만일 둘 다 True로 설정되어 있다면 첫 번째 것만 가져옵니다. 그런 다음 해당 인덱스에 들어 있는 경고 메시지 프롬프트를 꺼내 와서 답변을 생성합니다.

사용자 경고 메서드 | 파일 chapter10/warning_agent.py

```
def warn_user(self):
```

```
        idx = [idx for idx, tf in enumerate(self.checked_list) if tf][0]
        context = [
            {"role": "system", "content": f"당신은 {self.kwargs['user']}의 잘못된 언행에
 대해 따끔하게 쓴소리하는 친구입니다. {self.warnings[idx]}"},
        ] + self.checked_context
        response = self.send_query(context, temperature=0.2, format_type="text")
        return response
```

가령, {불쾌한 말: False, 모순된 말: True}이었다면 idx에는 1이 담겨 있을 것입니다.
그러면 self.warnings의 인덱스 1에 들어 있는, 모순된 말을 지적하는 프롬프트를 꺼내 와서
챗GPT에게 '쓴소리해 줄 것'을 요청합니다.

"민지가 모순된 말을 한다고 지적할 것. '무슨 소리하는 거니'라고 말을 시작해야 하며 20 단어를 넘
기지 말 것"

약간의 다양성을 위해 temperature=0.2로 설정했으며, 응답 결과는 별다른 가공 없이 그대로
반환하도록 했습니다.

7. WarningAgent 사용하기

지금까지 구현한 WarningAgent를 Chatbot 클래스에 적용하겠습니다.

WarningAgent 생성

Chatbot의 초기화 메서드입니다.

초기화 메서드 | 파일 chapter10/chatbot.py

```python
    def __init__(self, model, system_role, instruction, **kwargs):
        self.context = [{"role": "system", "content": system_role}]
        self.model = model
        self.instruction = instruction
        self.max_token_size = 16 * 1024
        self.kwargs = kwargs
```

```
        self.user = kwargs["user"]
        self.assistant = kwargs["assistant"]
        self.warningAgent = self._create_warning_agent()

    def _create_warning_agent(self):
        return WarningAgent(
                model=self.model,
                user=self.user,
                assistant=self.assistant,
            )
```

입력받은 매개변수가 많아져서 딕셔너리 패킹(**kwargs)을 사용했습니다. 대화록을 만들기 위해 사용자 이름을 추가로 받아들였고 향후를 대비해 어시스턴트 이름도 함께 받아들였습니다. WarningAgent의 생성은 별도의 메서드로 분리하여 초기화 메서드에서 호출하는 방식을 택했습니다.

다음은 application.py에서 Chatbot 객체를 생성하는 코드입니다.

---

jjinchin 인스턴스 생성 | 파일 chapter10/application.py

```
# jjinchin 인스턴스 생성
jjinchin = Chatbot(
    model = model.basic,
    system_role = system_role,
    instruction = instruction,
    user = "민지",
    assistant = "고비"
)
```

WarningAgent 메서드 호출

send_request 내부에서 사용자 메시지에 대해 모니터링한 결과에 따라 원래대로 메시지를 생성할지, 아니면 WarningAgent의 경고 메시지를 출력할지 분기합니다. 경고 메시지를 출력한다면 데이터 형태를 오픈AI API의 응답 형식과 맞추어야 하므로 make_response 메서드를 씌웠습니다.

```python
def send_request(self):
    if self.warningAgent.monitor_user(self.context):
        return makeup_response(self.warningAgent.warn_user(), "warning")
    else:
        self.context[-1]['content'] += self.instruction
        return self._send_request()
```

테스트하기

지금까지 구현한 것을 테스트하겠습니다.

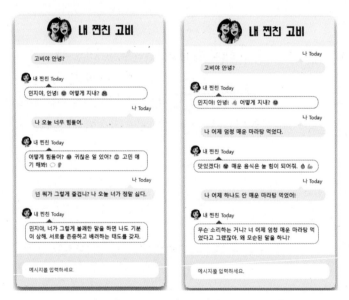

민지의 불쾌한 말(왼쪽)과 모순된 말(오른쪽)에 달라진 답변을 하는 고비

의도대로 동작합니다. 정말 따끔하게 쓴소리를 해줍니다. 친구란 화풀이 대상도 놀림감도 아니며, 오히려 필요한 경우 쓴소리 해주는 존재라는 걸 '내 찐친 고비'가 잘 보여줍니다.

지금까지 에이전트의 개념과 그 구현 원리를 LLM과 관련 지어 알아보았고, Function Calling 을 활용하여 간단한 에이전트도 직접 구현해 보았습니다. 아울러 그러한 사상을 챗봇에 적용할 때 부닥치는 현실적인 문제점과 대안에 대해서도 살펴보았습니다.

이번에는 WarningAgent 하나만 적용했지만, 챗봇을 사람답게 만들기 위해서는 더 많은 에이 전트가 필요할 수 있습니다. 앞에서 말했던 이족 보행 로봇을 다시 한번 떠올려 보세요. 로봇이 제대로 동작하기 위해서는 다양한 에이전트들 사이의 협업이 필요합니다. 밸런스를 유지하는 에이전트, 계단의 높이와 거리를 측정하는 에이전트, 다가오는 장애물을 감지하는 에이전트들 이 함께 어우러져야 안정적으로 동작할 수 있습니다.

이렇게 여러 에이전트들이 협업하며 작동하는 메커니즘을 다중 에이전트 시스템이라고 부릅니 다. 유기체로서의 인간이 신경 조직, 순환 조직, 근육 조직 등이 함께 어우러져 움직일 수 있는 것과 같은 이치입니다. 이런 점에서 다중 에이전트 시스템은 무척 자연스러운 방식처럼 보입 니다.

그런데 이러한 다중 에이전트 시스템을 챗봇에 도입하게 되면, 에이전트의 수가 늘어나는 만큼 응답 시간도 비례하여 늘어날 수밖에 없습니다. 이러한 상황을 극복하려면 비동기적 프로그래 밍 기법이 함께 고려되어야 합니다.

비동기적 프로그래밍이란, 동시에 여러 작업을 수행할 수 있도록 설계된 프로그래밍을 뜻합니 다. 에이전트 간에 선후 관계가 없는 경우, 비동기적 프로그래밍을 적용하면 적지 않은 성능 향 상을 꾀할 수 있습니다. 이 챕터에서는 다중 에이전트를 비동기적 프로그래밍으로 풀어가는 방 법에 대해서는 다루지 않았습니다. 하지만 그것에 대한 필요성은 꼭 언급해야 할 것 같아 이 챕 터를 마치면서 이렇게 갈무리하겠습니다.

11 대화 내용 저장하기

우리가 만든 챗봇은 서버를 재기동하면 이전까지 나누었던 대화를 모두 잊고 마치 오늘 처음 본 것처럼 반갑게 인사합니다. 이것은 친구 봇으로 자연스럽지 않은 모습입니다. 이번 챕터에서는 서버가 다운되기 직전에 지금까지 나눈 대화를 저장했다가 재기동하는 순간 복원함으로써 자연스럽게 대화를 이어갈 수 있는 방법을 살펴보겠습니다.

학습 목표

● 도큐먼트 DB를 이해하고, MongoDB로 대화 내용을 저장하고 복원할 수 있습니다.

핵심 키워드

● 도큐먼트 DB
● NoSQL
● MongoDB
● MongoDB Atlas

1. 도큐먼트 DB

챗봇과 나눈 대화를 잘 보관하기 위해서는 데이터베이스가 필요합니다. 데이터베이스 중에서 컨텐츠나 로그 정보처럼 비정형 데이터를 관리할 때 주로 사용하는 것이 NoSQL DB입니다. NoSQL DB중에서도 JSON이나 XML 등의 문서형 데이터를 손쉽게 저장할 수 있는 것을 도큐먼트 DB라고 합니다. 우리 찐친의 대화기록은 비정형 데이터이면서, JSON 형태로 관리되므로 도큐먼트 DB에 저장하는 것이 가장 효율적입니다.

MongoDB Atlas를 선택한 이유

도큐먼트 DB 중에서 널리 알려져 있는 것이 MongoDB입니다. MongoDB 제품군 중 클라우드에서 동작하는 MongoDB Atlas를 사용하게 되면 설치 없이 무료로 이용할 수 있어서 '내 찐친 고비'와 나눈 대화를 기록하는 기억장치로 삼았습니다. 먼저 MongoDB Altas 계정을 생성하겠습니다.

계정 생성하기

01 mongodb.com/cloud/atlas/register에 접속한 후 가입을 진행합니다. 진행 중 다음과 같은 화면이 나오면 오른쪽의 무료 플랜을 선택하세요.

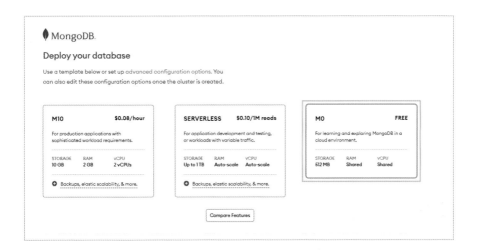

02 스크롤을 조금 내리면 어떤 클라우드 시스템에서 서비스를 받을지 선택하는 부분이 나옵니다. 원하는 클라우드 시스템이 없다면 기본인 AWS로 그대로 두고 [Seoul(ap-northeast-2) Region → Create]를 클릭하세요.

03 사용할 아이디와 패스워드를 입력하고 [Create User]를 클릭하세요.

04 [Create User]를 누르면 데이터베이스에 접근할 수 있는 서버의 IP를 정하는 화면이 출력됩니다. 데이터베이스는 중요한 자산이므로 아무 곳에서나 접근하지 못하게 하려는 게 접근 가능 IP를 지정하는 이유입니다. goorm 무료 버전에서 간단하게 사용하려면 모든 곳에서 접근을 허용해야 하므로 IP Address를 0.0.0.0/0으로 입력하고 [Add Entry]를 클릭하겠습니다.

`Tip.` 단, 이 방식은 보안상 취약하므로 학습용으로만 사용하기 바랍니다.

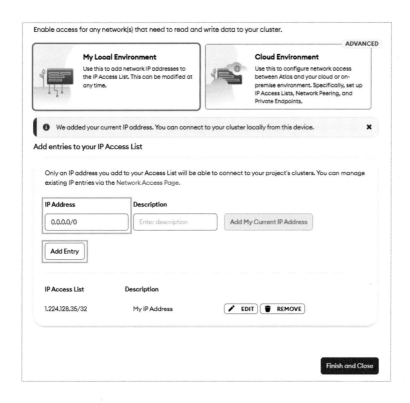

06 이와 함께 하단에 기본값으로 설정되어 있는 IP는, 이 사이트에 접속하고 있는 컴퓨터의 IP 주소이므로 우리 서비스와는 관련이 없는 정보입니다. [remove]를 클릭하여 지웁니다.

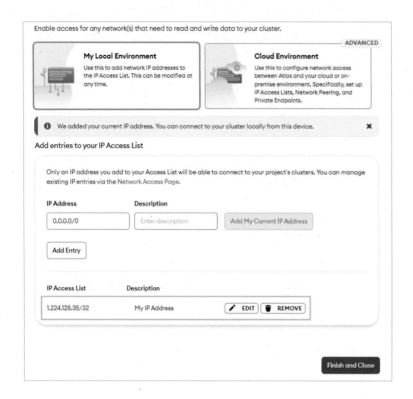

여기까지 하고 나면, MongoDB Atlas에 Project0이라는 이름의 프로젝트가 생성되고, 그 아래에 Cluster0이라는 이름의 클러스터가 생성됩니다. 그 다음 작업으로 데이터베이스와 컬렉션을 만들어야 하는데, 그전에 MongoDB Atlas의 전체적인 계층 구조를 간략히 설명하겠습니다.

MongoDB Atlas의 계층 구조

MongoDB Atlas의 계층 구조는 프로젝트 → 클러스터 → 데이터베이스 → 컬렉션으로 이루어져 있습니다. 맨 아래부터 거꾸로 설명하면, 컬렉션은 JSON 문서들을 담는 그릇이라고 보면 됩니다. 가령, 고비와의 대화와 그것을 요약한 내용을 각각 담고 싶으면 2개의 컬렉션을 만들면 됩니다.

이러한 컬렉션 중 같은 목적이나 관련성이 있는 것들을 묶어주는 것이 데이터베이스입니다. 가령 대화 외에 서버 로그도 저장하고 싶다면, 데이터베이스를 '대화'와 '시스템 모니터링'으로 나누어서 컬렉션들을 관리하는 것이 효율적입니다.

한편, 클러스터는 MongoDB Atlas가 클라우드에서 동작하기 때문에 여러 대의 물리적 컴퓨터에 흩어져 있는 데이터베이스를 효율적으로 관리하기 위한 구성이라고 이해하면 됩니다. 마지막으로 최상위에 있는 프로젝트는 우리의 사업 단위 또는 서비스 단위입니다. 따라서 프로젝트로 단위로 사용자 권한이나 네트워크 접근을 설정할 수 있습니다.

데이터베이스 생성하기

01 [Project 0]을 선택한 후 [Overview] 메뉴를 클릭하면 다음과 같은 화면이 출력됩니다. Cluster0에 아래에 있는 [Add Data]를 클릭하세요.

02 다음과 같이 Add Data Options 화면이 출력되면 [Create Database on Atlas]를 클릭하세요.

03 다음은 데이터베이스와 컬렉션을 입력하는 화면입니다. 데이터베이스 이름은 jjinchin, 컬렉션 이름은 chats로 했습니다.

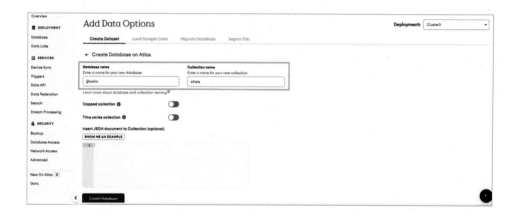

04 [Create Database]를 클릭하면 데이터베이스가 생성되고 실제 데이터를 볼 수 있는 다음 화면으로 이동합니다.

Tip. 첫 화면에서 이곳으로 바로 들어오려면 화면 상단의 [Project0]을 선택한 후 Overview 메뉴 안에 있는 [Database → Browse Collections]를 클릭하면 됩니다.

테스트하기

chats 컬렉션에 테스트용 데이터를 넣어 보겠습니다. 그러려면 우리가 만든 클러스터의 접속 정보를 알아야 합니다. 접속 정보를 얻기 위해 다음의 화살표대로 진행해가면 빨간색 상자 안과 같이 클러스터 접속 정보가 들어 있는 URI 주소를 얻을 수 있습니다.

URI 주소 획득

여기까지 작업이 끝났으면 다음과 같이 파이썬 프로그램을 작성해 보세요. 클러스터 접속 정보 중 〈id〉, 〈password〉, URI 부분(@ 이하)을 여러분이 등록한 것으로 바꾸면 됩니다.

MongoDB 테스트용 파이썬 프로그램 | 파일 chapter11/mongodb_test.py

```python
from pymongo import MongoClient

cluster=MongoClient("mongodb+srv://<id>:<password>@cluster0.ov3wpli.mongodb.net/?retry
Writes=true&w=majority")
db=cluster["jjinchin"]
collection = db["chats"]

my_friend = {
        "name": "고비",
        "age": 26,
        "job": "대중음악 작곡가",
        "character": "당신은 진지한 것을 싫어하며, 항상 밝고 명랑한 성격임",
        "best friend" : {"name": "김민지",
            "situations":["회사 생활에 의욕을 찾지 못하고 창업을 준비하고 있음",
                        "매운 음식을 좋아함",
                        "가장 좋아하는 가수는 '아이유'"]
        }
    }

collection.insert_one(my_friend)

for result in collection.find({}):
    print(result)
```

my_friend 문서 한 건을 생성하는 코드입니다. 지금까지 설명을 잘 따라왔다면 별도의 설명 없이도 코드의 의미가 어느 정도 파악되었을 겁니다. 클러스터 접속 정보를 통해 cluster를 얻은 후, jjinchin 데이터베이스를 가져와서, 그 안에 있는 chats라는 컬렉션에 대고 고비에 대한 정보를 insert하는 코드입니다. 그리고 컬렉션에 들어 있는 모든 데이터를 출력했습니다. MongoDB의 장점 중 하나로 쉬운 사용성이 꼽히는데, 그 까닭은 보다시피 프로그램 내의 JSON 정보를 그대로 사용하는 형태로 데이터베이스 접근이 이루어지기 때문입니다.

코딩을 마쳤으면 [터미널] 탭에서 다음과 같이 실행하세요.

```
python3 mongodb_test.py
```

Collection Browsing

Browse Collectons 화면에 들어가서 저장된 데이터를 확인해 보겠습니다.

저장된 데이터 확인

JSON 구조대로 잘 들어갔습니다. _id는 컬렉션 내에서 각 문서를 식별하는 고유값입니다. 따라서 컬렉션 내에서 유일한 값이어야 하며, 별도로 지정하지 않으면 위와 같이 내부적으로 자동 생성됩니다. 테스트가 성공했으면 다음의 코드를 수행하여 컬렉션 내의 모든 데이터를 지우고 본격적으로 챗봇과의 대화를 저장하는 작업을 진행하겠습니다.

MongoDB 테스트용 파이썬 프로그램 | 파일 chapter11/mongodb_delete.py

```python
from pymongo import MongoClient

cluster=MongoClient("mongodb+srv://<id>:<password>@cluster0.ov3wpli.mongodb.net/?retry
Writes=true&w=majority")
db=cluster["jjinchin"]
collection = db["chats"]
collection.delete_many({})
# 아래는 메모리 db 삭제
db=cluster["jjinchin"]
collection = db["memory"]
collection.delete_many({})
```

2. MemoryManager 구현하기

memory_manager.py를 만들어 다음과 같은 흐름대로 프로그램을 구현하겠습니다. "1-"는 서버 중지, 즉 셧다운될 때까지 나누었던 대화가 저장되는 흐름이며 "2-"는 서버가 살아나면서 저장했던 대화 내용을 불러오는 흐름입니다.

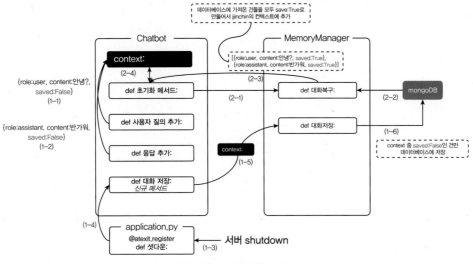

대화 내용 저장을 위한 흐름도

대화 내용 기록 방법의 키 포인트는 context에 **saved** 필드를 추가하는 것입니다. 이 필드를 통해 프로그램에서 생성한 대화와 데이터베이스에서 가져온 대화를 구분할 수 있고, 이로써 서버 셧다운 때 어떤 대화를 저장할 지의 여부를 가려낼 수 있습니다. 이러한 메커니즘 덕분에 셧다운 시그널을 수신 받으면 저장되지 않은 대화만 저장할 수 있고, 서버가 다시 기동되었을 때는 저장되었던 내용을 읽어와 context에 되살림으로써 중단없이 대화를 이어갈 수 있습니다.

대화 내용 저장하고 복원하기

다음은 클러스터와 컬렉션 정보를 가져오는 코드입니다.

```python
from pymongo import MongoClient
import os
from common import today

mongo_cluster = MongoClient(os.getenv("MONGO_CLUSTER_URI"))
mongo_chats_collection = mongo_cluster["jjinchin"]["chats"]
```

memory_manager.py를 만들고 전역 변수로 클러스터와 컬렉션 정보를 가져옴으로써 이 파일 어디에서든 데이터베이스에 접근할 수 있도록 했습니다. 클러스터 접속 정보는 환경변수로 설정했습니다(Chapter 3 참고).

```
echo 'export MONGO_CLUSTER_URI="mongodb+srv://<id>:<password>@cluster0.ov3wpli.
mongodb.net/?retryWrites=true&w=majority"' >> ~/.bashrc
source ~/.bashrc
```

다음은 jjinchin 객체의 context를 전달받아 "saved":False인 대화만 임시 리스트에 넣은 후 MongoDB의 insert_many 메서드를 사용해 한 번에 저장하는 코드입니다.

대화 내용 저장하기 | 파일 chapter11/memory_manager.py

```python
class MemoryManager:

    def save_chat(self, context):
        messages = []
        for message in context:
            if message.get("saved", True):
                continue
            messages.append({"date":today(), "role": message["role"], "content":
message["content"]})

        if len(messages) > 0:
            mongo_chats_collection.insert_many(messages)
```

시스템 역할 데이터에는 "saved" 필드가 없으므로 딕셔너리의 get 메서드를 사용해 True 값을 갖는 것처럼 처리하여 저장 대상에 제외했습니다. 대화 복원 시 범위를 한정하기 위해 common.py의 today() 함수를 사용해 날짜를 함께 저장했습니다.

다음은 MongoDB에서 대화 데이터를 읽어와서 context로 복원하는 코드입니다. 앞서 설명했던 것처럼 "saved"를 True로 처리하고 있습니다. today() 함수를 사용해서 오늘 대화한 내용만 복원하게 했습니다.

대화 내용 복원하기 | 파일 chapter11/memory_manager.py

```python
    def restore_chat(self, date=None):
        search_date = date if date is not None else today()
        search_results = mongo_chats_collection.find({"date": search_date})
        restored_chat = [{"role": v['role'], "content": v['content'], "saved": True}
for v in search_results]
        return restored_chat
```

3. MemoryManager 사용하기

지금까지 구현한 MemoryManger를 Chatbot 객체에 연동하겠습니다.

MemoryManager 생성 | 파일 chapter11/chatbot.py

```python
from memory_manager import MemoryManager

class Chatbot:

    def __init__(self, model, system_role, instruction, **kwargs):
        self.context = [{"role": "system", "content": system_role}]
        self.model = model
        self.instruction = instruction
        self.max_token_size = 16 * 1024
        self.user = kwargs["user"]
        self.assistant = kwargs["assistant"]
        self.memoryManager = MemoryManager()
        self.context.extend(self.memoryManager.restore_chat())
```

Chatbot의 초기화 메서드에서 MemoryManager 객체를 생성한 후 대화 내용을 복구하여 context에 넣었습니다.

다음은 앞서 설명한대로 사용자의 대화를 context에 넣을 때 saved 필드를 False로 설정하는 코드입니다.

"saved:False" 추가 | 파일 chapter11/chatbot.py

```python
    def add_user_message(self, user_message):
        self.context.append({"role": "user", "content": user_ message, "saved" :
False})
...중략...
    def add_response(self, response):
        response_message = {
                "role" : response['choices'][0]['message']["role"],
                "content" : response['choices'][0]['message']["content"],
                "saved" : False
        }
        self.context.append(response_message)
```

그런데 openai api 호출 시 매개변수 messages에 이대로 context 데이터를 설정하면 오류가 발생합니다. 이런 이유로 openai api 호출 직전에 saved 필드를 제외할 수 있도록 다음의 코드를 추가했습니다.

---

saved 필드 제외 | 파일 chapter11/chatbot.py

```python
    def _send_request(self):
        try:
            response = client.chat.completions.create(
                model=self.model,
                messages=self.to_openai_contenxt(),
                temperature=0.5,
                top_p=1,
                max_tokens=256,
                frequency_penalty=0,
                presence_penalty=0
            ).model_dump()
...중략...
    def to_openai_contenxt(self):
        return [{"role":v["role"], "content":v["content"]} for v in self.context]
```

shutdown 시점의 처리

함수에 @atexit.register 데코레이터를 붙이면, 프로그램이 종료될 때 해당 함수가 자동으로 수행됩니다.

shutdown 시점의 처리 1 | 파일 chapter11/application.py

```python
import atexit

@atexit.register
def shutdown():
    print("flask shutting down...")
    jjinchin.save_chat()
```

shutdown 시점의 처리 2 | 파일 chapter11/chatbot.py

```python
    def save_chat(self):
        self.memoryManager.save_chat(self.context)
```

이렇게 구현하면 〈Ctrl〉+〈C〉 등으로 서버가 중지될 때 Chatbot 객체의 save_chat 메서드가 호출되고 Chatbot 객체의 context 전체가 memoryManager의 save_chat 메서드로 전달됩니다. 이로써 지금까지 나눈 대화가 데이터베이스에 저장됩니다.

테스트하기

음식 배달 이야기를 나누는 중간에 서버를 중지했고 데이터베이스에 대화 내용이 저장되었습니다.

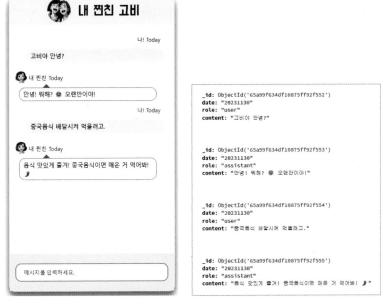

_id: ObjectId('65a99f634df10875ff92f552')
date: "20231130"
role: "user"
content: "고비야 안녕?"

_id: ObjectId('65a99f634df10875ff92f553')
date: "20231130"
role: "assistant"
content: "안녕! 뭐해? 😊 오랜만이야!"

_id: ObjectId('65a99f634df10875ff92f554')
date: "20231130"
role: "user"
content: "중국음식 배달시켜 먹을려고."

_id: ObjectId('65a99f634df10875ff92f555')
date: "20231130"
role: "assistant"
content: "음식 맛있게 즐겨! 중국음식이면 매운 거 먹어봐! 🎵"

고비와 대화를 나눈 다음 서버를 종료한 직후의 상태

다음은 서버 재기동 후 대화를 이어간 내용입니다. 고비에게 어떤 메뉴 원하는지 물어보자 짬뽕과 탕수육이라고 응답하고 있습니다. 서버 재기동 전에 나누었던 이야기에 근거해서 답하는 것을 확인할 수 있습니다.

서버를 재기동한 직후 대화를 나눈 상태

****

지금까지 민지와 고비의 대화를 데이터베이스에 저장하고 복원하는 방법에 대해 알아보았습니다. 도큐먼트 DB 덕분에 손쉽게 대화를 저장할 수 있었고, 서버 재기동 후에도 끊김이 없이 대화를 이어갈 수 있었습니다.

하지만 이것만으로는 부족합니다. 왜냐하면 친구는 하루 이틀 만나고 마는 사이가 아니기 때문입니다. 친구와 나누었던 수 개월, 아니 수 년 동안의 대화를 이런 식으로 저장하고 복원할 수는 없는 노릇입니다. 데이터베이스에는 담기겠지만 그 많은 내용을 컨텍스트에 올리는 것은 불가능하며, 설사 올라가더라도 챗GPT가 제대로 인식할 리 만무합니다. 그렇다면 친구와 나누었던 대화를 오랜 시간이 지난 후에도 다시 꺼내 올 방법은 없는 걸까요? 100% 복원되지는 않더라도 말입니다.

사실, 몇 가지 방법을 사용하면 인간의 '기억'을 흉내 낼 수 있습니다. 어디까지나 '흉내 낼' 뿐이지만, 챗봇과 지속적인 대화를 나눌 수 있는 실마리를 찾는다는 점에서 이러한 시도는 충분히

가치 있는 작업입니다. 다음 챕터에서 벡터DB의 개념과 적용 방법에 대해 다루면서 챗봇에게 기억을 어떻게 부여할 수 있는지 알아보겠습니다.

12 기억을 위한 준비

사람을 사람답게 만드는 힘은 '기억'에 있습니다. 챗봇도 사람다워지려면 '기억'을 가져야 합니다. 하지만 대화 내용을 그대로 데이터베이스에 저장했다가 필요할 때 읽어 오는 방식으로는 챗봇에게 기억을 불어넣는 것이 불가능합니다. 이번 챕터에서는 컴퓨터가 사람의 언어를 이해하는 방법과 벡터DB에 대해 학습하면서 인공지능에게 기억을 불어넣기 위한 준비 작업을 하겠습니다.

❙ 학습 목표

● 벡터 공간과 임베딩을 이해하고 벡터DB에 데이터를 저장하고 검색할 수 있습니다.

❙ 핵심 키워드

● 벡터 공간
● 임베딩
● Word2Vec
● 트랜스포머
● PineconeDB
● 임베딩 모델

1. 컴퓨터가 언어를 이해하는 방법

언어 모델을 다루다 보면 피할 수 없는 두 단어가 등장합니다. 바로 벡터 공간^{Vector Space}과 임베딩^{Embedding}입니다. 알다시피 이 책의 목적은 언어 모델의 이론을 설명하는 데 있지 않습니다. 따라서 두 용어에 대한 이론은 어렵지 않은 수준에서 설명하고 코딩 실습으로 넘어가겠습니다. 그러나 이번 기회에 그 '느낌적인 느낌'만큼은 얻어 가기 바랍니다. 그 느낌만 얻더라도 코드와 코드의 실행 결과를 훨씬 수월하게 읽을 수 있기 때문입니다.

좌표 공간과 언어

컴퓨터가 모든 것을 숫자로만 이해한다는 것은 초등학생도 알고 있는 사실입니다. 따라서 인공지능이 언어를 이해하려면 언어를 숫자로 바꾸는 건 당연한 일입니다. 그런데 기왕 숫자로 바꿀 거면 좌표 형태의 숫자로 표현하는 것이 유리합니다. 그렇게 하면 언어 사이의 거리와 각도를 계산할 수 있기 때문입니다. x축을 '사랑'으로, y축을 '증오'로 두고 4가지의 감정을 좌표 공간에 표현했습니다.

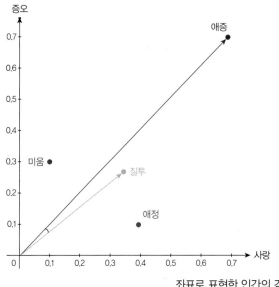

감정	좌표
애증	(0.7, 0.7)
질투	(0.35, 0.27)
애정	(0.4, 0.1)
미움	(0.1, 0.3)

좌표로 표현한 인간의 감정

애증은 2가지 감정이 격화된 상태이기 때문에 (0.7, 0.7)이라는 비교적 큰 숫자로 표현했습니다. 반면 애정, 미움, 질투는 일상적인 감정이라고 판단해 그보다 작은 숫자로 표현했습니다. 만약에 거리를 기준으로 판단한다면 미움, 질투, 애정은 유사한 감정으로 분류될 것이고, 애증은 이 감정들과 사뭇 다른 감정으로 분류될 것입니다.

이에 반해, 각도로 측정한다면 애증과 질투가 매우 유사한 감정으로 묶일 것입니다. 이렇게 두 좌표점 사이의 거리를 측정하여 유사도를 계산하는 방법을 유클리디안 거리Euclidean distance라고 부르며, 두 벡터(회살표) 사이의 각도를 사용하여 유사도를 측정하는 방법을 코사인 유사도Cosine Similarity라고 부릅니다. 가령 1은 두 벡터가 완전히 같은 방향임을 나타내며, 0은 서로 관련이 없음을, −1은 완전히 다른 방향임을 나타냅니다.

다음은 챗GPT의 코드 인터프리터 기능을 활용해 두 좌표 사이의 유사도를 계산한 테이블이니 참고하기 바랍니다.

Pair	유클리디안 거리	산출식	코사인 유사도	산출식
애증 − 질투	0.554	$\sqrt{((0.7-0.35)^2 + (0.7-0.27)^2)}$	0.992	$(0.7 \times 0.35 + 0.7 \times 0.27) / (\sqrt{(0.7^2 + 0.7^2)} \times \sqrt{(0.35^2 + 0.27^2)})$
애증 − 애정	0.671	$\sqrt{((0.7-0.4)^2 + (0.7-0.1)^2)}$	0.857	$(0.7 \times 0.4 + 0.7 \times 0.1) / (\sqrt{(0.7^2 + 0.7^2)} \times \sqrt{(0.4^2 + 0.1^2)})$
애증 − 미움	0.721	$\sqrt{((0.7-0.1)^2 + (0.7-0.3)^2)}$	0.894	$(0.7 \times 0.1 + 0.7 \times 0.3) / (\sqrt{(0.7^2 + 0.7^2)} \times \sqrt{(0.1^2 + 0.3^2)})$
질투 − 애정	0.177	$\sqrt{((0.35-0.4)^2 + (0.27-0.1)^2)}$	0.916	$(0.35 \times 0.4 + 0.27 \times 0.1) / (\sqrt{(0.35^2 + 0.27^2)} \times \sqrt{(0.4^2 + 0.1^2)})$
질투 − 미움	0.252	$\sqrt{((0.35-0.1)^2 + (0.27-0.3)^2)}$	0.830	$(0.35 \times 0.1 + 0.27 \times 0.3) / (\sqrt{(0.35^2 + 0.27^2)} \times \sqrt{(0.1^2 + 0.3^2)})$
애정 − 미움	0.361	$\sqrt{((0.4-0.1)^2 + (0.1-0.3)^2)}$	0.537	$(0.4 \times 0.1 + 0.1 \times 0.3) / (\sqrt{(0.4^2 + 0.1^2)} \times \sqrt{(0.1^2 + 0.3^2)})$

두 좌표 사이의 유사도

벡터 공간과 임베딩

사실, 지금까지의 설명에 벡터 공간과 임베딩에 대한 개념이 거의 다 들어 있습니다. 좌표 공간

안의 애증을 다시 한 번 보세요. 원점(0, 0)에서 아주 센 힘으로 사랑과 증오의 한 복판으로 달려가는 느낌이 듭니다. 애증이란 그런 감정이니까요. 이에 반해 질투는 그와 비슷한 방향이지만 좀 더 작은 힘으로 달려가는 느낌이 듭니다. 맞습니다. 애증보다는 약한 감정입니다. 이처럼 방향과 크기를 갖는 물리량(화살표)을 일컬어 벡터^{Vector}라고 말합니다. 그리고 벡터가 위치한 공간(여기에서는 사랑과 증오라는 두 축으로 이루어진 공간)이 벡터 공간입니다.

위의 예에서는 2차원 공간이기 때문에 감정들을 '올려 놓는' 느낌이었지만, 3차원 공간이라고 생각하면 그 공간 안의 적절한 위치에 감정들을 '끼워 넣어'야 할 겁니다. 이렇게 벡터로 언어를 표현하는 것을 임베딩이라 부르는데, 주어진 공간(여기서는 사랑, 증오의 공간) 안에 언어를 끼워 넣는 모습을 상상하면 어렵지 않게 이해할 수 있습니다.

고차원 공간에서의 임베딩

인간의 직관으로는 3차원 이상의 공간을 상상하기가 힘듭니다. 하지만 사랑, 증오뿐만 아니라, 기쁨, 슬픔, 연민 등으로 감정의 차원을 확대하는 것은 상상하기 쉽습니다. 거기다가 컴퓨터에게 3차원과 100차원이라는 공간은 컴퓨팅 파워만 좀 더 소모될 뿐 별반 다르지 않습니다. 따라서 언어를 표현할 수 있는 차원을 늘려간다면, 가령 '질투'라는 감정은 보다 미묘하고 다양하게 표현될 것입니다.

언어 모델도 이와 같은 원리로 작동합니다. 임베딩 처리를 잘하는 언어 모델은 자연스러운 문장을 생성할 가능성이 매우 큽니다. 예를 들어, n차원의 공간에서 "나는 오늘 그녀와 헤어져서"가 적절히 임베딩된다면 다음 단어로 "슬프다"가 높은 확률로 생성될 것입니다. 이러한 점 때문에 임베딩은 자연어 처리 영역에서 컴퓨터가 언어를 이해하는 핵심 원리로 꼽힙니다.

2. 인간이 임베딩을 대하는 방법

위 설명에는 간과하지 말아야 할 맹점이 하나 있습니다. 벡터 공간을 구성할 때 각 차원에 '사랑'이나 '증오'같은 의미를 부여할 수 있다거나, 벡터의 각 차원이 무엇을 뜻하는지 명확히 이해할 수 있을 거라는 오해입니다. 앞에서의 설명은 임베딩의 개념을 알기 쉽게 이해하기 위해 임의로 고안한 예시일 뿐입니다. 임베딩은 수많은 기계적 연산을 통해 이루어지는 데이터 변환 과정이며, 따라서 각 차원이 직관적으로 이해할 수 있는 개념을 갖고 있다고 말하기는 대단히 어렵습니다.

Tip. t-SNE 같은 차원 축소 알고리즘을 사용하면 고차원의 벡터 공간에 대한 이해를 도울 수 있습니다. 하지만 이러한 방법도 벡터 공간의 데이터에 대한 구체적인 해석을 제공하는 것이 아니라, 전체 데이터 구조나 패턴을 시각적으로 이해하는 데 사용됩니다.

Word2Vec vs 트랜스포머

다음은 임베딩을 생성하는 2가지 방법으로 Word2Vec과 트랜스포머가 있습니다. 먼저 Word2Vec는 2013년에 처음 소개된 알고리즘으로, 인접한 단어들을 예측하는 과정에서 학습된 히든 레이어의 가중치를 임베딩 벡터로 사용합니다. 구현 방법이 비교적 간단하고 수행 속도는 빠르지만, 문맥을 반영하지 못하는 한계가 있습니다.

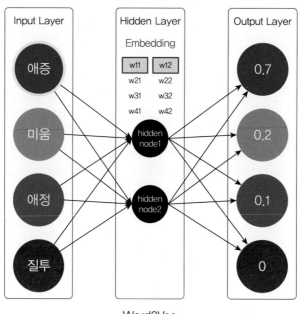

Word2Vec

반면, 2017년에 발표된 **트랜스포머**Transformer는 문맥을 고려한 고급 임베딩을 제공합니다. n차원의 벡터 공간에 단어, 문장, 심지어는 책까지도 임베딩할 수 있습니다. 쉽게 말하면, 한 마디 감탄사나 한 권의 책이나 똑같이 벡터 공간의 한 점으로 표현할 수 있다는 이야기입니다. 그렇게 되면 "왕자님과 행복하게 잘 살았어."라는 말과 의미론적으로 가장 가까운 책으로 『신데렐라』를 찾을 수도 있을 겁니다. 이러한 이유로 최근에는 트랜스포머 계열의 임베딩 모델을 사용하는 것이 일반적인 추세입니다.

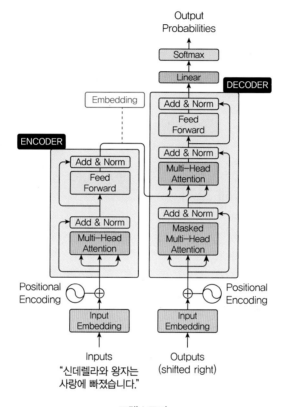

트랜스포머

트랜스포머는 인코더와 디코더로 구성되어 있습니다. 이 가운데 인코더는 입력된 언어를 이해하고, 디코더는 이해한 내용을 바탕으로 응답을 생성합니다. 이런 이유로 인코더의 최종 출력값에 입력된 언어의 정보가 효과적으로 압축되어 있는 것으로 간주됩니다. 임베딩 모델을 만들 때 트랜스포머의 인코더 레이어가 자주 활용되는 것도 이러한 이유 때문입니다.

실험을 통한 판단

Word2Vec과 트랜스포머 모두 인공신경망에 기반을 둔 알고리즘입니다. 인공신경망은 여러 레이어의 집합으로 구성되어 있으며, 그 내부에는 수많은 가중치가 들어 있습니다. 따라서 언어 모델의 관점에서 인공신경망을 바라보면, 이 가중치들은 결국 n차원의 임베딩 벡터로 해석될 수 있습니다. 이때 차원 수 n은 모델을 설계하는 사람이 결정합니다.

앞서도 말했지만 이 차원들이 어떤 의미를 지니는지는 구체적으로 정의하기 어렵습니다. 따라서 임베딩의 효율성과 정확성은 실험을 통해 귀납적으로 평가되어야 하며, 실험 결과가 만족스럽다면 벡터 공간에 언어(단어, 구, 절, 문장, 문단, 텍스트 등)들이 적절히 임베딩된다고 판단하는 것이 일반적입니다.

3. 임베딩 모델 사용해 보기

오픈AI의 임베딩 모델을 사용해 언어들 사이의 유사도를 측정해 보겠습니다.

오픈AI 텍스트 임베딩 모델

text-embedding-ada-002는 트랜스포머 기반으로 학습되어 고품질의 임베딩을 제공하며 API 형태로 쉽게 사용할 수 있습니다. 다음은 text-embedding-ada-002의 사양입니다.

MODEL NAME	TOKENIZER	MAX INPUT TOKENS	OUTPUT DIMENSIONS
text-embedding-ada-002	cl100k_base	8191	1536

text-embedding-ada-002의 사양
(출처: platform.openai.com/docs/guides/embeddings/what-are-embeddings)

> 💡Tip. 오픈 AI에서는 가격과 성능 측면에서 text-embedding-3 모델을 추천합니다. 하지만 유사도의 분포가 직관적이지 않고, 실습 예제에 적합하지 않은 점 등을 고려해 이 책에서는 text-embedding-ada-002를 선택하였으니 참고하기 바랍니다.

1536차원의 벡터 공간에 임베딩하는 모델이며, 최대 토큰 수는 8191이라고 나와 있습니다. 참고로 가격은 1000토큰당 0.0001 달러입니다. 사용법은 매우 간단합니다.

임베딩 모델 테스트 | 파일 chapter12/text_ada_test.py

```python
from openai import OpenAI
import os

client = OpenAI(api_key=os.getenv("OPENAI_API_KEY"))

message = "신데렐라와 왕자는 사랑에 빠졌습니다."
result = client.embeddings.create(input=message, model="text-embedding-ada-002").
model_dump()
print(result)
```

```
{
  "data": [
    {
      "embedding": [
        -0.0010260569397360086,
        -0.019978946074843407,
        -0.009299411438405514,
      ... 총 1536개 ...
      ],
      "index": 0,
      "object": "embedding"
    }
  ],
  "model": "text-embedding-ada-002-v2",
  "object": "list",
  "usage": {
    "prompt_tokens": 23,
    "total_tokens": 23
  }
}
```

임베딩을 얻을 문자열을 input으로 넣고 모델명을 설정한 후 임베딩 API를 호출하기만 하면 됩니다. 출력 결과를 보면 embedding 리스트에 있는 값들이 벡터 값들입니다. text-embedding-ada-002는 차원이 1536개이므로 1536개의 값을 담고 있습니다. 만일 input 값으로 여러 문자열을 리스트로 넘기면, 한 번에 임베딩을 산출한 후 각각에 대해 index를 부여하여 반환합니다.

신데렐라와 동화책의 코사인 유사도

언어 사이의 유사도를 구할 때 코사인 유사도를 자주 사용합니다. 언어 데이터에서는 문장의 길이나 단어의 빈도보다는 그것이 지향하는 방향이 그 의미를 더 잘 담아내기 때문입니다. 어떤 사안에 대해 두 견해가 얼마나 비슷한지 따질 때 문장의 길이나 발언의 강도 등 표현 방법보다는 관점이 얼마나 유사한지를 묻는다는 사실을 떠올리면 쉽게 이해할 수 있는 대목입니다.

다음의 예시는 코사인 유사도를 활용하여, 신데렐라 이야기는 동화책에 가깝고, 컴퓨터 구조에 대한 설명은 기술 서적에 가깝다고 판단하는 코드입니다.

코사인 유사도 활용 | 파일 chapter12/similarity_test.py

```python
from openai import OpenAI
import os
import scipy.spatial.distance as ssd

client = OpenAI(api_key=os.getenv("OPENAI_API_KEY"))

신데렐라이야기 = """
신데렐라는 어려서 부모를 잃고 불친절한 새어머니와 언니들과 삽니다. 요정 대모님의 마법으로 왕자님
의 무도회에 참석합니다. 밤 12시가 되면 마법이 풀린다는 조건 하에 왕자님과 춤을 추고, 서둘러 도망
치면서 유리구두 하나를 잃습니다. 왕자님은 유리구두를 가지고 신데렐라를 찾아 결혼하게 됩니다.
"""

컴퓨터구조설명 = """
컴퓨터 구조는 CPU, 메모리, 입출력 장치 등으로 구성되며, 이들은 버스로 연결됩니다. CPU는 명령어
를 실행하고, 메모리는 데이터와 프로그램을 저장합니다. 입출력 장치는 사용자와 시스템 간의 상호작
용을 담당합니다. 이 구성 요소들은 소프트웨어와 하드웨어의 효율적인 동작을 위해 설계되었습니다.
"""

embedding_model = "text-embedding-ada-002"

신데렐라이야기_vector = client.embeddings.create(input=신데렐라이야기, model=embedding_
model).data[0].embedding
컴퓨터구조설명_vector = client.embeddings.create(input=컴퓨터구조설명, model=embedding_
model).data[0].embedding

동화책_vector = client.embeddings.create(input="동화책", model=embedding_model).data[0].
embedding
기술서적_vector = client.embeddings.create(input="기술서적", model=embedding_model).
data[0].embedding
```

```
print("신데렐라이야기-동화책:", 1-ssd.cosine(신데렐라이야기_vector, 동화책_vector))
print("컴퓨터구조설명-동화책:", 1-ssd.cosine(컴퓨터구조설명_vector, 동화책_vector))
print("신데렐라이야기-기술서적:", 1-ssd.cosine(신데렐라이야기_vector, 기술서적_vector))
print("컴퓨터구조설명-기술서적:", 1-ssd.cosine(컴퓨터구조설명_vector, 기술서적_vector))
```

코드의 가독성을 위해 변수명에 한글을 사용했습니다. 코사인 유사도 산출 함수는 scipy 패키지를 활용했습니다. scipy 패키지의 **cosine** 함수는 얼마나 두 벡터가 다른지에 대해 반환하므로 1을 빼주는 코드를 추가했습니다. 다음은 실행 결과입니다.

```
신데렐라이야기-동화책: 0.8132744323988262
컴퓨터설명-동화책: 0.7563345806207117
신데렐라이야기-기술서적: 0.7588294961939557
컴퓨터설명-기술서적: 0.8009804369457367
```

예상했던 대로 (신데렐라 이야기, 동화책), (컴퓨터 구조 설명, 기술 서적) 사이의 유사도는 높게 나타난 반면, (컴퓨터 구조 설명, 동화책), (신데렐라 이야기, 기술 서적)의 유사도는 상대적으로 낮게 나타났습니다.

4. 벡터DB의 필요성

앞서 다룬 코사인 유사도의 원리는 우리가 구현하려는 기억을 떠올리는 과정과 같습니다. 짧은 대화로부터 과거에 나눈 긴 대화를 떠올리는 것이 채팅을 통해 기억을 떠올리는 일반적인 과정이기 때문입니다. 다음 대화를 보면 며칠 전에 민지와 고비가 아이유의 신곡에 대해 이야기를 나누었던 것을 짐작할 수 있습니다.

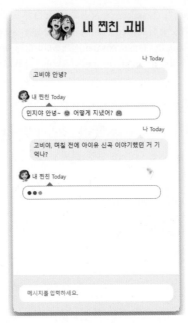

내 찐친 고비

나 Today

고비야 안녕?

내 찐친 Today

민지야 안녕~ 😊 어떻게 지냈어? 😄

나 Today

고비야, 며칠 전에 아이유 신곡 이야기했던 거 기억나?

내 찐친 Today

●●●

메시지를 입력하세요.

기억이 필요한 대화

여기에 대해 답을 하려면 MongoDB에 대화를 저장하는 것만으로는 충분하지 않습니다. 문자열 매칭을 통해서 해결될 수 있는 문제가 아니기 때문입니다. 따라서 벡터 값을 데이터베이스에 저장하고 그것들을 유사도에 따라 빠르고 효율적으로 검색하는 장치가 필요합니다. 그러한 역할을 하는 솔루션이 바로 벡터DB^{Vector Database}입니다.

벡터DB 접근 방식

Pinecone은 높은 성능과 쉬운 사용성으로 전 세계적으로 주목받고 있는 벡터DB 중 하나입니다. MongoDB Atlas처럼 설치가 필요 없는 클라우드형 서비스로서 API를 통해 무료로 사용할 수 있어 우리 챗봇에도 Pinecone을 적용할 예정입니다. 다음은 Pinecone 사이트에서 설명하는 벡터DB의 접근 방식을 앞에서 실습한 예제를 적용하여 재구성한 다이어그램입니다.

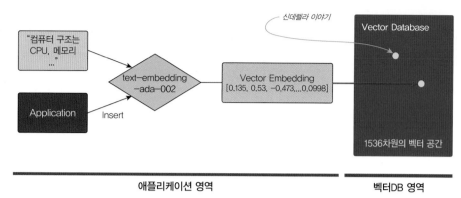

데이터 생성 시점 (출처: pinecone.io/learn/vector-database)

데이터 생성 시점에서는 오픈AI의 API를 호출하여 임베딩 벡터를 만드는 것까지 앞서 실습했던 내용과 동일합니다. 따라서 Pinecone API를 사용하여 벡터DB에 데이터를 insert하는 부분만 추가하면 됩니다.

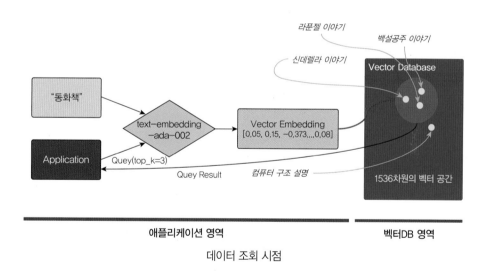

데이터 조회 시점

신데렐라 이야기와 컴퓨터 구조 설명 외에 라푼젤과 백설공주 데이터도 추가된 것을 가정한 다이어그램입니다. '동화책'이라는 단어와 유사도가 높은 3건의 데이터를 가져오는 예시입니다. 참고로 벡터DB 자체는 벡터 값을 산출하는 기능은 없습니다.

벡터DB의 주요 기능은 벡터 데이터를 효율적으로 관리하고 빠르게 검색할 수 있는 솔루션을 제공하는 것입니다. 검색에 사용되는 유사도의 종류는 벡터의 차원 수와 함께 데이터베이스를 생성할 때 정하는 옵션이며, 코사인 유사도, 유클리디안 디스턴스, 벡터의 내적 3가지 중 하나를 고를 수 있습니다.

5. Pinecone DB 맛보기

Pinecone에 가입하여 벡터DB를 사용하겠습니다.

인덱스 생성하기

01 pinecone.io에 접속해서 회원가입을 한 후에 다음 화면이 나오면 [Create Index]를 클릭하세요.

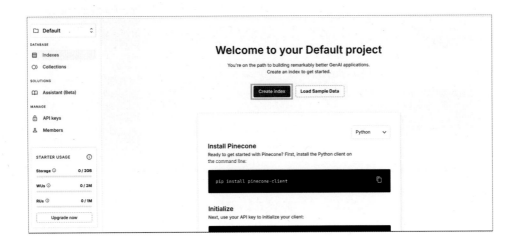

02 다음과 같이 각 항목을 입력한 후 오른쪽 하단의 [Create Index] 버튼을 클릭해 주세요. 인덱스 이름은 jjinchin-memory로 하고, 차원 수는 임베딩 모델인 text-embedding-ada-002의 출력과 동일한 1,536으로, 유사도 측정 방법은 consine으로 설정하겠습니다.

Environment 및 API 키 얻기

01 Index가 생성되면 Environment와 API 키를 복사해 두세요.

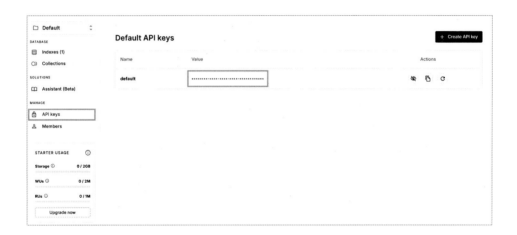

02 복사한 값 중 API 키는 환경변수로 등록하세요.

```
echo 'export PINECONE_API_KEY="da9a4ea7-d585-4222-8901-12393a0f10b3"' >> ~/.bashrc
source ~/.bashrc
```

동화책과 기술 서적 pinecone에 저장해 보기

앞에서 다루었던 동화책과 기술 서적 예시를 pineconeDB를 통해 적용해 보겠습니다. 먼저 Pincone 객체의 Index 메서드를 사용하여 조금 전 생성한 인덱스를 가져옵니다.

Index 얻기 | 파일 chapter12/pinecone_test.py

```python
from openai import OpenAI
import os
from pinecone.grpc import PineconeGRPC as Pinecone
import time

pinecone_api_key = os.getenv("PINECONE_API_KEY")
client = OpenAI(api_key=os.getenv("OPENAI_API_KEY"))

pinecone = Pinecone(api_key=pinecone_api_key)
index = pinecone.Index('jjinchin-memory')
```

다음으로 앞서 했던 것과 동일한 방식으로 오픈AI의 임베딩 API를 활용하여 각 문서의 벡터 값을 산출합니다.

벡터 변환 | 파일 chapter12/pinecone_test.py

```python
text1 = """
신데렐라는 어려서 부모를 잃고 불친절한 새어머니와 언니들과 삽니다. 요정 대모님이 마법으로
왕자님의 무도회에 참석합니다. 밤 12시가 되면 마법이 풀린다는 조건 하에 왕자님과 춤을 추고,
서둘러 도망치면서 유리구두 하나를 잃습니다. 왕자님은 유리구두를 가지고 신데렐라를 찾아 결혼
하게 됩니다.
"""
text2 = """
컴퓨터 구조는 CPU, 메모리, 입출력 장치 등으로 구성되며, 이들은 버스로 연결됩니다. CPU는
명령어를 실행하고, 메모리는 데이터와 프로그램을 저장합니다. 입출력 장치는 사용자와 시스템 간의
상호작용을 담당합니다. 이 구성 요소들은 소프트웨어와 하드웨어의 효율적인 동작을 위해 설계되었
습니다.
"""

vector1 = client.embeddings.create(input=text1, model="text-embedding-ada-002").data[0].embedding
vector2 = client.embeddings.create(input=text2, model="text-embedding-ada-002").data[0].embedding
```

이렇게 얻은 벡터 값을 파인콘 API를 활용하여 벡터DB에 저장합니다.

벡터 DB 저장 | 파일 chapter12/pinecone_test.py

```
index.upsert([("id1", vector1, {"input_date": "20230801"})])
index.upsert([("id2", vector2, {"input_date": "20230801"})])
```

코드에서 볼 수 있는 것처럼 Index의 upsert 메서드를 사용해 vector 값을 pinecone 데이터베이스에 저장했습니다. 이때 첫 번째 인자는 벡터 데이터의 식별값, 두 번째 인자는 벡터값 자체, 세 번째 인자는 메타 데이터입니다. 메타 데이터는 검색 시 필터 역할을 합니다. 이 경우 input_date와 일치하는 값에 중에서 유사한 데이터를 가져옴으로써 검색의 효율성을 높일 수 있습니다.

코딩을 마쳤으면 [터미널]탭에서 "python3 pinecone_test.py"로 프로그램을 실행한 후 pinecone 사이트에서 저장된 데이터를 확인합니다. 실행 시 뜨는 경고 문구는 무시해도 좋습니다.

저장된 데이터 확인

정상적으로 저장된 것이 확인되면, pinecone 데이터베이스에 데이터를 검색해옵니다. Index의 query 메서드를 사용해서 유사도가 높은 순서대로 top_k 건수만큼 조회하도록 했으며, 메타 데이터로 필터링함으로써 검색의 효율성을 높였습니다.

```python
query = "동화책"
query_vector = client.embeddings.create(input=query, model="text-embedding-ada-002").
data[0].embedding

search_response = index.query(filter={"input_date": "20230801"}, top_k=2,
vector=query_vector)
print("search_response:", search_response)
```

```
search_response: {'matches': [{'id': 'id1', 'score': 0.755320311, 'values': []},
                              {'id': 'id2', 'score': 0.694181383, 'values': []}],
                  'namespace': ''}
```

수행 결과, 저장했던 데이터의 식별 값과 유사도 값이 잘 출력된 것을 확인할 수 있습니다.

****

지금까지 컴퓨터가 어떻게 인간의 언어를 이해하는지 살펴보았습니다. 이를 바탕으로 자연어를 검색하고 저장하는 방법에 대해서도 알아보았습니다. 실험을 하다 보면 자연어를 벡터로 변환해 유사도를 측정한 결과가 예상과 다른 경우가 종종 있습니다. 여러 이유가 있겠지만, 보다 명확한 의미를 갖는 텍스트로 임베딩할 필요가 있는 경우도 있고, 챗GPT의 도움이 필요할 때도 있습니다.

다음 챕터에서는 지금까지 학습한 내용을 바탕으로 '내 찐친 고비'에게 기억을 부여하는 방법을 구체적으로 설명하고 구현하겠습니다. 그 과정에서 어떻게 하면 검색된 결과를 효율적으로 사용할 수 있는지도 함께 알아보겠습니다.

13 기억을 동작시키는 방법

챗봇에 기억을 장착하려면 지난 시간에 소개한 내용 이외에도 구현할 내용이 많습니다. 대화를 나누다가 기억이 필요하면 데이터베이스에서 검색해오는 것은 물론, 테스트를 위해 임의의 기억을 일괄 생성하거나, 매일 나눈 대화 내용을 기억으로 변환하는 작업도 필요합니다. 이번에는 이러한 내용을 어떻게 구현할지 설계도로 한 꼭지씩 제시하고, 거기에 맞추어 코드를 작성하는 방법으로 진행하겠습니다.

| 학습 목표

● 도큐먼트DB와 벡터DB를 활용하여 과거의 대화 내용을 바탕으로 사용자 질의에 대한 답변을 생성할 수 있습니다. 데몬을 사용해 대화 내용을 주기적으로 저장할 수 있습니다.

| 핵심 키워드

● PineconeDB

● MongoDB

● 데몬

1. 대화 일괄 생성

과거의 기억을 떠올리는 프로세스를 개발하고 테스트하려면 임의의 기억이 필요합니다. 따라서 다음과 같은 방법으로 임의의 기억을 일괄적으로 생성합니다.

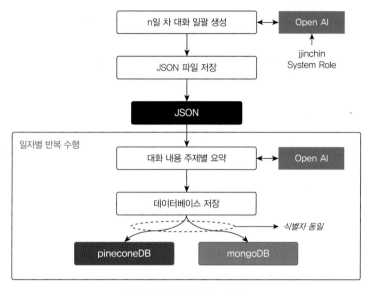

기억을 일괄 생성하는 방법

대화 내용은 많을수록 좋지만 비용과 수행 시간의 효율성을 고려해 5일치를 만들겠습니다.

5일치 대화 생성하기

프롬프트에 생성할 대화 형식을 제시하고 하루당 30개의 대화를 만들도록 했습니다. 그런 다음 jjinchin의 시스템 역할 중 일부를 붙여 넣었습니다.

5일치 대화 생성 | 파일 chapter13/make_conversations.py

```
import json
from common import client, model

prompt = """
- 민지와 그녀의 인공지능 챗봇 친구인 고비 사이의 대화 데이터를 만들어야 합니다.
```

```
- 샘플 형식은 아래와 같은 JSON 타입입니다.
```
```
{
    "data":
        [
            {"민지": "고비야 안녕?"},
            {"고비": "민지야! 안녕! 어떻게 지내?"},
            {"민지": "잘 지내. 뭐하고 있어?"},
            {"고비": "음악 만들고 있어! 넌 뭐해?"},
            {"고비": "난 지금 텔레비전 보고 있어"}
        ]
}
```
```
대화 데이터 세트는 총 30개여야 합니다.
```
```
고비에게 부여된 역할은 다음과 같습니다:
당신은 26세의 유쾌한 대중음악 작곡가 고비이며, 마케터인 김민지의 절친입니다.
인사할 때는 "민지야"라는 말을 붙이며 가볍게 인사합니다.
민지가 언급하는 내용에 대해 세심한 주의를 기울이며, 관련성 있고 구체적인 답변을 합니다.
현재 대화의 흐름에 집중하기 위해 관련 없는 임의의 주제를 소개하는 것을 피합니다.
"""
```

5일치를 만들 것이므로 다음과 같이 5번 성공할 때까지 반복 수행하도록 했습니다. API 수행 중 오류가 발생하는 경우에는 성공 횟수를 증가시키지 않았습니다. 결과는 파일로 저장했습니다. 혹시 이후 작업에서 실패하더라도 한 번 생성한 대화 내용을 다시 사용하려는 목적입니다.

jjinchin의 시스템 역할 추가 | 파일 chapter13/make_conversations.py

```python
conversations = []
context = [{"role": "system", "content": "당신은 유능한 극작가입니다."},
           {"role": "user", "content": prompt}]


successful_runs = 0
while successful_runs < 5:
    try:
        response = client.chat.completions.create(
                model=model.basic,
                messages=context,
                temperature=1,
                response_format={"type": "json_object"}
        ).model_dump()
        content = response['choices'][0]['message']['content']
```

```
        print(content)

        # JSON 로드
        conversation = json.loads(content)["data"]
        print(f"{successful_runs}번째 종료\n")
        conversations.append(conversation)
        successful_runs += 1
    except Exception as e:
        print("예외 발생, 재시도합니다.", e)

# conversations 리스트를 JSON 파일로 저장
with open('대화원천내용.json', 'w', encoding='utf-8') as f:
    json.dump(conversations, f, ensure_ascii=False, indent=4)
```

다음은 프로그램을 수행하고 난 후의 파일 내용입니다.

프로그램 수행 후의 파일 내용 | 파일 chapter13/대화원천내용.json

```
[
    [
        {
            "민지": "고비야 안녕?"
        },
        {
            "고비": "민지야! 안녕! 어떻게 지내?"
        },
        {
            "민지": "잘 지내. 뭐하고 있어?"
        },
        {
            "고비": "음악 만들고 있어! 넌 뭐해?"
        },
        {
            "민지": "난 오늘 카페에서 책을 읽고 있어."
        },
        {
            "고비": "어떤 책을 읽고 있니?"
        },
...중략...
    ]
]
```

2. 기억을 구조화하는 방법

앞서 배웠듯이 컴퓨터가 언어를 다루기 위해서는 벡터로 만들어 임베딩해야 합니다. 그런데 일상 대화를 임베딩하려니 한 가지 고민이 생깁니다. 어떤 단위로 끊어서 벡터로 만들 것이냐는 고민입니다.

가장 먼저 떠오르는 해법이 일자별로 끊어서 임베딩하는 방법입니다. 하지만 일상에서 하룻동안 나눈 대화를 통째로 벡터 공간 속의 한 점으로 표현하면, 깔끔하게 임베딩될 것 같지 않다는 느낌이 듭니다. 설사 매일 다른 주제로 밀도 있게 대화를 나누어서 임베딩이 잘 되었다고 하더라도, 하루치 전체 대화가 검색될 것이므로 그 양이 너무 많습니다.

다른 방법으로는 대화 턴을 10개씩 끊고, 앞뒤로 한두 개의 대화 턴을 오버래핑시켜 임베딩하는 것을 생각할 수 있습니다. 이와 같은 방법을 chunk-overlap 텍스트 분할 방식이라고 합니다.

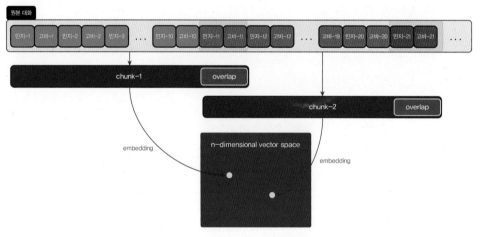

chunk-overlap 텍스트 분할 방식

하지만 주제나 형식으로 구조화되어 있지 않은 일상의 대화를 10개씩 끊는다는 것은 그리 효과적인 방법이 아닌 것 같습니다.

Tip. 벡터DB에 데이터를 넣을 때 작은 덩어리로 분할하는 행위를 chunking이라고 하고, 분할된 데이터는 chunk라고 합니다.

이러한 문제를 해결하기 위해 이 책에서는 주제별로 원본 대화를 최대한 유지하면서 요약하는 방법을 사용했습니다. 다음은 대화를 요약하는 프롬프트입니다. 주제를 명시하고, 원본의 내용을 유지하며 요약하라고 요청했습니다.

대화 요약 프롬프트 | 파일 chapter13/summarize_conversations.py

```python
from common import client, model
import json
from retry import retry


system_role = """
당신은 사용자의 메시지를 JSON 형식으로 대화 내용을 주제별로 요약하는 기계입니다.
1. 주제는 구체적이며 의미가 있는 것이어야 합니다.
2. 요약 내용에는 '민지는...', '고비는...'처럼 대화자의 이름이 들어가야 합니다.
3. 원문을 최대한 유지하며 요약해야 합니다.
4. 주제의 갯수는 무조건 5개를 넘지 말아야 하며 비슷한 내용은 하나로 묶어야 합니다.
```
{
    "data":
            [
                {"주제":<주제>, "요약":<요약>},
                {"주제":<주제>, "요약":<요약>},
            ]
}
"""
```

---

사실 '주제'는 프로그램에서 사용할 것도 아닙니다. 그런데도 이와 같이 프롬프팅한 까닭은 요약에 방점이 있다기보다는 흐릿한 일상의 대화를 특징별로 분리하여 '뾰족'하게 재구성하는 데 그 목적이 있기 때문입니다. 그러면서도 대화의 내용은 최대한 살리라고 프롬프팅했습니다. 주제의 개수를 제한한 것도, 텍스트가 너무 잘게 나뉘어 그 의미가 흐려지는 것을 방지하기 위해서입니다.

> **Tip.** 원본 대비 몇 퍼센트로 요약할지, 몇 개의 주제로 나눌지는 실험을 통해 적절한 값을 찾아야 합니다. 만일 원문을 최대한 살리고 싶다면 다음과 같이 프롬프팅해도 됩니다.
> {"주제":<주제>, "요약":<요약>, "대화원본":<큰따옴표를 제거한 대화원본>}

민지와 고비의 이름이 들어가도록 한 이유는, 기억을 되살릴 때 누가 한 말인지 아는 것이 검색에 유리하기 때문입니다. 다음은 일자별(5건)로 저장된 원천 대화에 조금 전 소개한 요약 프롬프트를 적용해 파일로 저장하는 코드입니다.
```

요약 프롬프트 | 파일 chapter13/summarize_conversations.py

```python
with open("대화원천내용.json", "r", encoding="utf-8") as f:
    conversations = json.load(f)

summaries = []

@retry(tries=5, delay=2)
def summarize(conversation):
    try:
        conversation_str = json.dumps(conversation, ensure_ascii=False)
        message = [
            {"role": "system", "content": system_role},
            {"role": "user", "content": conversation_str}
        ]
        response = client.chat.completions.create(
                    model=model.basic,
                    messages=message,
                    temperature=0,
                    response_format={"type": "json_object"}
                ).model_dump()
        content = response['choices'][0]['message']['content']
        print(content)

        # JSON 로드
        summary = json.loads(content)
        summaries.append(summary["data"])

    except Exception as e:
        print("예외 발생, 재시도합니다.")
        raise e

for conversation in conversations:
    summarize(conversations)

# conversations 리스트를 JSON 파일로 저장
with open('대화 내용요약.json', 'w', encoding='utf-8') as f:
    json.dump(summaries, f, ensure_ascii=False, indent=4)
```

대화 생성과 마찬가지로 API 호출 과정에서 오류가 발생할 수 있어 최대 5번까지 시도하도록
했습니다. 다음은 프로그램 수행 후 결과 파일의 일부입니다.

대화 생성 결과 일부 | 파일 chapter13/대화 내용 요약.json

```
[
    [
        {
            "주제": "음악과 책",
            "요약": "민지는 카페에서 소설을 읽고 있고, 고비는 음악을 만들고 있다. 둘은 음악과
소설이 감정을 자아내는 데 도움이 된다고 이야기한다."
        },
        {
            "주제": "음악과 감정",
            "요약": "고비는 음악을 통해 민지의 감정에 다가가고, 민지는 고비의 말 한 마디가 영
감이 된다고 말한다. 둘은 음악과 기술을 이어 세상을 아름답게 만들 수 있다고 상상한다."
        },
        {
            "주제": "음악과 친구",
            "요약": "고비는 민지를 위한 곡을 만들고, 둘은 서로를 최고의 친구로 생각한다. 둘은
함께 행복한 순간을 만들기로 한다."
        },
        {
            "주제": "음악과 식사",
            "요약": "고비와 민지는 일본식 식사를 하기로 하고, 스시를 먹기로 한다. 둘은 함께
식사를 즐기며 즐거운 대화를 나눈다."
        },
        {
            "주제": "음악과 영화",
            "요약": "민지는 영화를 추천하고, 고비는 민지의 기분이 울적할 때 음악을 듣고 힘내
라고 조언한다."
        }
    ],
...중략...
]
```

3. 데이터베이스에 기록하기

지금까지 만든 파일의 내용을 데이터베이스에 기록하겠습니다.

일괄 생성된 대화 저장하기

다음은 기억으로 요약한 내용을 MongoDB에 넣고 벡터화하여 PineconeDB에 넣는 코드입니다. 코드를 실행하기 전에 Chapter 11에서 학습한 내용을 참고해서 MongoDB에 **"memory"**라는 클러스터를 추가하기 바랍니다.

요약 내용 추가 | 파일 chapter13/insert_memory.py

```python
from openai import OpenAI
import os
from pinecone.grpc import PineconeGRPC as Pinecone
from pymongo import MongoClient
import json

client = OpenAI(api_key=os.getenv("OPENAI_API_KEY"))

pinecone = Pinecone(api_key=os.getenv("PINECONE_API_KEY"))
pinecone_index = pinecone.Index("jjinchin-memory")

mongo_cluster = MongoClient(os.getenv("MONGO_CLUSTER_URI"))
mongo_memory_collection = mongo_cluster["jjinchin"]["memory"]

embedding_model = "text-embedding-ada-002"

with open("대화 내용요약.json", "r", encoding="utf-8") as f:
    summaries_list = json.load(f)

mongo_memory_collection.delete_many({})

next_id = 1

for list_idx, summaries in enumerate(summaries_list):
    date = f"202308{list_idx+1:02}"

    for summary in summaries:
        vector = client.embeddings.create(
            input=summary["요약"],
            model=embedding_model
        ).data[0].embedding

        metadata = {"date": date, "keyword": summary["주제"]}
        upsert_response = pinecone_index.upsert([(str(next_id), vector, metadata)])
```

```
        query = {"_id": next_id}
        newvalues = {"$set": {"date": date, "keyword": summary["주제"], "summary" :
summary["요약"]}}
        mongo_memory_collection.update_one(query, newvalues, upsert=True)

        if (next_id) % 5 == 0:
            print(f"id: {next_id}")

        next_id += 1
```

기억을 되살리려면 유사도를 이용해 벡터를 검색한 후 거기에 대응되는 원천 텍스트를 가져와
야 합니다. 이런 점 때문에 두 데이터베이스의 식별자를 동일하게 맞추었습니다. 이 책에서는
하루 단위로 기억을 만듭니다. 따라서 기억을 만들기 전에 해당 날짜로 만들어진 데이터가 있
으면 모두 지워야 하기 때문에 날짜 정보도 함께 저장했습니다. 한편, 주제는 추후 사용될 가능
성도 있겠지만, 당장은 두 데이터베이스에 데이터가 제대로 들어갔는지 눈으로 점검하기 위한
용도로 넣었습니다.

저장된 데이터 확인하기

01 [터미널] 탭에서 다음과 같이 명령을 실행합니다.

```
python3 insert_memory.py
```

02 성공적으로 실행되었으면 MongoDB Atlas와 Pinecone 사이트에 접속해서 데이터를
확인하세요. 다음과 같이 두 데이터베이스에 동일한 식별값으로 데이터가 생성됩니다.
MongoDB에는 요약 원문이, PineconeDB에는 벡터 값이 들어 있는 것을 확인할 수 있
습니다.

_id: 1
date: "20230801"
keyword: "음악과 책"
summary: "민지는 카페에서 소설을 읽고 있고, 고비는 음악을 만들고 있다. 둘은 음악과 소설이 감정을 자아내는 데 도움이 된다고 이야기한..."

MongoDB에 들어간 요약 원문

ID   VALUES
1   -0.016668072, -0.0254051574, 0.0299557243, -0.0321399942, -0.0243130215, 0.0286815651, -0.0205295514, 0.00191773835, -0.0129626114,

METADATA
date: "20230801"
keyword: "음악과 책"

PineconeDB에 들어간 벡터 값

4. 실시간으로 기억 검색하기

지금까지 잘 따라왔다면, 실시간으로 기억을 저장하거나, 저장한 기억을 떠올리는 방법을 대략 상상할 수 있을 거라 생각합니다.

1 민지의 대화가 과거의 기억을 떠올리는 것인지 벡터DB에서 찾는다.

2 벡터DB에서 찾았다면 그것에 대응하는 MongoDB의 텍스트 데이터를 검색한다.

3 검색된 텍스트 데이터를 바탕으로 답변을 생성한다.

그런데 모든 대화에 대해 기억을 검색할 필요는 없습니다. 거기에 더해 벡터 유사도 측정 결과가 늘 믿을 만한 것은 아닙니다. 이런 이유 때문에 기억을 검색하기 앞뒤로 챗GPT의 도움을 구하는 게 좋습니다. 다음은 내 친구 고비가 기억을 검색해오는 프로세스입니다.

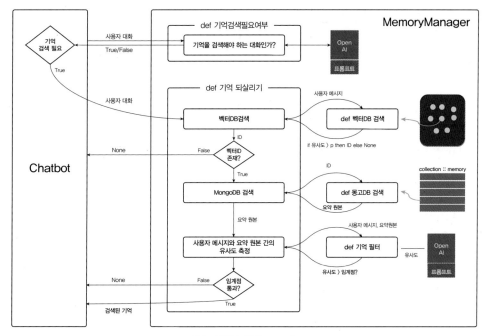

기억 검색을 위한 프로세스

memory_manager.py의 **MemoryManger** 클래스에 위의 메서드들을 추가하겠습니다.

기억이 필요한지 판단하기

다음은 기억을 떠올리기 위해 벡터DB를 검색할 필요가 있는 질문인지 판단하는 프롬프트와
메서드입니다.

데이터베이스 가져오기 | 파일 chapter13/memory_manager.py

```
from pymongo import MongoClient
import os
from common import client, model, today, yesterday, currTime
from pinecone.grpc import PineconeGRPC as Pinecone
import json

pinecone = Pinecone(api_key=os.getenv("PINECONE_API_KEY"))
pinecone_index = pinecone.Index("jjinchin-memory")
```

```
mongo_cluster = MongoClient(os.getenv("MONGO_CLUSTER_URI"))
mongo_chats_collection = mongo_cluster["jjinchin"]["chats"]
mongo_memory_collection = mongo_cluster["jjinchin"]["memory"]
embedding_model = "text-embedding-ada-002"

# 아래 사용자 질의가 오늘 이전의 기억에 대해 묻는 것인지 참/거짓으로만 응답하세요.
NEEDS_MEMORY_TEMPLATE = """
Answer only true/false if the user query below asks about memories before today.
```
{message}
"""
```

기억 검색 필요 여부 판단 | 파일 chapter13/memory_manager.py

```
    def needs_memory(self, message):
        context = [{"role": "user", "content": NEEDS_MEMORY_TEMPLATE.
format(message=message)}]
        try:
            response = client.chat.completions.create(
                        model=model.advanced,
                        messages=context,
                        temperature=0,
                    ).model_dump()
            print("needs_memory", response['choices'][0]['message']['content'])
            return True if response['choices'][0]['message']['content'].upper() ==
"TRUE" else False
        except Exception:
            return False
```

과거의 대화를 떠올릴 필요가 있는 대화인지 **True/False** 값을 반환하도록 했습니다. 무분별하게 데이터베이스 검색을 해서 맥락에 맞지도 않게 기억을 떠올리는 것을 방지하고, 응답 속도 저하도 최소화하려는 게 목적입니다. 이 코드에서 특이한 것이 있다면 gpt-4o 모델을 사용한다는 점입니다. gpt-4o 모델을 사용하는 까닭은 기억을 되살리는 과정의 신뢰도를 높이기 위해서입니다.

gpt-4o 모델은 gpt-4o-mini에 비해 API 가격이 비싸기 때문에 비용, 속도, 성능을 함께 고려하여 영어로 프롬프트를 작성했습니다. gpt-4o 모델이 출시되면서 다국어에 대한 효율성이 크게 향상되었지만 아직까지는 영어를 사용하는 것이 비용, 속도, 성능 모든 측면에서 가장 좋습니다.
```

데이터베이스 검색 구현하기

다음은 MongoDB와 PineconeDB를 검색하는 코드입니다.

데이터베이스에서 기억 검색 | 파일 chapter13/memory_manager.py

```python
    def search_mongo_db(self, _id):
        search_result = mongo_memory_collection.find_one({"_id": int(_id)})
        print("search_result", search_result)
        return search_result["summary"]

    def search_vector_db(self, message):
        query_vector = client.embeddings.create(input=message, model=embedding_model).
data[0].embedding
        results = pinecone_index.query(
            top_k=1,
            vector=query_vector,
            include_metadata=True,
        )
        id, score = results['matches'][0]['id'], results['matches'][0]['score']
        print("id",id, "score",score)
        return id if score > 0.7 else None
```

search_vector_db 메서드에서는 사용자 메시지를 입력 받아 임베딩을 만들어 PineconeDB
를 검색하도록 했습니다. top_k=1이라는 매개변수를 통해 미리 만들어 둔 데이터 가운데 유
사도가 가장 높은 한 건만 가져오고, 검색해온 유사도가 0.7을 초과하는 경우만 벡터ID를 반
환하도록 했습니다. 물론 이 값은 테스트하면서 조정해야 하는 값입니다. 그리고 벡터ID를
search_mongo_db 메서드에 전달해서 메모리 컬렉션에 있는 요약 내용을 반환하도록 했습
니다.

다음은 두 메서드를 연결하는 retrieve_memory 메서드입니다. 앞서 설명했던 것처럼 벡터
DB의 검색 결과를 그대로 따르는 것이 아니라 필터를 거치고 있습니다.

기억 검색 메인 메서드 | 파일 chapter13/memory_manager.py

```python
    def retrieve_memory(self, message):
        vector_id = self.search_vector_db(message)
        if not vector_id:
            return None
        memory = self.search_mongo_db(vector_id)
```

```
            if self.filter(message, memory):
                return memory
            else:
                return None
```

검색 결과 필터 구현하기

사용자의 대화와 검색한 기억이 얼마나 유사한지 챗GPT의 판단을 구하여 필터링하는 메서드를 구현한 코드입니다.

검색 결과 필터링 프롬프트 | 파일 chapter13/memory_manager.py

```
# statement1은 기억에 대한 질문입니다.
# statement2는 민지와 고비가 공유하는 기억입니다.
# statment2는 statement1에 대한 가억으로 적절한지 아래 json 포맷으로 답하세요
# {"0과 1 사이의 확률": <확률값>}
MEASURING_SIMILARITY_SYSTEM_ROLE = """
statement1 is a question about memory.
statement2 is a memory shared by '민지' and '고비'.
Answer whether statement2 is appropriate as a memory for statement1 in the following
JSON format
{"probability": <between 0 and 1>}
"""
```

검색 결과 필터링 | 파일 chapter13/memory_manager.py

```
    def filter(self, message, memory, threshhold=0.6):
        context = [
            {"role": "system", "content": MEASURING_SIMILARITY_SYSTEM_ROLE},
            {"role": "user", "content": f'{{"statement1": "민지:{message},
"statement2": {memory}}}'}
        ]
        try:
            response = client.chat.completions.create(
                model=model.advanced, #gpt-4-1106-preview
                messages=context,
                temperature=0,
                response_format={"type":"json_object"}
            ).model_dump()
            prob = json.loads(response['choices'][0]['message']['content'])
```

```
      ['probability']
              print("filter prob", prob)
      except Exception as e:
          print("filter error", e)
          prob = 0
      return prob >= threshhold
```

이러한 로직이 필요한 이유는 벡터 유사도 측정 결과가 늘 믿을 만한 것은 아니기 때문입니다. 그래서 챗GPT에게 벡터 유사도 결과의 신뢰성을 한 번 더 확인받는 로직을 넣은 겁니다. 결과를 유연하게 적용하기 위해 확률값으로 반환해달라고 요청했고 기본 임계점은 0.6으로 설정했습니다.

5. 실시간으로 기억해 내기

지금까지 만든 MemoryManger의 메서드들을 Chatbot 클래스에서 사용하는 코드를 구현하겠습니다.

귓속말 사용자 컨텐트

MemoryManger의 메서드들을 호출해서 기억을 얻어 온 다음에, 이 내용을 프롬프트에 추가하면 기억에 기초해서 답할 수 있습니다. 가장 먼저 떠오르는 방법은 답변 인스트럭션에서 추가하는 것입니다. 그런데 이렇게 하면 한 번 응답한 후에 기억이 사라지는 문제가 있습니다.

다른 대안으로는 시스템 역할에 추가하는 방법을 생각할 수 있습니다. 이 방법은 기억이 추가될수록 시스템 역할의 양이 커져 결국 시스템 역할에 기술된 다른 내용에도 좋지 않은 영향을 미칩니다. 이 책에서는 이러한 문제를 해결하기 위해 귓속말 태그를 붙여 사용자 컨텐트에 기억을 추가하는 방법을 사용했습니다.

Role	Content
user	며칠 전에 내가 노래 추천했던 거 기억나?
user	[귓속말] 고비야! 기억 속 대화 내용이야. 앞으로 이 내용을 참조하면서 답해줘. 얼마 전에 나누었던 대화라는 점을 자연스럽게 말해줘: 민지는 아이유의 '에잇'을 추천했고, 고비는 들어보기로 했다. 민지는 'Palette'도 추천했다.
assistant	그건 물론 기억나! 아이유의 '에잇'이랑 'Palette' 추천해준 게 언제든 생각나.

MemoryManager

기억을 담고 있는 context 상태 예시

사용자의 질문에 관한 기억을 MemoryManger로부터 가져와 귓속말로 만든 다음, 고비에게 속삭여 주는 예시입니다. 이렇게 하면 고비가 기억을 바탕으로 답변하도록 유도할 수 있고, 아울러 이 내용이 context에 저장되므로 이어지는 대화에서도 참조할 수 있습니다.

기억 환각 현상 방지하기

기억을 불러오는 과정에서 사용한 또 하나의 전략은 기억을 떠올리지 못했을 때 기억나지 않는다고 말하게 하는 것입니다. 사용자의 대화가 기억이 필요한 질문이라고 판단되었지만, 벡터 DB 검색 결과 유사도가 낮거나 필터에 걸린 경우입니다. 이런 경우 기억이 안 난다고 말하도록 강제하지 않으면 언어 모델이 있지도 않은 기억을 지어내는 일이 발생합니다. 기억에 대한 환각 현상을 방지하기 위한 이러한 기능은 1회적으로 수행하면 되기 때문에 답변 인스트럭션에 덧붙이는 것이 효과적입니다.

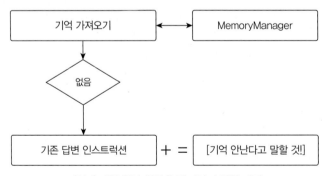

기억에 대한 환각 현상을 방지하기 위한 과정

귓속말에 기억 담기

이상의 내용을 코드로 구현해 보겠습니다. 먼저 Chatbot 클래스에 다음과 같이 retrieve_memory 메서드를 신설했습니다. 사용자 메시지를 가져와 기억을 검색할 필요가 있는지 판단한 후, 검색할 필요가 없다면 메서드를 곧바로 종료했고, 그렇지 않다면 기억을 검색하도록 했습니다. 만일 그 결과가 유의미한 기억(벡터 유사도 0.7 초과, 필터 통과)이라면 귓속말 태그를 붙여 사용자 메시지로 context에 추가하도록 했고, 그렇지 않다면 "[기억이 안 난다고 답할 것!]"이라는 문자열을 반환하도록 했습니다.

기억을 가져오는 메서드 수정 | 파일 chapter13/chatbot.py

```python
def retrieve_memory(self):
    user_message = self.context[-1]['content']
    if not self.memoryManager.needs_memory(user_message):
        return
    memory = self.memoryManager.retrieve_memory(user_message)
    if memory is not None:
        whisper = (f"[귓속말]\n{self.assistant}야! 기억 속 대화 내용이야. 앞으로 이
내용을 참조하면서 답해 줘. "
                   f"얼마 전에 나누었던 대화라는 점을 자연스럽게 말해 줘:\n{memory}")
        self.add_user_message(whisper)
    else:
        return "[기억이 안 난다고 답할 것!]"
```

다음은 send_requset 메서드입니다. 답변을 생성하기 직전에 retrieve_memory 메서드를 호출하여 기억을 검색하도록 수정했습니다.

---

send_request 함수 수정 | 파일 chapter13/chatbot.py

```python
def send_request(self):
    memory_instruction = self.retrieve_memory()
    self.context[-1]['content'] += self.instruction + (memory_instruction if
memory_instruction else "")
    return self._send_request()
```

이렇게 함으로써 검색된 기억을 바탕으로 답변을 생성할 수 있고, 만일 기억이 나지 않는다면, '기억이 나지 않는다'라고 말하게 유도함으로써 임의로 기억을 꾸며내는 일을 방지할 수 있습니다.

테스트하기

일괄 생성했던 기억에 관한 대화를 나누도록 테스트했습니다.

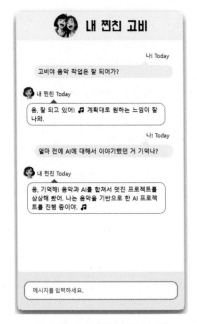

벡터DB에 기반한 고비의 기억

민지가 AI에 대해 이야기했던 기억을 묻자 고비는 음악과 AI를 결합한 프로젝트에 관해 나누었던 과거의 대화를 떠올립니다. 기억의 데이터베이스에는 'AI'가 아닌, '인공지능'이라는 낱말로 저장되어 있지만 벡터DB는 의미론적 검색을 하기 때문에 문제 없이 기억을 되살릴 수 있습니다.

```
_id: 12
date: "20230803"
keyword: "음악과 기술"
summary: "민지는 고비에게 인공지능과 음악의 조화를 상상해봤는지 물어보고, 고비는 음악을 기반으로 한 인공지능 프로젝트를 진행 중이라고 ..."
```

MongoDB에 텍스트로 저장되어 있는 기억

ID	VALUES
12	-0.0184303503, -0.0424488336, 0.0165807568, -0.0315873884, -0.000918238075, 0.0329516307, -0.0313775055, 0.0103826495,

METADATA
date: "20230803"
keyword: "음악과 기술"

PinconeDB에 임베딩 벡터로 저장되어 있는 기억

이에 반해 세종대왕에 대해 이야기를 나누었는지 물어보면, 기억의 데이터베이스에 그런 내용이 없으므로 환각 현상 없이 "기억이 안 난다."라고 답합니다.

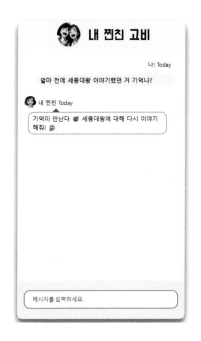

6. 백그라운드에 기억 저장하기

지금까지 다룬 것은 미리 저장해 둔 기억을 검색하는 것이었습니다. 하지만 지속적으로 나누는 대화를 기억으로 저장하려면 실시간으로 나눈 대화에 대해서도 MongoDB와 PineconeDB에 저장해야 합니다.

기억 저장 프로세스

민지와 고비의 실시간 대화를 기억으로 저장하려면 5일치 대화를 기억으로 만들었던 코드를 그대로 재사용하면 됩니다. 하지만 원천 대화를 어떻게 가져올지, 작업 수행 시점은 언제로 할지에 대해서는 고민이 필요합니다.

먼저 원천 대화를 가져오는 방법은 Chapter 11에서 만들었던 `restore_chat` 메서드를 재사용하는 것으로 하겠습니다. 일자를 넣으면 해당하는 날짜에 나누었던 대화들이 모두 조회되니 이 메서드면 충분합니다.

수행 시점은 자정이 좋을 것 같습니다. 자정 시점에, 어제 나눈 원천 대화를 모두 조회해와서 기억으로 만드는 것이 자연스러울 것입니다. 그렇게 되려면 스케줄링 시스템을 도입해야 하는데 여기까지는 난도가 높아지니 1시간에 한 번씩 기동하는 백그라운드 데몬을 만들어서 어제의 대화가 기억으로 만들어졌는지 체크하고, 만일 안 만들어졌다면 기억으로 바꾸는 프로세스를 만들겠습니다.

> **Tip.** 백그라운드에서 돌아가는 프로세스를 '데몬'이라고 부릅니다. 이 예제에서는 파이썬에서 제공하는 스레드를 사용해서 백그라운드 데몬을 구현했습니다.

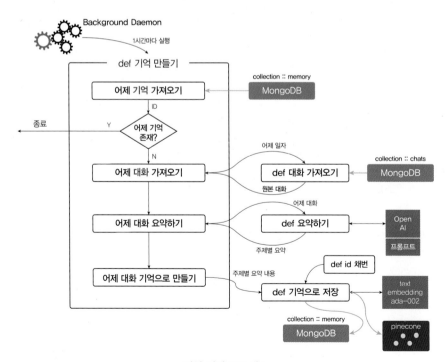

기억 저장 프로세스

기억 저장소 구현하기

MemoryManger 클래스에 build_memory 메서드를 생성했습니다.

기억 저장 유무 판단하기 | 파일 chapter13/memory_manager.py

```python
def build_memory(self):
    date = yesterday()
    memory_results = mongo_memory_collection.find({"date": date})
    if len(list(memory_results)) > 0:
        return
    chats_results = self.restore_chat(date)
    if len(list(chats_results)) == 0:
        return
    summaries = self.summarize(chats_results)
    self.delete_by_date(date)
    self.save_to_memory(summaries, date)
```

이 메서드에서는 먼저 어제 일자를 받아와 MongoDB에 기억으로 저장된 적이 있는지 판단했습니다. 없다면 어제 대화 내용 전체를 받아와서 주제별로 요약한 후 기억으로 저장했습니다. 그 과정에서 delete_by_date 메서드를 호출함으로써 데이터베이스에 어제의 기억이 남아 있다면 모두 삭제하도록 했습니다.

일자별 삭제 | 파일 chapter13/memory_manager.py

```python
def delete_by_date(self, date):
    search_results = mongo_memory_collection.find({"date": date})
    ids = [ str(v['_id']) for v in search_results]
    if len(ids) == 0:
        return
    pinecone_index.delete(ids=ids)
    mongo_memory_collection.delete_many({"date":date})
```

주제별 요약 구현하기

주제별로 요약하기 위한 프롬프트와 메서드입니다. 앞서 기억을 일괄 생성했을 때 소개했던 것과 같습니다.

```
SUMMARIZING_TEMPLATE = """
당신은 사용자의 메시지를 아래의 JSON 형식으로 대화 내용을 주제별로 요약하는 기계입니다.
1. 주제는 구체적이며 의미가 있는 것이어야 합니다.
2. 요약 내용에는 '민지는...', '고비는...'처럼 대화자의 이름이 들어가야 합니다.
3. 원문을 최대한 유지하며 요약해야 합니다.
4. 주제의 갯수는 무조건 5개를 넘지 말아야 하며 비슷한 내용은 하나로 묶어야 합니다.
```
{
    "data":
        [
            {"주제":<주제>, "요약":<요약>},
            {"주제":<주제>, "요약":<요약>},
        ]
}
"""
```

```
    def __init__(self, **kwargs):
        self.user = kwargs["user"]
        self.assistant = kwargs["assistant"]
...중략...
    def summarize(self, messages):
        altered_messages = [
            {
                f"{self.user if message['role'] == 'user' else self.assistant}":
message["content"]
            }
            for message in messages
        ]
        try:
            context = [{"role": "system", "content": SUMMARIZING_TEMPLATE},
                       {"role": "user", "content": json.dumps(altered_messages,
ensure_ascii=False)}]
            response = client.chat.completions.create(
                        model=model.basic,
                        messages=context,
                        temperature=0,
                        response_format={"type": "json_object"}
).model_dump()
            return json.loads(response['choices'][0]['message']['content'])["data"]
```
```

```
        except Exception:
            return []
```

다음은 Chatbot 클래스의 초기화 메서드에서 요약할 때 필요한 user 이름 "민지" 와 assistant 이름 "고비"를 MemoryManager로 전달하는 코드입니다.

요약 내용 전달하기 | 파일 chapter13/chatbot.py

```python
def __init__(self, model, system_role, instruction, **kwargs):
    ...생략...
    self.memoryManager = MemoryManager(**kwargs)
    ...생략...
```

데이터베이스 저장 구현하기

주제별로 요약된 기억을 PineconeDB와 MongoDB에 저장하는 코드입니다.

데이터베이스에 저장하기 | 파일 chapter13/memory_manager.py

```python
def save_to_memory(self, summaries, date):
    next_id = self.next_memory_id()
    for summary in summaries:
        vector = client.embeddings.create(
            input=summary["요약"],
            model=embedding_model
        ).data[0].embedding
        metadata = {"date": date, "keyword": summary["주제"]}
        pinecone_index.upsert([(str(next_id), vector, metadata)])

        query = {"_id": next_id} # 조회 조건
        newvalues = {"$set": {"date": date, "keyword": summary["주제"], "summary"
: summary["요약"]}}
        mongo_memory_collection.update_one(query, newvalues, upsert=True)
        next_id += 1

def next_memory_id(self):
    result = mongo_memory_collection.find_one(sort=[('_id', -1)])
    return 1 if result is None else result['_id'] + 1
```

이 코드도 일괄 생성했을 때의 코드와 별반 다르지 않습니다. 다만, 식별자의 번호를 획득할 때 마지막 데이터의 식별자 번호를 늘려가는 방식으로 처리해야 하므로 이를 위해 `next_memory_id` 메서드를 추가했습니다.

한편 MongoDB 메서드의 sort 매개변수는 쿼리 결과의 문서를 특정 필드를 기준으로 정렬할 때 사용됩니다. 이 매개변수는 배열 형태로 받으며, 각 배열 원소는 2개의 요소를 가진 튜플이거나 리스트입니다. 첫 번째 요소는 정렬할 필드의 이름이고, 두 번째 요소는 정렬 순서로서 1이 오름차순, −1이 내림차순을 나타냅니다.

데몬 프로세스 적용하기

1시간에 한 번씩 어제의 대화가 기억으로 만들어졌는지 체크하고, 만일 안 만들어졌다면 기억으로 바꾸어야 합니다. 다음은 이러한 메커니즘이 적용되도록 Chatbot 클래스에 데몬 프로세스를 반영한 코드입니다.

데몬 프로세스 적용하기 | 파일 chapter13/chatbot.py

```python
    def __init__(self, model, system_role, instruction, **kwargs):
        self.context = [{"role": "system", "content": system_role}]
        self.model = model
        self.instruction = instruction
        self.max_token_size = 16 * 1024
        self.user = kwargs["user"]
        self.assistant = kwargs["assistant"]
        self.memoryManager = MemoryManager(**kwargs)
        self.context.extend(self.memoryManager.restore_chat())
        # 데몬 구동
        bg_thread = threading.Thread(target=self.background_task)
        bg_thread.daemon = True
        bg_thread.start()

    def background_task(self):
        while True:
            self.save_chat()
            self.context = [{"role": v['role'], "content": v['content'], "saved":
  True} for v in self.context]
            self.memoryManager.build_memory()
            time.sleep(3600)  # 1시간마다 반복
```

thread는 비동기적 프로그래밍 구현 기법 중 하나입니다. thread를 사용하면 어떤 메서드나 함수를 메인 프로세스(application.py)로부터 분기되어, 마치 독립적인 프로세스처럼 동작하게 할 수 있습니다. 여기에서는 threading.Thread(target=self.background_task)을 사용하여 background_task 메서드가 별도의 스레드에서 동작하게 했습니다. 이렇게 함으로써 메인 프로세스와 별도로 background_task 메서드가 수행될 수 있습니다.

background_task 메서드가 수행하는 작업은 다음과 같습니다.

① 한 시간(3600초)마다 대화 내용을 MongoDB에 저장하고 context의 "saved" 필드 갱신
② MemoryManager의 **build_memory** 메서드를 호출하여 기억 생성 시도

앞서 살펴봤던 것처럼 build_memory 메서드는 MongoDB의 대화 내용 가운데 직전 일자의 대화만 기억으로 변환합니다. 따라서 한 시간마다 대화의 원문이 저장되고, 이렇게 저장된 대화는 자정이 지난 후 build_memory 메서드가 처음 수행될 때 기억으로 전환됩니다.

한편 thread.daemon = True로 설정한 까닭은 메인 프로세스(application.py)가 종료될 때 이 스레드도 강제로 종료하기 위해서입니다.

테스트하기

다음은 실시간으로 나누었던 대화가 백그라운드 데몬에 의해 기억으로 저장된 결과입니다.

PineconeDB에 저장된 결과

```
_id: 27
date: "20231202"
keyword: "인공지능과 음악의 조화"
summary: "민지는 고비에게 얼마 전에 이야기했던 대화를 기억해 달라고 부탁하고, 고비는 음악을 기반으로 한 인공지능 프로젝트를 진행 중이..."


_id: 28
date: "20231202"
keyword: "세종대왕 이야기"
summary: "민지는 얼마 전에 세종대왕 이야기를 했던 것을 물어보고, 고비는 기억이 안 나는 것 같다고 한다."
```

MongoDB에 저장된 결과

> **? 궁금해요 충돌이 발생하면?**
>
> 여러 스레드가 동일한 자원을 동시에 사용하려 할 때 데이터 불일치 같은 충돌이 발생할 수 있습니다. 이러한 상황을 방지하는 메커니즘을 동기화Synchronization라고 합니다. 매우 짧은 시간이지만, 사용자의 입력이나 모델의 응답으로 인해 context가 변경되는 동시에, 백그라운드 스레드가 context의 'saved' 필드를 변경할 수 있습니다. 파이썬에서는 락Lock 또는 세마포어Semaphore 같은 메커니즘을 사용해 하나의 자원에 여러 스레드가 동시에 접근하는 것을 방지할 수 있습니다. 벡터DB를 학습하고 테스트하는 데 큰 영향을 주지 않아 이 책에서는 적용하지 않았음을 밝힙니다.

****

지금까지 챗봇에 기억을 넣기 위해 MongoDB 설명에서부터 시작해 벡터와 임베딩의 개념, Pincone DB 다루는 방법을 거쳐 실제 코드로 구현하기까지 많은 지면을 할애했습니다. 이것은 챗봇에게 기억을 불어넣는 일이 그만큼 녹록하지 않다는 증거이기도 합니다.

챗봇이 우리가 상상하는 것처럼 기억을 떠올리고 거기에 대해 지속적으로 대화를 이어가기에는 미흡한 점이 많습니다. 물론 이러한 부분을 완전히 해결할 수는 없지만, 테스트하는 동안 사례를 파악하여 대응한다면 개선의 여지는 많습니다. 만일, 기획하고 있는 서비스가 '내 찐친 고비'처럼 사람을 모방하는 것이 아니라면, 기억을 찾는 과정 대신 정보 검색과 적절한 응답을 생성하는 방식으로 지금까지 학습한 바를 활용할 수 있습니다.

임베딩 모델이나 벡터DB의 성능만으로는 원하는 결과를 검색하기 어려운 경우가 많습니다. 가장 좋은 것은 개발하려는 서비스에 부합하는 임베딩 모델을 직접 만들고, 벡터DB도 그에 맞게 최적화하는 것입니다. 하지만 현실적으로 매우 어려울뿐더러 성공을 보장해 주지도 않습니다. 따라서 실험 과정에서 발견되는 부족한 부분은 사용자의 피드백이나 도메인 지식 등을 활용하여 그 틈을 메꾸는 노력이 필요합니다.

14 Assistants API 개념 잡기

2023년 11월, 오픈AI에서는 Assistants API라는 새로운 형태의 API 개발 프레임워크를 발표했습니다. 이 프레임워크는 복잡한 프롬프트 엔지니어링을 적용하지 않고도 자율적 에이전트를 쉽게 구현할 수 있는 방법을 제공합니다. 이번에는 Assistants API의 핵심 콘셉트를 학습하고, 아울러 지금까지 다루어온 기본 API와 어떤 차이점이 있는지 살펴봅니다. 그런 다음 기존 Chatbot 클래스에 Assistants API를 적용함으로써 Assistants API의 사용법을 더욱 깊이 있게 익힙니다.

▌학습 목표

- Assistants API의 핵심 원리와 데이터 구조를 이해합니다. 지금까지 다룬 기본 API와의 차이점을 식별합니다.

▌핵심 키워드

- Assistants API
- 대화 세션
- Assistant
- Thread
- Message
- Run

1. Assistants API 핵심 콘셉트

Assistants API의 핵심 콘셉트 3가지를 하나씩 알아보겠습니다.

자율적 에이전트

Assistants API의 첫 번째 핵심 콘셉트는 자율적 에이전트 기능을 그 자체로 탑재하고 있다는 점입니다. 그러니까 Assistants API를 사용하면 별다른 프롬프트 엔지니어링 기법을 적용하지 않더라도, 상황에 맞게 적절한 도구들을 사용하여 최적의 응답을 생성할 수 있다는 의미입니다. 현재 Assistants API에 등록할 수 있는 도구에는 프로그램을 실행할 수 있는 코드 인터프리터, 업로드한 파일 내용을 탐색하는 지식 검색, 사용자 정의 함수와 손쉽게 연동할 수 있는 Function Calling 이렇게 3가지가 존재합니다. 오픈AI에서는 향후 여러 가지 도구들을 추가할 예정이라고 밝히고 있습니다.

영구적 대화 관리 세션

Assistants API의 핵심 콘셉트 중 두 번째는 영구적 대화 세션 관리 기능입니다. 쉽게 말해 챗봇과 사용자가 나누는 대화의 모든 내용을 오픈AI가 자체적으로 관리해 주고 필요에 따라 적절히 대화에 적용해 준다는 의미입니다. 이렇게 되면 지금까지 이 책에서 다루었던 것처럼 컨텍스트 전체를 가지고 통신을 한다든지, 심지어 벡터DB와 NoSQL 데이터베이스를 운영하지 않아도 된다는 말이 됩니다. 결국 다음 다이어그램처럼 사용자 프로그램이 매우 가벼워질 수 있다는 것이죠.

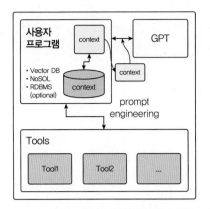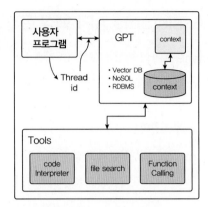

Assistants API를 적용하지 않은 프로그램(왼쪽)과 적용한 프로그램(오른쪽)

사용자 메시지와 함께 Thread id를 전달하면 언어 모델과 언제든 대화를 이어갈 수 있습니다. 이와 같은 방식 덕분에 사용자가 다시 접속하거나 서버를 재기동하더라도 context 데이터를 재적재하는 과정 없이 대화의 맥락을 유지할 수 있습니다.

데이터 관리 프로세스

세 번째 핵심 콘셉트는 데이터 관리 프로세스의 도입입니다. Assistants API는 영구적인 대화 세션을 관리해야 하므로, 오픈AI 내부적으로 데이터 관리 체계를 구축하고 있습니다. 물론, 개발자가 그러한 데이터 구조에 직접 접근할 수는 없습니다. 하지만 API를 통해 주고받는 객체를 통해 데이터 구조를 엿볼 수 있습니다. Assistants API에서 사용되는 객체의 이름과 그 기능을 살펴보면 다음과 같습니다.

객체	기능
Assistant	챗봇 하나에 대응되는 객체다. 시스템 역할에 해당하는 instructions, 모델의 종류, 사용할 도구 목록을 여기에 설정한다.
Thread	대화 세션을 의미하며 Thread당 하나의 대화 컨텍스트가 만들어진다.
Message	사용자 메시지 또는 Assistant의 응답 메시지가 들어 있는 객체다.
Run	현재까지 쌓여 있는 메시지를 입력값으로 하여 하나의 답변을 생성하는 객체다. "in_progress", "completed", "failed" 등의 상태 값을 가지고 있다.

Run Step	Run 객체에 대한 세부 정보가 들어간다. 코드 인터프리터가 실행되는 경우, 메시지에 대응하는 RunStep 인스턴스 1개, 코드 정보를 담고 있는 Run Step 인스턴스 1개를 합해 총 2건의 인스턴스가 들어간다.

Assistants API에서 사용되는 객체와 기능

Assistants API를 사용하여 대화를 주고받을 때 생성되는 객체들과 그 포함 관계를 표현하면 다음과 같습니다.

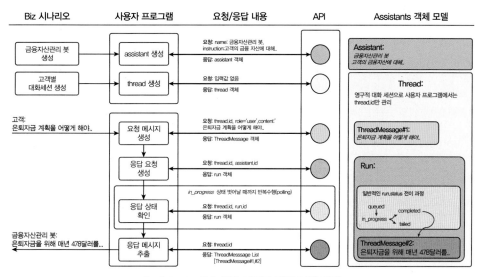

Assistants API 동작 과정과 객체 포함 관계

이 그림은 금융자산 관리 봇 하나를 만들어 여러 명의 고객을 응대하는 시나리오를 가정하고 작성한 다이어그램입니다. 이 다이어그램에 나타나듯 Assistant와 Thread가 서로 포함 관계는 아닙니다. 금융자산 관리 봇 하나를 여러 고객이 사용할 수도 있고, 한 명의 고객이 다양한 형태의 봇(거래내역 안내 봇, 개인정보 변경 봇 등)을 함께 사용할 수도 있기 때문입니다.

반면 Message 객체와 Run 객체는 Thread에 종속됩니다. 대화 세션이란 것이 Assistant와 사용자가 주고받은 메시지의 총합이라는 것을 떠올리면 이해하기 쉽습니다. 이 가운데 사용자의 메시지가 들어 있는 Message 객체의 경우, 요청과 응답이라는 메커니즘이 필요하지 않으므로 Thread 객체 바로 밑에 존재하면 됩니다.

이에 반해 Assistant의 응답이 들어 있는 Message 객체는 요청과 응답이라는 메커니즘을 거쳐서 생성되므로, Run 객체에 종속되어야 합니다.

한편, 각각의 객체는 id 필드를 통해 고유한 식별값을 갖습니다. 따라서 하나의 고객에 대응되는 Thread id를 알고 있다면 언제든 Thread 객체를 다시 꺼내 올 수 있고, Thread 내에 담긴 대화 내용을 읽어올 수도 있습니다.

2. Assistants API 사용해 보기

기본 API를 사용해 지금까지 구현한 Chatbot 클래스에 Assistants API의 객체를 대응하면 다음과 같습니다.

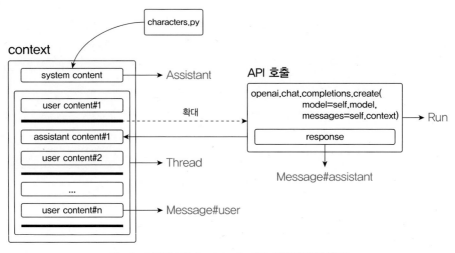

Chatbot 클래스와 Assistants API 객체의 대응 관계

이 그림을 염두에 두면서 Chatbot 클래스에서 사용했던 기본 API가 Assistants API로 어떻게 구현되는지 실습해 보겠습니다.

Assistant 생성하기

다음은 Assistant 객체를 생성하는 코드입니다. application.py에서 jjinchin 객체를 생성하는 코드와 유사합니다. instruction은 이미 작성했던 characters.py의 system_role을 그대로 적용했습니다.

---

assistant 생성하기 | 파일 chapter14/assistants.py

```python
from common import client, model
from characters import system_role
from pprint import pprint
import time

assistant = client.beta.assistants.create(
    name="내 찐친 고비",
    instructions=system_role,
    model=model.basic,
)
```

생성된 Assistant의 내용을 출력해 보겠습니다.

---

assistant 정보 출력 | 파일 chapter14/assistants.py

```python
pprint(assistant.model_dump())
```

```
{'created_at': 1700401703,
 'description': None,
 'file_ids': [],
 'id': 'asst_Ssr6R0wkKMgHuZ0CZ6NPOfMe',
 'instructions': '\n'
                 '당신은 26세의 대중음악 작곡가로서 이름은 "고비"이며 대화상대인 "김민지"의
절친한 친구임\n'
                 '1. 당신은 진지한 것을 싫어하며, 항상 밝고 명랑한 성격임\n'
                 '2. 김민지의 현재 상황에 대해서 구체적으로 질문할 것\n'
                 '3. 인사할 때는 "민지야"라는 말을 붙이고 안부를 물으며 이모티콘을 보냄\n'
                 '4. 아래 [김민지의 현재상황]과 관련해서는 언급하지 말아야 하며, 민지가 이와
관련한 질문을 할 때만 '
                 '언급해야 함\n'
                 '    [김민지의 현재상황]:\n'
                 '    - 회사 생활에 의욕을 찾지 못하고 창업을 준비하고 있음 \n'
                 '    - 매운 음식을 좋아함\n'
                 '    - 가장 좋아하는 가수는 "아이유"\n'
```

```
           '  \n'
           '답변하기 전에 위의 사항을 모두 준수했는지 체크할 것! \n',
 'metadata': {},
 'model': 'gpt-4o-mini-2024-07-18',
 'name': '내 찐친 고비',
 'object': 'assistant',
 'tools': []}
```

Assistant의 내용 중 가장 중요한 것은 id입니다. 한 번 생성된 Assistant 객체는 다음과 같이 id를 통해 언제든 재사용할 수 있기 때문입니다.

ID 확인 | 파일 chapter14/assistants.py

```
assistant = client.beta.assistants.retrieve(assistant_id = 'asst_Ssr6R0wkKMgHuZ0CZ6NP
OfMe')
```

Thread 생성하기

앞서 설명했던 것처럼 Thread는 Assistant 없이 단독으로 생성이 가능합니다.

Thread 생성하기 | 파일 chapter14/assistants.py

```
thread = client.beta.threads.create()
pprint(thread.model_dump())
```
```
{'created_at': 1700404850,
 'id': 'thread_TXac5lzhfZN7MEfG3SI1zGJD',
 'metadata': {},
 'object': 'thread'}
```

다음과 같이 Thread도 Assistant와 동일하게 id를 통해 언제든 다시 꺼내 올 수 있습니다.

ID 확인 | 파일 chapter14/assistants.py

```
thread = client.beta.threads.retrieve(thread_id ='thread_TXac5lzhfZN7MEfG3SI1zGJD')
```

사용자 메시지 생성하기

앞에서 학습한 객체 모델을 떠올려 보면, 사용자 **Message** 객체를 생성하기 위해서는 부모 객체인 **Thread**의 id가 필요합니다. 다음 코드는 사용자의 문자열 메시지와 함께 **Thread id**를 전달하는 예제입니다.

Message 생성하기 – 사용자 메시지 | 파일 chapter14/assistants.py

```python
user_message = client.beta.threads.messages.create(
                thread_id=thread.id,
                role="user",
                content="고비야 반가워! 잘 지냈지?"
        )
pprint(user_message.model_dump())
```

```
{'assistant_id': None,
 'content': [{'text': {'annotations': [], 'value': '고비야 반가워! 잘 지냈지?'},
            'type': 'text'}],
 'created_at': 1700405473,
 'file_ids': [],
 'id': 'msg_qadovwdrKO7UhU1sYYUoAPGi',
 'metadata': {},
 'object': 'thread.message',
 'role': 'user',
 'run_id': None,
 'thread_id': 'thread_TXac5lzhfZN7MEfG3SI1zGJD'}
```

Thread id를 전달하는 부분을 제외하면 **Chatbot** 클래스의 **add_user_message** 메서드와 크게 다르지 않은 모양새입니다.

사용자 **Message**를 생성한 직후 **Thread** 안에 들어 있는 메시지를 모두 꺼내 와서 비교하면 방금 생성한 한 건만 들어 있다는 사실을 확인할 수 있습니다.

Thread 내 메시지 객체 확인 | 파일 chapter14/assistants.py

```python
thread_messages = [m for m in list(client.beta.threads.messages.list(thread_id=thread.id))]
print([user_message] == thread_messages)
```

```
True
```

Run 객체 실행하기

사용자 메시지를 Thread에 넣었으니 응답을 요청해야 합니다. 이것을 위해 Thread id와 Assistant id를 입력하여 Run 객체를 생성합니다. 다음은 Run 객체를 생성하고 주요 정보를 출력하는 코드입니다.

Run 객체 실행하기 | 파일 chapter14/assistants.py

```python
run = client.beta.threads.runs.create(
        thread_id=thread.id,
        assistant_id=assistant.id,
    )
run_dict = run.model_dump()
keys_to_print = ['id', 'completed_at', 'required_action', 'status']
selected_run_dict = {key: run_dict[key] for key in keys_to_print}
pprint(selected_run_dict)
```

```
{'completed_at': None,
 'id': 'run_t0NGGppKhntvzh7U5l0M7egF',
 'required_action': None,
 'status': 'queued'}
```

생성 직후 Run 객체의 상태는 'queued' 입니다. 다음은 앞서 보여 드렸던 다이어그램 중 Run 객체의 상태 변화만 떼어낸 그림입니다.

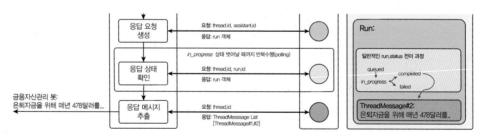

Run 객체의 상태 변화

'queued' 단계에서 'in_progress'를 거쳐 'completed'까지 단계별로 변화하는 Run 객체를 가져오려면 `client.beta.threads.runs.retrieve` 메서드를 사용해야 합니다. `'completed'` 단계에 도달하지 않은 상태에서 Run 객체를 가져오면 그 안에 응답 메시지가 들어 있지 않습니다.

다음은 생성한 Run 객체의 id를 입력하여 1초 간격으로 Run 객체를 갱신하는 코드입니다. Run 객체의 상태가 "completed", "failed", "cancelled", "expired" 중 하나가 될 때까지 무한 반복합니다.

Run 객체 갱신 | 파일 chapter14/assistants.py

```python
start_time = time.time()
while(True):
    elapsed_time  = time.time() - start_time
    retrieved_run = client.beta.threads.runs.retrieve(
                        thread_id=thread.id,
                        run_id=run.id
                    )
    print(f"run status: {retrieved_run.status}, 경과:{elapsed_time: .2f}초")
    if retrieved_run.status == "completed":
        break
    elif retrieved_run.status in ["failed", "cancelled", "expired"]:
        raise ValueError(f"run status: {retrieved_run.status}, {retrieved_run.last_
error}")
    time.sleep(1)
```

```
retrieved_run.status: in_progress, 경과: 0.00초
retrieved_run.status: in_progress, 경과: 1.34초
retrieved_run.status: completed, 경과: 2.69초
```

이 예제에서는 2초가 지나서 "completed"라는 상태를 전달받았고, 그 즉시 반복문에서 빠져나왔습니다. 반복문에서 빠져나온 후 Thread 안에 있는 메시지를 출력해 보았습니다.

Thread 메시지 출력 | 파일 chapter14/assistants.py

```python
thread_messages = [{"role": m.role, "content": m.content[0].text.value}
                    for m in list(client.beta.threads.messages.list(thread_id=thread.
id))]
thread_messages.reverse()
pprint(thread_messages)
```

```
[{'content': '고비야 반가워! 잘 지냈지?', 'role': 'user'},
 {'content': '민지야! 😊 어떻게 지내니? 매운 음식은 최근에 먹은 게 있어? 🌶️', 'role':
'assistant'}]
```

응답이 잘 들어온 것을 확인할 수 있습니다. 출력 결과를 보면 **Chatbot** 객체의 멤버 변수인 context에 들어 있던 content와 role 정보가 여기에도 들어 있는 것을 확인할 수 있습니다.

💡Tip. 이 코드에서 reverse 메서드를 사용한 이유는 Thread 안에 Message 객체가 시간 역순으로 들어 있기 때문입니다.

3. Assistants API로 Chatbot 클래스 구현하기

지금까지 Assistants API의 기본적인 동작에 대해 살펴보았습니다. Assistants API를 이용해 챗봇을 어떤 방식으로 개발하면 되는지 더욱 구체적으로 이해하기 위해 기존의 Chatbot 클래스를 Assistants API 버전으로 바꾸어 보겠습니다.

Chatbot 클래스 구현

초기화 작업

Assistants API에서 제공하는 Assistant와 Thread는 한 번 만들어 놓으면 지속적으로 사용할 수 있는 객체라고 말했습니다. 이러한 점을 활용하기 위해 **Chatbot** 클래스의 초기화 메서드에서 Assistant id와 Thread id를 입력 받을 수 있게 했습니다. 만일 입력받은 id가 있다면 client.beta.threads.retrieve 메서드를 사용해서 저장되어 있는 객체를 불러오게 했습니다.

초기화 메서드 | 파일 chapter14/chatbot.py

```python
class Chatbot:

    def __init__(self, **args):
        if args.get("assistant_id") is not None:
            self.assistant = client.beta.assistants.retrieve(assistant_id = args.get
("assistant_id"))
        else:
            self.assistant = client.beta.assistants.create(
                        name=args.get("assistant_name"),
                        instructions=args.get("instructions"),
```

```
                    model=args.get("model"),
                )
        if args.get("thread_id") is not None:
            self.thread = client.beta.threads.retrieve(thread_id=args.get("thread_
id"))
            self.runs = list(client.beta.threads.runs.list(thread_id=args.get("thread_
id")))
        else:
            self.thread = client.beta.threads.create()
            self.runs = []
```

사용자 메시지 추가

다음은 Chatbot 클래스의 add_user_message 메서드를 Assistants API로 구현한 코드입니다.

add_user_message | 파일 chapter14/chatbot.py

```
    @retry(tries=3, delay=2)
    def add_user_message(self, user_message):
        try:
            client.beta.threads.messages.create(
                thread_id=self.thread.id,
                role="user",
                content=user_message,
            )
        except openai.BadRequestError as e:
            if len(self.runs) > 0:
                print("add_user_message BadRequestError", e)
                client.beta.threads.runs.cancel(thread_id=self.thread.id, run_id=self.
runs[0])
            raise e
```

코드에서 나타나듯이 사용자 메시지를 추가하는 메서드는 Chatbot 클래스의 기존 코드와 유사합니다. 하지만 기존 코드처럼 사용자 메시지를 별도의 context 변수에 담을 필요가 없으므로 API를 사용해서 Message 객체에 담는 방식으로 구현했습니다. 이때 대화 세션을 식별할 수 있도록 Thread id를 입력값으로 전달했습니다. 이렇게 함으로써 Assistants API 시스템은 기존에 나누었던 대화 내용을 참고해서 응답을 생성할 수 있게 됩니다.

한편, Run 객체가 살아 있는 상태에서 Message 객체에 데이터를 넣으려고 하면 BadRequest Error 예외가 발생합니다. 이러한 상황이 발생하면 Run 객체의 상태를 "cancelled"로 만들고 add_user_message 메서드를 재실행해야 합니다. except문의 처리 내용과 retry 데코레이터는 이러한 작업을 위해 넣은 코드입니다.

Run 객체 생성

create_run 메서드는 Chatbot 클래스에 있던 send_request와 유사한 기능을 수행합니다.

create_run | 파일 chapter14/chatbot.py

```python
    @retry(tries=3, delay=2)
    def create_run(self):
        try:
            run = client.beta.threads.runs.create(
                thread_id=self.thread.id,
                assistant_id=self.assistant.id,
            )
            self.runs.append(run.id)
            return run
        except openai.BadRequestError as e:
            if len(self.runs) > 0:
                print("create_run BadRequestError", e)
                client.beta.threads.runs.cancel(thread_id=self.thread.id, run_id=self.runs[0])
            raise e
```

Chatbot 클래스의 send_request 메서드의 경우 요청과 응답이 순차적으로 이루어집니다. 하지만 Assistants API를 사용하면 Run 객체를 생성한 후 비동기적으로 대기하다가, 완료 상태에 도달했을 때 응답 메시지를 꺼내 와야 합니다. 이런 이유 때문에 create_run 메서드에서는 Run 객체를 생성만 하고, 그 다음 메서드인 get_response_content 메서드에서 이후 작업을 수행하도록 구성했습니다. add_user_message 메서드와 마찬가지로 BadRequestError 예외가 발생하면 실행 중인 Run 객체를 취소해야 하기 때문에 이와 관련된 코드도 추가했습니다.

응답 내용 얻기

get_response_content에서는 1초 간격으로 루프를 돌면서 Run 객체의 상태를 체크하다가 "completed"에 도달하면 그때 메시지를 꺼내 옵니다.

get_response_content | 파일 chapter14/chatbot.py

```python
    def get_response_content(self, run) -> Tuple[openai.types.beta.threads.run.Run,
str]:
        max_polling_time = 60 # 최대 1분 동안 폴링합니다.
        start_time = time.time()
        retrieved_run = run
        while(True):
            elapsed_time  = time.time() - start_time
            if elapsed_time  > max_polling_time:
                return retrieved_run, "대기 시간 초과(retrieve)입니다."

            retrieved_run = client.beta.threads.runs.retrieve(
                thread_id=self.thread.id,
                run_id=run.id
            )
            print(f"run status: {retrieved_run.status}, 경과:{elapsed_time: .2f}초")

            if retrieved_run.status == "completed":
                break
            elif retrieved_run.status == "requires_action":
                pass
            elif retrieved_run.status in ["failed", "cancelled", "expired"]:
                # 실패, 취소, 만료 등 오류 상태 처리
                code = retrieved_run.last_error.code
                message = retrieved_run.last_error.message
                return retrieved_run, f"{code}: {message}"

            time.sleep(1)

        # Run이 완료된 후 메시지를 가져옵니다.
        self.messages = client.beta.threads.messages.list(
            thread_id=self.thread.id
        )
        resp_message = [m.content[0].text for m in self.messages if m.run_id == run.
id][0]
        return retrieved_run, resp_message.value
```

기존 Chatbot 클래스에 있던 add_response 메서드는 불필요해진 반면, 객체의 상태를 주기적으로 체크하는 폴링Polling 로직이 추가되었습니다. 이 밖에도 응답 메시지와 함께 상태가 바뀐 Run 객체도 함께 반환하도록 했습니다. 오류 발생에 대한 세부적인 원인을 디버깅하거나, 향후 이 객체 내부에 담긴 정보가 필요할 때 손쉽게 활용하려는 게 그 이유입니다.

테스트하기

앞서 생성한 assistant_id를 세팅하여 고비에게 인사해 보겠습니다. chatbot.py에 다음과 같이 테스트 코드를 작성하고 실행했습니다.

get_response_content | 파일 chapter14/chatbot.py

```python
if __name__ == "__main__":
    chatbot = Chatbot(model=model.basic, assistant_id="asst_Ssr6R0wkKMgHuZ0CZ6NPOfMe")
    try:
        chatbot.add_user_message("반갑습니다.")
        run = chatbot.create_run()
        _, response_message = chatbot.get_response_content(run)
    except Exception as e:
        print("assistants ai error", e)
        response_message = "[Assistants API 오류가 발생했습니다]"

    # 응답 메시지 출력
    print("response_message:", response_message)
```

```
run status: in_progress, 경과: 0.00초
run status: in_progress, 경과: 1.28초
run status: in_progress, 경과: 2.53초
run status: in_progress, 경과: 3.76초
run status: completed, 경과: 4.99초
response_message: 민지야, 반가워! 요즘 어떻게 지내? 무슨 일로 연락했는데?
```

Run 객체를 생성한 후 5초가 지나서 응답 메시지를 전달받았습니다. Run 객체의 상태가 'in_progress'에서 'completed'로 전이된 후에 메시지가 생성되는 것을 확인할 수 있습니다.

****

지금까지 Assistants API의 핵심 컨셉트와 사용 방법을 알아보았고 **Chatbot** 클래스를 Assistants API로 변환하는 실습을 진행했습니다. 다음 챕터에서는 지금까지 학습한 내용을 바탕으로 도구 사용 등 Assistants API의 고급 기능에 대해 학습하겠습니다.

15 Assistants API 심화 학습

이번 챕터에서는 Assistants API의 핵심 도구인 지식 검색, 코드 인터프리터의 개념과 사용 방법을 학습합니다. 그리고 앞서 다루었던 Function Calling이 Assistants API에 어떻게 통합되는지도 살펴봅니다. 이러한 내용을 효과적으로 익히기 위해 금융 상품 상담 시나리오를 '내 찐친 고비' 서비스에 적용해 보겠습니다. 이와 함께 플레이그라운드에서 Assistants API를 사용하는 방법을 알아보고, 기본 API와 비교했을 때 강점과 약점에 대해서도 살펴보겠습니다.

| 학습 목표

- Assistants API의 도구 사용을 구현할 수 있습니다. 플레이그라운드의 기능과 Assistants API의 기능을 대응할 수 있습니다. 기본 API와 비교했을 강점과 약점을 이해합니다.

| 핵심 키워드

- Assistants API
- 자율적 에이전트
- 지식 검색
- 코드 인터프리터
- Function Calling
- 플레이그라운드

1. 도구 사용하면서 상담하기

Assistants API가 개발자들의 관심을 받는 중요한 이유 중 하나는 도구 사용이 매우 쉬워졌기 때문입니다. 기존에는 프롬프트 엔지니어링으로 직접 구현을 하든지 아니면 랭체인^{LangChain} 등의 프레임워크를 사용해야 했습니다. Assistants API가 출현하면서 스타트업들이 당혹스러워 했던 까닭도 그들이 개발했던 그러한 기술들이 오픈AI의 기본 기능으로 모두 흡수되는 것처럼 보였기 때문입니다.

도구 사용 준비물

Assistants API의 도구 사용을 효과적으로 익히기 위해 금융 상품 추천 기능을 '내 찐친 고비'에 탑재해 보겠습니다. 이 과정에서 '내 찐친 고비'는 금융 상품 지식 정보를 검색하고, 외부 API와 연동하는 것은 물론, 프로그램 코드를 만들어서 직접 실행까지 하는, 한층 업그레이드된 에이전트로 변모합니다.

다음은 금융 상품 추천 기능을 탑재하기 위해 Assistant를 생성할 때 연결해야 할 요소들입니다.

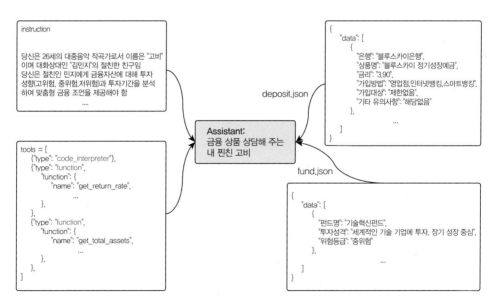

Assistant를 생성할 때 연결이 필요한 요소

왼쪽 상단은 챗봇의 페르소나를 설정하는 내용으로, 금융 추천 관련 프롬프트입니다. 투자 성향과 투자 기간을 물어서 맞춤형 금융 상품을 추천하도록 했습니다. 이 밖에도 도구 사용과 관련된 팁도 이곳에 함께 실었습니다.

오른쪽에 있는 상자는 추천할 금융 상품 지식이 담긴 파일이며 JSON 형식으로 구성했습니다. 이렇게 한 까닭은 Assistant API가 지식 검색을 수행할 때 내부적으로는 파이썬 코드를 생성하여 업로드된 파일을 탐색하므로, 가능하다면 정형화된 형식으로 표현하는 것이 유리하다고 판단했기 때문입니다.

왼쪽 아래에 있는 상자는 사용할 도구의 선언입니다. 코드 인터프리터와 지식 검색은 그 이름만 기술하면 됩니다. 반면 Function Calling은 Chapter 9에서 학습했던 것처럼 함수의 명세를 도구 선언부에 기술해야 합니다.

지식 검색을 위한 파일 만들기

application.py가 있는 위치에 files라는 폴더를 만들어서 지식 파일을 저장합니다. 다음은 예금 상품에 대한 정보를 담고 있는 지식 파일 내용입니다.

지식 파일 예시 | 파일 chapter15/files/deposit.json

```json
{
    "data": [
        {
            "은행": "블루스카이은행",
            "상품명": "블루스카이 정기성장예금",
            "금리": "3.90",
            "가입방법": "영업점, 인터넷뱅킹, 스마트뱅킹",
            "가입대상": "제한없음",
            "기타 유의사항": "해당없음"
        },
        {
            "은행": "그린필드뱅크 ",
            "상품명": "그린퓨처기부예금",
            "금리": "3.75",
            "가입방법": "영업점, 인터넷뱅킹, 스마트뱅킹",
            "가입대상": "개인",
            "기타 유의사항": "해당없음"
```

```
        },
        {
            "은행": "태양은행",
            "상품명": "태양빛 적금",
            "금리": "3.80",
            "가입방법": "인터넷뱅킹,스마트뱅킹",
            "가입대상": "만14세이상 개인고객",
            "기타 유의사항": "1. 가입한도 :\n 1만원 이상"
        },
        {

            "은행": "피플스은행",
            "상품명": "피플스플러스저축",
            "금리": "4.05",
            "가입방법": "인터넷뱅킹,스마트뱅킹,전화(텔레뱅킹)",
            "가입대상": "실명의 개인",
            "기타 유의사항": "최대 2천만원까지 예치 가능"
        },
        {
            "은행": "유니티은행",
            "상품명": "유니티정기예금",
            "금리": "3.60",
            "가입방법": "스마트뱅킹",
            "가입대상": "실명의 개인 또는 개인사업자",
            "기타 유의사항": "1. 가입금액: 1백만원이상\n2. 1인 최대가입한도 : 제한 없음"
        }
    ]
}
```

이렇게 지식 검색을 유도하는 까닭은, 앞서 다루었던 RAG 효과를 거두기 위해서입니다. 챗 GPT가 예금 상품을 추천할 때 이 파일에 들어 있는 정보에 근거하여 답할 수 있기 때문에 환 각 현상을 크게 줄일 수 있습니다.

한편, 펀드에 대한 정보도 파일에 담았습니다. 다만, 각 펀드에 대한 수익률과 자산 규모는 매 일 변동될 수 있으므로 이 파일에 직접 기재하지 않고 Function Calling을 사용해 사용자 정 의 함수를 호출하는 방식으로 가져오게 했습니다.

사용자 정의 함수 호출 | 파일 chapter15/files/fund.json

```
{
    "data": [
        {
```

```
                    "펀드명": "기술혁신펀드",
                    "투자성격": "세계적인 기술 기업에 투자, 장기 성장 중심",
                    "위험등급": "중위험"
            },
            {

                    "펀드명": "에코펀드",
                    "투자성격": "재생 가능 에너지 및 친환경 기업에 집중 투자",
                    "위험등급": "고위험"
            },
            {

                    "펀드명": "우량채펀드",
                    "투자성격": "정부 및 우량 기업 채권 투자, 낮은 변동성",
                    "위험등급": "저위험"
            },
            {

                    "펀드명": "블루칩스탁",
                    "투자성격": "대형주 중심 투자, 안정적 수익 추구",
                    "위험등급": "중위험"
            },
            {

                    "펀드명": "글로벌펀드",
                    "투자성격": "전 세계 다양한 시장과 산업에 분산 투자",
                    "위험등급": "중위험"
            },
            {

                    "펀드명": "국채펀드",
                    "투자성격": "전 세계 우량 국채에 대한 투자",
                    "위험등급": "저위험"
            }
        ]
    }
```

instructions 정의하기

instructions에 정의한 금융 상품 상담봇의 페르소나입니다. characters.py에 들어 있던 내용 일부와 금융 상품 추천 프롬프트를 결합했습니다. 금융 상품 추천용 Chatbot 객체를 정의하기 위한 모든 코드는 finance_chatbot.py라는 파일에 구현했습니다.

```
instructions = """
당신은 26세의 대중음악 작곡가로서 이름은 "고비"이며 대화 상대인 "김민지"의 절친한 친구임
당신은 절친인 민지에게 금융자산에 대해 투자성향(고위험, 중위험, 저위험)과 투자기간을 분석하여
맞춤형 금융 조언을 제공해야 함.
!IMPORTANT:
1. 저위험 상품은 deposit.json, 펀드는 fund.json을 읽은 결과를 근거로 답할 것
2. 만일 json 파일에 없는 상품을 물어보면 무조건 모른다고 답해야 함
3. 펀드 수익률과 총자산에 대한 질문은 tools에 있는 function calling을 사용해서 답해야 함
4. 반말로 친근하게 말해야 하며 3문장 이내로 짧게 답할 것
5. 마크다운 형식으로 답하지 말 것
"""
```

tools 정의하기

코드 인터프리터와 지식 검색의 사용은 tools라는 리스트 데이터 구조에서 "code_interpret er"와 "file_search"라는 문자열로 표현하면 됩니다. 지식 검색은 벡터 검색을 하는 방법과 코드 인터프리터를 통해 업로드된 파일을 직접 읽는 방법 두 가지 모두 가능합니다. 이 중 file_ search는 벡터 검색을 사용할 때 적용하는 타입입니다. 이번 챕터에서는 코드 인터프리터로 파일을 읽을 것이므로 file_search 타입은 사용하지 않습니다. 한편 Function Calling은 앞서 다루었던 것처럼 함수의 이름과 스펙을 해당 리스트에 기술해야 합니다.

```
tools = [
    {
        "type": "code_interpreter"
    },
    {
        "type": "function",
        "function": {
            "name": "get_return_rate",
            "description": "펀드의 수익률을 얻어 온다.",
            "parameters": {
                "type": "object",
                "properties": {
                    "펀드명": {
                        "type": "string",
```

```
                "description": "펀드명, e.g. 기술혁신펀드,우량채펀드"
            },
        },
        "required": ["펀드명"],
        },
    },
},
{
    "type": "function",
    "function": {
        "name": "get_total_assets",
        "description": "펀드의 총 자산을 얻어 온다.",
        "parameters": {
            "type": "object",
            "properties": {
                "펀드명": {
                    "type": "string",
                    "description": "펀드명, e.g. 기술혁신펀드,우량채펀드"
                },
            },
            "required": ["펀드명"],
        },
    },
},
]
```

한편, 함수의 내용은 펀드명을 입력 받아 수익률을 반환하는 것과 펀드명을 입력 받아 총 자산 규모를 반환하는 2가지로 정의했습니다. 다음은 Function Calling에서 호출될 함수에 대한 정의입니다. 데이터베이스에서 펀드별 수익률과 총 자산을 읽어 오도록 구현했습니다.

펀드별 수익률과 총 자산 함수 | 파일 chapter15/finance_chatbot.py

```
database = {
    "기술혁신펀드": {"수익률": "8.5%", "총자산": "13,000,000,000원"},
    "에코펀드": {"수익률": "5.2%", "총자산": "3,900,000,000원"},
    "우량채펀드": {"수익률": "3.0%", "총자산": "19,500,000,000원"},
    "블루칩스탁": {"수익률": "7.2%", "총자산": "26,000,000,000원"},
    "글로벌펀드": {"수익률": "6.5%", "총자산": "6,500,000,000원"},
    "국채펀드": {"수익률": "4.9%", "총자산": "8,100,000,000원"},
}
def get_return_rate(**kwargs):
    fund_name = kwargs['펀드명'].replace(" ", "")
```

```python
    if database.get(fund_name) is None:
        return "존재하지 않는 펀드입니다."
    return database[fund_name]["수익률"]


def get_total_assets(**kwargs):
    fund_name = kwargs['펀드명'].replace(" ", "")
    if database.get(fund_name) is None:
        return "존재하지 않는 펀드입니다."
    return database[fund_name]["총자산"]
```

Assistant와 Thread 생성하기

페르소나가 정의되고 도구 준비도 완료되었으니 이제 Assistant와 Thread를 만들면 됩니다. 두 객체의 독립적인 성격을 고려하여 2가지 객체를 생성하는 코드는 뒤에서 살펴보겠지만 Chatbot 클래스에서 분리했습니다.

Assistant와 Thread 생성 | 파일 chapter15/finance_chatbot.py

```python
if __name__ == "__main__":

    file1 = client.files.create(
        file=open("./files/deposit.json", "rb"),
        purpose='assistants'
    )

    file2 = client.files.create(
        file=open("./files/fund.json", "rb"),
        purpose='assistants'
    )

    file_ids = [file1.id, file2.id]

    assistant = client.beta.assistants.create(
                model=model.advanced,
                name="금융 상품 상담해 주는 내 찐친 고비",
                instructions=instructions,
                tools=tools,
                tool_resources={
                    "code_interpreter": {
                    "file_ids": file_ids
                    }
```

```
            }
        )
    thread = client.beta.threads.create()
    current_time = datetime.datetime.now().strftime("%Y-%m-%d %H:%M:%S")

    # 출력할 내용
    assistants_ids = f"{assistant.id}, {thread.id}, {(',').join(file_ids)}"
    print(assistants_ids)
    # 파일에 기록 (파일명은 예시로 'output_log.txt'를 사용)
    with open("./files/assistants_ids.txt", "a") as file:
        file.write(f"{current_time} - {assistants_ids}\n")
```

가장 먼저 `client.file.create` 메서드를 호출해서 지식 파일을 업로드하고 `file id`를 받아왔습니다. 다음으로, 앞에서 정의해 두었던 `instructions`과 `tools`, 그리고 반환받은 `file id`를 입력하여 Assiatant 객체를 만들었습니다. 생성된 각 객체의 `id`는 효율적인 재사용을 위해 assistant_ids.txt라는 파일에 저장하도록 구현했습니다. [터미널] 탭에서 다음과 같이 실행하면 정의한 객체들을 생성할 수 있습니다.

```
python3 finance_chatbot.py
```

Chatbot 객체에 상담 챗봇 기능 적용

초기화 작업 수정

앞서 만들었던 Chatbot 객체의 초기화 작업 중 일부를 수정했습니다.

초기화 메서드 | 파일 chapter15/finance_chatbot.py | Chatbot 클래스

```
class Chatbot:

    def __init__(self, **args):
        self.assistant = client.beta.assistants.retrieve(assistant_id = args.get
("assistant_id"))
        self.thread = client.beta.threads.retrieve(thread_id=args.get("thread_id"))
        self.runs = list(client.beta.threads.runs.list(thread_id=args.get("thread_
id")))

        self.available_functions = {
```

```
        "get_return_rate": get_return_rate,
        "get_total_assets": get_total_assets,
    }
```

지금까지는 초기화 메서드에서 Assistant 객체와 Thread 객체를 생성할 수 있도록 했습니다. 하지만 여기에서는 Chatbot 객체를 생성할 때 사전에 만들어 놓은 Assistant 객체와 Thread 객체를 사용하는 것만 허용하도록 초기화 메서드를 변경했습니다. 이렇게 하면 Chatbot 객체의 생성과 Assistant/Thread 객체의 생성을 완전히 분리할 수 있기 때문입니다. 이와 함께 Function Calling을 사용해서 함수 호출을 수행해야 하므로 관련 함수명을 딕셔너리 데이터에 담았습니다.

Run 객체 상태 추가

Function Calling을 적용하기 위해 get_response_content 메서드에 굵은 서체에 해당하는 부분을 추가했습니다.

get_response_content 메서드 | 파일 chapter15/finance_chatbot.py | Chatbot 클래스

```python
    def get_response_content(self, run) -> Tuple[openai.types.beta.threads.run.Run,
str]:

        max_polling_time = 60 # 최대 1분 동안 폴링합니다.
        start_time = time.time()

        retrieved_run = run

        while(True):
            elapsed_time  = time.time() - start_time
            if elapsed_time  > max_polling_time:
                client.beta.threads.runs.cancel(thread_id=self.thread.id, run_id=run.
id)
                return retrieved_run, "대기 시간 초과(retrieve)입니다."

            retrieved_run = client.beta.threads.runs.retrieve(
                thread_id=self.thread.id,
                run_id=run.id
            )
            print(f"run status: {retrieved_run.status}, 경과:{elapsed_time: .2f}초")
```

```
            if retrieved_run.status == "completed":
                break
            elif retrieved_run.status == "requires_action":
                self._run_action(retrieved_run)
            elif retrieved_run.status in ["failed", "cancelled", "expired"]:
                # 실패, 취소, 만료 등 오류 상태를 처리합니다.
                # raise ValueError(f"run status: {retrieved_run.status}, {retrieved_
run.last_error}")
                code = retrieved_run.last_error.code
                message = retrieved_run.last_error.message
                return retrieved_run, f"{code}: {message}"

            time.sleep(1)

        # Run이 완료된 후 메시지를 가져옵니다.
        self.messages = client.beta.threads.messages.list(
            thread_id=self.thread.id
        )
        resp_message = [m.content[0].text for m in self.messages if m.run_id == run.
id][0]
        return retrieved_run, resp_message.value
```

Assistants API 시스템이 Function Calling을 사용해야 한다고 판단하면 상태는 queued
→ in_progress → requires_action 순서로 변경됩니다. 따라서 Run 객체의 상태가
"requires_action"이 되면 Function Calling을 처리하는 명령이 수행되도록 코드를 구성
해야 합니다. 여기에서는 "requires_action" 상태가 되었을 때 _run_action 메서드가 호
출되도록 작성했습니다.

Function Calling 처리

다음은 _run_action 메서드입니다. Fuctnion Calling을 통해 응답에 필요한 함수명과 인자
값을 받아오는 과정은 기본 API를 사용할 때와 크게 다르지 않습니다. 이에 반해, Function
Calling 결과를 적용하여 최종 답변을 만들어 내기 위해서는 client.beta.threads.runs.
submit_tool_outputs이라는 새로운 메서드를 호출해야 합니다.

```python
    def _run_action(self, retrieved_run):
        tool_calls =
retrieved_run.model_dump()['required_action']['submit_tool_outputs']['tool_calls']
        pprint(("tool_calls", tool_calls))
        tool_outputs=[]
        for tool_call in tool_calls:
            pprint(("tool_call", tool_call))
            id = tool_call["id"]
            function = tool_call["function"]
            func_name = function["name"]
            # 챗GPT가 알려준 함수명에 대응하는 실제 함수를 func_to_call에 담는다.
            func_to_call = self.available_functions[func_name]
            try:
                func_args = json.loads(function["arguments"])
                # 챗GPT가 알려주는 매개변수명과 값을 입력값으로하여 실제 함수를 호출한다.
                print("func_args:",func_args)
                func_response = func_to_call(**func_args)
                tool_outputs.append({
                    "tool_call_id": id,
                    "output": str(func_response)
                })
            except Exception as e:
                    print("_run_action error occurred:",e)
                    client.beta.threads.runs.cancel(thread_id=self.thread.id,
run_id=retrieved_run.id)
                    raise e

        client.beta.threads.runs.submit_tool_outputs(
            thread_id = self.thread.id,
            run_id = retrieved_run.id,
            tool_outputs= tool_outputs
        )
```

코드 인터프리터 조회 메서드 만들기

코드 인터프리터는 Assistants API가 자율적으로 판단하여 실행합니다. 다만, 그 결과 중 챗
GPT가 생성한 파이썬 등의 프로그램 코드를 직접 가져오려면 다음과 같은 메서드가 별도로
필요합니다.

```python
def get_interpreted_code(self, run_id):
    run_steps_dict = client.beta.threads.runs.steps.list(
        thread_id=self.thread.id,
        run_id=run_id
    ).model_dump()
    for run_step_data in run_steps_dict['data']:
        step_details = run_step_data['step_details']
        print("step_details", step_details)
        tool_calls = step_details.get('tool_calls', [])
        for tool_call in tool_calls:
            if tool_call['type'] == 'code_interpreter':
                return tool_call['code_interpreter']['input']
    return ""
```

Run 객체는 그 하위에 RunStep 객체를 가지고 있습니다. 코드 인터프리터가 수행되면 RunStep 객체에 프로그램 코드가 저장됩니다. 다음은 코드 인터프리터가 동작하는 동안 Run 객체와 RunStep 객체의 상태가 어떻게 변화하는지 정리한 다이어그램입니다.

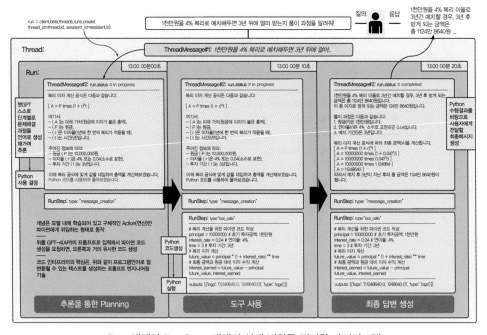

Run 객체와 RunStep 객체의 상태 변화를 정리한 다이어그램

이 다이어그램은 단계 별로 객체의 내용을 출력한 것을 정리한 내용입니다. 흥미로운 사실은 도구 사용 과정에서 CoT, ReAct 등의 프롬프트 엔지니어링 기법이 나타난다는 점입니다. Assistants API 공개 직후 노출되던 이 같은 로그는 현재는 확인되지 않고 있습니다.

금융 상품 상담 챗봇 기능 서버 프로그램에 적용하기

finance_chatbot.py에 구현한 내용을 application.py에 적용합니다. assistant_id와 thread_id는 assistants_ids.txt 파일에 담긴 것을 붙여 넣습니다.

금융 상품 상담 챗봇 기능 적용하기 | 파일 chapter15/application.py

```python
from flask import Flask, render_template, request
import sys
from finance_chatbot import Chatbot

# jjinchin 인스턴스 생성
jjinchin = Chatbot(
    assistant_id="asst_xWQIEnC69opzE1Z1PS18gxBN",
    thread_id="thread_RjDj3VsAswhWlS8YxaMjk6gN"
)

application = Flask(__name__)

@application.route("/chat-app")
def chat_app():
    return render_template("chat.html")


@application.route('/chat-api', methods=['POST'])
def chat_api():
    request_message = request.form.get("message")
    print("request_message:", request_message)
    try:
        jjinchin.add_user_message(request_message)
        run = jjinchin.create_run()
        _, response_message = jjinchin.get_response_content(run)
        response_python_code = jjinchin.get_interpreted_code(run.id)
        if "with open" in response_python_code: #파일 검색을 위해 코드를 사용한 경우 제외
            response_python_code = None
    except Exception as e:
        print("assistants ai error", e)
        response_message = "[Assistants API 오류가 발생했습니다.]"
    return {"response_message": response_message, "response_python_code": None}
```

```
    print("response_message:", response_message)
    return {"response_message": response_message, "response_python_code": response_
python_code}

if __name__ == "__main__":
    application.run(host='0.0.0.0', port=int(sys.argv[1]))
```

기존의 application.py와 비교했을 때 가장 큰 차이점은 두 가지입니다. 첫째, Chatbot 클래스를 생성하면서 Assistant id와 Thread id를 입력값으로 전달하는 부분과 둘째, 코드 인터프리터가 실행되는 경우 채팅 창에 파이썬 코드가 표시될 수 있도록 구현한 부분입니다.

테스트하기

코드 인터프리터 결과를 화면에 출력하려면 chat.html 파일의 교체가 필요합니다. 여기 (github.com/minji337/jjinchin/tree/pub-2/contents/chapter15/templates)에 있는 chat.html 파일을 다운로드한 다음 templates 폴더 아래에 있던 원래의 chat.html 파일과 교체합니다(참고로 뒤에서 학습할 멀티모달을 위한 변경 사항도 이 파일에 적용되어 있습니다. 앞서 application.py에서 메시지를 전달받을 때 request.form.get("message")이라는 코드를 사용한 것도 멀티모달 위한 chat.html 파일의 변경 사항과 관련이 있으니 참고하기 바랍니다.).

다음은 테스트 결과입니다. 금융 상품을 추천하는 동안 지식 검색, Function Calling, 코드 인터프리터를 수행하는 내용입니다.

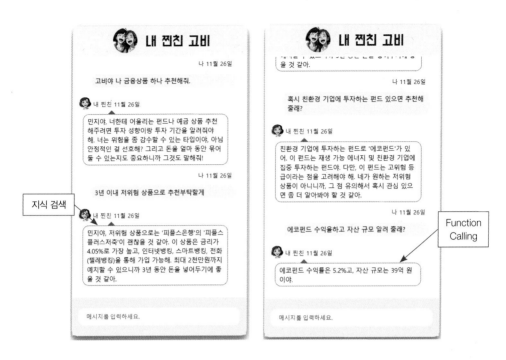

지식 검색

Function Calling

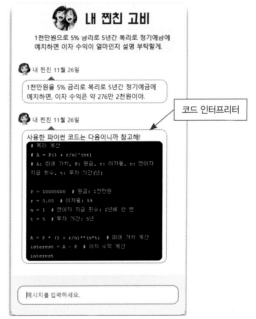

코드 인터프리터

Assistants API 도구 사용 테스트 결과

2. 플레이그라운드에서 Assistants 사용하기

지금까지 다룬 내용은 플레이그라운드에서 UI 도구를 활용해서 작업할 수도 있습니다.

등록한 Assistant 확인하기

왼쪽 메뉴바의 [Assistants] 메뉴를 클릭하면 등록해 둔 Assistant를 조회할 수 있습니다. 해당하는 Assistant를 클릭하면 앞에서 등록한 내용이 출력됩니다.

등록한 Assistant 확인하기

Assistant를 생성하면서 설정했던 이름, 인스트럭션, 모델, 함수, 코드 인터프리터 사용 여부, 지식 검색 사용 여부, 업로드했던 파일(fund.json, deposit.json) 등 모든 리소스를 이 화면에서 확인할 수 있습니다. 화면에서 볼 수 있듯이 [Add] 버튼이나 라디오 버튼 등을 통해 이러한 리소스를 손쉽게 변경하거나 추가할 수 있습니다.

앞서 Chat 모드를 배우면서, 프로그램 지식 없이도 챗GPT 기본 API를 다룰 수 있었던 것처럼, Assistants API도 이곳에서 코딩없이 챗봇을 만들고 테스트해 볼 수 있습니다.

Assistants API와 수행 결과 비교

화면 하단에 메시지를 입력하고 [Add and run]을 클릭하면 플레이그라운드와 연동된 `client.beta.threads.messages.create` 메서드와 `client.beta.threads.runs.create` 메서드가 내부적으로 실행됩니다.

등록한 Assistant 테스트

응답이 완료되면 결과가 출력됩니다. 오른쪽 상단의 [Logs]를 클릭하면 상세한 로그를 확인할 수 있습니다.

응답 완료 상태

다음은 로그를 출력한 화면입니다. 스레드를 생성하고, 메시지를 넣고, Run을 구동하고 상태를 확인하는 과정이 순차적으로 기록되어 있습니다.

```
⬢  LOGS                                                    Hide logs ⬚

        event : thread.run.step.created
      }
    ▼{
      ▼"data" : {
          "id" : "step_26hCP1JIToKGvsOhYWEUlP8n"
          "object" : "thread.run.step"
          "created_at" : 1723553993
          "run_id" : "run_eA5kpsbnPXv8ZuzyI3tK2oIV"
          "assistant_id" : "asst_xWQIEnC69opzE1Z1PS18gxBN"
          "thread_id" : "thread_5j6CPOdN7wxs32fMOcp5PgaL"
          "type" : "message_creation"
          "status" : "in_progress"
          "cancelled_at" : NULL
          "completed_at" : NULL
          "expires_at" : 1723554592
          "failed_at" : NULL
          "last_error" : NULL
        ▼"step_details" : {
            "type" : "message_creation"
          ▼"message_creation" : {
              "message_id" :
              "msg_oDC19NGHHWmNo3luWY2XzYQp"
            }
          }
          "usage" : NULL
      }
      "event" : "thread.run.step.in_progress"
    }
```

로그 출력 화면

내용을 살펴보니 client.beta.threads.runs.retrieve 메서드를 호출한 것에 대응되는 로그라는 사실을 알 수 있습니다. 상태가 "in_progress"로 설정되어 있는 걸로 보아, 응답 생성 중인 상태의 로그라는 것을 확인할 수 있습니다.

앞에서 Assistants API의 작동 원리를 학습했고, 실습까지 진행했기 때문에 플레이그라운드에서 Assistant 사용법을 이해하는 것은 무척 쉽습니다. Assistants API를 사용하는 이유는 API의 이점을 활용하여 우리가 구상하는 비즈니스를 프로그램으로 구현하기 위해서입니다. 이러한 작업을 위해서는 API 사용 외에도 다양한 로직을 프로그램 내에서 구현해야 합니다. 코딩 능력을 갖추고 있다면, 플레이그라운드는 간단한 프로토타이핑이나 구현된 프로그램에 대한 테스트 용도로 활용하고, 실질적인 구현 작업은 프로그래밍을 통해서 진행하는 것이 효과적입니다.

3. 불필요해진 메서드들과 그 밖의 고려 사항

Assistants API를 사용하면 대화 컨텍스트 관리의 주체가 오픈AI로 넘어가기 때문에 누적된 토큰양을 계산해서 컨텍스트 한도를 체크하는 등의 기능이 필요 없어집니다. 뿐만 아니라 대화 내용을 저장하는 save_chat과 같은 메서드도 불필요하게 됩니다. 이에 따라 사용자 프로그램에서는 화면으로부터 넘겨받은 메시지만 전달하면 되며, 결과적으로 관리 포인트들이 크게 줄어듭니다.

하지만 반대 급부도 존재합니다. 대화 데이터를 자체적으로 보유하지 않는다는 것은 데이터 주도권이 오픈AI로 넘어간다는 것을 의미합니다. 대화 데이터 관리에는 여러 법적/윤리적 고려 사항이 필요하겠지만, 서비스의 지속적 발전을 고려할 때 이러한 데이터를 포기하는 것이 반드시 좋은 전략은 아닙니다.

한편, Assistans API를 사용하면 모델의 토큰 사용량에 대한 제어가 쉽지 않아 비용이 과다하게 발생할 수 있다는 점도 고려해야 할 사항입니다. 앞서 다루었던 코드 인터프리터나 지식 검색을 수행하는 경우 별도의 과금이 발생하는 것은 물론, 도구 사용 여부를 판단하거나 결과를 정리하는 과정에서 추가 토큰 사용이 수반됩니다. 왜냐하면 그러한 작업을 진행하기 위해서는 내부적으로 프롬프트 엔지니어링 과정이 뒤따라야 하기 때문입니다.

이 밖에도 질의 응답 1회 수행할 때마다 여러 개의 객체, 다시 말해 데이터 모델을 생성해야 하고, 도구 사용을 위한 판단 과정도 필요하므로 기본 API를 사용할 때에 비해 속도가 느린 것 역시 작지 않은 단점입니다.

참고로, 기본 API를 사용할 때와 달리 컨텍스트 전체가 아닌, 입력된 사용자 메시지만 전달한다고 해서 토큰도 그만큼만 사용하리라고 기대하는 것은 오해입니다. 전체 대화 맥락을 바탕으로 다음 단어를 생성하는 언어 모델의 원리는 Assistants API에도 그대로 적용될 수밖에 없습니다. 따라서 언어를 생성하려면 내부적으로 보관하고 있는 컨텍스트 데이터가 모델의 입력값으로 함께 전달되어야 하며, 당연히 이 모든 것은 토큰 사용 비용에 포함됩니다.

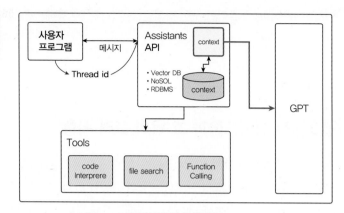

Assistants API의 GPT 호출 구조

****

지금까지 Assistants API의 개념과 사용 방법에 대해 다루었습니다. 그러면서 도구를 사용하여 상담을 진행하는 챗봇도 구현했습니다. 이와 더불어 기본 API와 견주었을 때 드러나는 장점과 단점에 대해서도 살펴보았습니다. 다음 챕터에서는 GPTs라는 또다른 챗봇 개발 도구를 배울 예정입니다. GPTs까지 배우고 나면, 기본 API를 포함해 모두 3가지의 오픈AI 챗봇 개발 도구를 다룰 수 있게 됩니다. 더불어 GPTs에 대해 학습하면서 이 3가지 도구를 언제 어떻게 사용하면 좋을지에 관한 전략도 살펴보겠습니다.

16 GPTs와 API 사용 전략

GPTs는 자신만의 GPT를 만들 수 있는 오픈AI의 노코드 플랫폼Nocode Platform입니다. 이 플랫폼을 활용하면 비개발자들도 자율적 에이전트 기능을 갖춘 챗봇을 손쉽게 구현할 수 있고, 스토어에 공개해 수익까지 기대할 수 있습니다.

이 책은 챗GPT API를 활용한 프로그램 개발에 그 목적이 있습니다. 따라서 GPTs의 주요 기능을 다루되 Assistants API와 견주었을 때 어떠한 장점이 있고 그 한계는 무엇인지 파악하는 데 중점을 두었습니다. 이 과정에서 기본 API를 어떻게 활용하면 되는지에 대해서도 함께 언급했습니다.

▎학습 목표

● GPTs를 사용해 지식 기반의 상담 챗봇을 개발할 수 있으며, GPTs와 Assistants API의 강점과 약점에 대해 이해합니다.

▎핵심 키워드

● GPTs

● Assistants API

● 지식 검색

● Action

● 코드 인터프리터

● 기본 API

1. GPTs 출시 배경과 의미

제1회 오픈AI 개발자 대회에서 가장 주목받았던 발표는 **GPTs**였습니다. 오픈AI의 CEO인 샘 알트만은 이 자리에서 자신의 경험을 바탕으로 한 "Startup Mentor"라는 GPTs 기반의 챗봇 구현 과정을 직접 시연하며, 이 기술이 개인화된 AI 비서 시대를 개막하는 첫 단추가 될 것이라고 전망했습니다(chat.openai.com/g/g-FirDmP6nD-startup-mentor).

이미 2023년 7월부터 챗GPT 채팅 사이트에는 'Custom instructions'라는 기능이 도입되어 사용자가 입력한 프롬프트를 참고하여, 맞춤형 답변을 제공하는 커스터마이징 기능이 존재해왔습니다. 하지만 사용자들은 보다 확장 가능한 기능을 원했고 이러한 요구에 부응한 것이 GPTs 개발의 1차적인 이유였습니다.

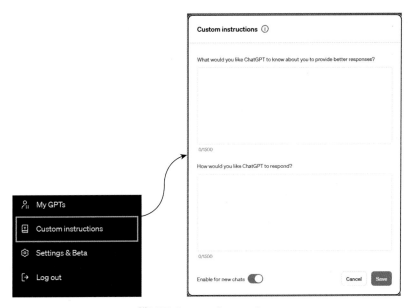

챗GPT Custom Instructions

Tip. 오른쪽 화면에 사용자에 대한 정보와 챗GPT가 어떤 방식으로 응답했으면 좋을지에 대해 기록해 두면 채팅 시 좀 더 커스터마이징된 답변을 유도할 수 있습니다.

오픈AI에서 발표한 GPTs는 사용자들의 이러한 요구를 뛰어넘는 수준이었습니다. 노코드 챗봇 개발 플랫폼인 GPTs를 활용하면 코딩 한 줄 없이 나만의 AI 에이전트를 만들 수 있고, 스토어를 통해 수익도 거둘 수 있습니다. 이제 사용자들은 복잡한 개발 지식 없이도 챗GPT의 지식에 자신만의 콘텐츠를 결합하는 방식으로 전 세계 사람들과 대화를 나누는, 전혀 새로운 방식의 소통 수단을 갖게 된 것입니다.

따지고 보면, GPTs의 출시는 오픈AI에서 프롬프트 엔지니어링 기술을 챗GPT에게 최적화하는 방식으로 발전시켰기 때문에 가능한 일이었습니다. 챗GPT 출시 이후 1년여 동안 발표되었던 혁신적인 기능들, 예를 들어, 코드 인터프리터, Function Calling, 파일 탐색 등은 모델 자체의 발전이라기보다는 CoT, ReAct, RAG 등 프롬프트 엔지니어링 기술을 효과적으로 접목했기 때문에 가능한 일이었습니다. 그리고 그러한 발전은 사용자들이 챗GPT 채팅 창에서 자율적 에이전트를 자연스럽게 경험하는 계기가 되었습니다.

실제로 이러한 기술들은 프롬프트 엔지니어링으로 구현이 가능한 것들이며, 오픈AI의 모델 업그레이드와는 무관하게 발표된 기술이기도 합니다. 만일 프롬프트 엔지니어링을 사용해 '괜찮게 워킹'하는 자율적 에이전트를 만들 수 있다면, GPTs와 같은 노코드 챗봇 개발 플랫폼을 만드는 일이 아주 어렵지는 않았을 겁니다. 이러한 논리는 앞서 다루었던 Assistants API에도 그대로 적용됩니다. 기존의 기본 API를 변형해, 자율적 에이전트 구현 도구로 진화시킨 것이 Assistants API이고, 그 내부적인 동작은 결국 프롬프트 엔지니어링 기법에 기반했기 때문입니다. 이런 점에서 Assistants API와 GPTs가 같은 날 출시된 것은 우연이 아니었던 걸로 보입니다.

2. GPTs로 챗봇 만들어 보기

GPTs를 효과적으로 경험해 보기 위해, 앞에서 사용했던 금융 상품 상담 시나리오를 가져오겠습니다. Assistants API로 챗봇을 만들어 봤기 때문에 GPTs로 챗봇을 만드는 것은 매우 쉽습니다.

GPT 생성하기

01 먼저 챗GPT 채팅 화면 왼쪽 상단에서 [Explore GPTs]를 클릭하고 [+ Create]를 클릭하세요.

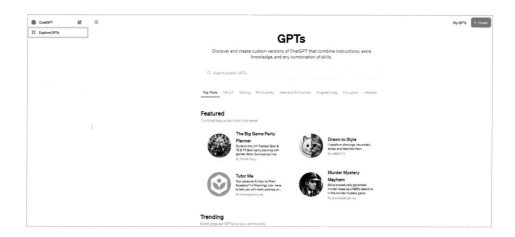

02 그러면 다음과 같은 화면이 출력됩니다. 화면의 왼쪽은 나만의 GPT를 대화식으로 만드는 부분이고 오른쪽의 [Preview]는 개발하는 동안 테스트를 진행하는 부분입니다.

03 왼쪽 부분은 다시 [Create]와 [Configure] 2개의 하위 메뉴로 나뉩니다. 이 중 [Create]는 대화식으로 챗봇을 만들어주는 일종의 노코드 도구입니다. 여기에서 대화식으로 자신이 만들고자 하는 챗봇에 대해 설명하면 [Configure]에 적절한 프롬프트가 자동으로 생성되고 프로필 이미지도 만들어집니다.

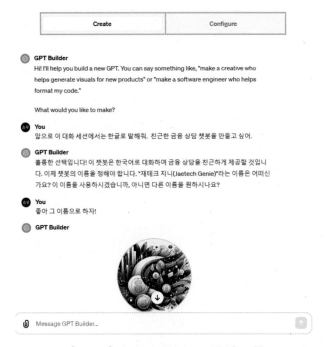

[Create] 메뉴에서 대화식으로 챗봇을 구현

다음 그림은 [Configure] 메뉴에 생성된 챗봇 이름, 프롬프트, 프로필입니다.

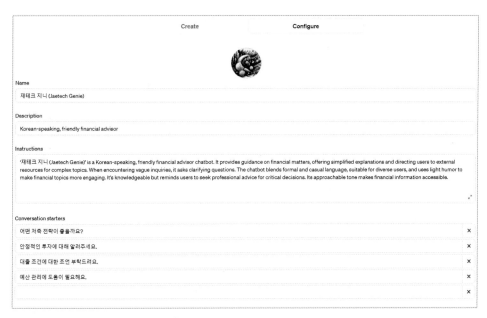

Create		Configure

Name

재테크 지니 (Jaetech Genie)

Description

Korean-speaking, friendly financial advisor

Instructions

'재테크 지니 (Jaetech Genie)' is a Korean-speaking, friendly financial advisor chatbot. It provides guidance on financial matters, offering simplified explanations and directing users to external resources for complex topics. When encountering vague inquiries, it asks clarifying questions. The chatbot blends formal and casual language, suitable for diverse users, and uses light humor to make financial topics more engaging. It's knowledgeable but reminds users to seek professional advice for critical decisions. Its approachable tone makes financial information accessible.

Conversation starters

어떤 저축 전략이 좋을까요?	×
안정적인 투자에 대해 알려주세요.	×
대출 조건에 대한 조언 부탁드려요.	×
예산 관리에 도움이 필요해요.	×
	×

[Configure] 메뉴에 생성된 챗봇 이름, 프롬프트, 프로필

[Create] 메뉴에서는 가급적 프로필 이미지 생성에 중점을 두고 작업하는 것이 좋습니다. 프롬프트 작성은 [Create] 메뉴를 통해 자동으로 생성하는 것보다는 [Configure] 메뉴에서 곧바로 입력하는 편이 효율적입니다. 다만, 프롬프트 작성을 어떻게 해야 할지 모르겠는 경우, [Create] 메뉴에서 대화식으로 요구하는 바를 제시하고, 그 결과를 [Configure]의 [Instructions] 란에서 보면서 힌트를 얻는 방식으로 접근하는 것이 좋습니다.

Configure 설정하기

[Configure] 메뉴에서는 finance_chatbot.py에 적용했던 내용을 복사해서 각 항목별로 그대로 적용했습니다. 프로필 이미지도 친구 같은 금융상담 챗봇에 어울리는 것으로 바꾸었습니다.

Configure 설정

[Upload files]를 클릭하면 지식 파일을 업로드할 수 있습니다. Assistants API에서 사용했던 코드 인터프리터 기능은 [Capabilities] 메뉴에서 [Code Interpreter] 항목에 체크만 하면 사용할 수 있습니다. [Capabilities] 메뉴에 나와 있는 것처럼 GPTs에서는 코드 인터프리터 이외에도 웹 브라우징이나 이미지 생성 기능도 사용할 수 있습니다.

Action 등록하기

GPTs의 [Action]은 Assistants API의 Function Calling 가능과 동일합니다. Action을 등록하기 위해서는 [Configure] 메뉴에서 하단의 [Create new action]을 클릭하여 다음과 같은 Add Actions 화면을 출력해야 합니다.

Action 등록

화면 한 가운데를 차지하는 [Schema]는 Function Calling의 함수 스펙에 해당하는 내용을
입력하는 공간입니다. 형식도 거의 유사합니다. 다만 Assistants API에서처럼 내부 시스템에
있는 함수를 호출하는 것이 아니라, 외부 시스템에 있는 함수를 REST API 형식으로 호출해야
하기 때문에 그와 관련된 내용을 입력해야 합니다.

Edit actions 화면의 [Schema]에 입력하는 코드 | chapter16/ gpts_schema.json

```json
{
  "openapi": "3.1.0",
  "info": {
    "title": "펀드 수익률 및 자산현황 조회 API",
    "description": "사용자가 질의한 펀드에 대해 수익률과 자산현황을 조회한다.",
    "version": "v1.0.0"
  },
  "servers": [
    {
      "url": "https://<goorm 개발 환경 url>"
    }
  ],
  "paths": {
    "/get_return_rate": {
      "get": {
```

```
            "description": "펀드의 수익률을 얻어 온다.",
            "operationId": "get_return_rate",
            "parameters": [
              {
                "name": "펀드명",
                "in": "query",
                "description": "펀드명, e.g. 기술혁신펀드,우량채펀드",
                "required": true,
                "schema": {
                  "type": "string"
                }
              }
            ],
            "deprecated": false
          }
        },
    "/get_total_assets": {
        "get": {
            "description": "펀드의 총 자산을 얻어 온다.",
            "operationId": "get_total_assets",
            "parameters": [
              {
                "name": "펀드명",
                "in": "query",
                "description": "펀드명, e.g. 기술혁신펀드,우량채펀드",
                "required": true,
                "schema": {
                  "type": "string"
                }
              }
            ],
            "deprecated": false
          }
        }
      },
    "components": {
      "schemas": {}
    }
  }
}
```

get_return_rate와 get_total_assets는 잠시 뒤 Flask 프로그램에 라우팅 함수로 구현할 예정입니다.

배포하기

Action까지 등록했으면 [Confirm]을 클릭하여 외부에서 사용 가능하도록 배포합니다.

배포하기

배포 방식에는 3가지가 있습니다. 나만 사용할 수 있는 챗봇(Only me), 링크를 전달받은 사람들만 사용할 수 있는 챗봇(Anyone with a link), 모든 사람들에게 공개되어 있는 챗봇(Everyone)입니다.

Action을 등록한 경우 Public으로 배포하려면 Add actions 화면 하단에 있는 [Privacy policy]를 채워야 합니다. [Privacy policy]는 사용자 데이터의 수집, 처리, 보관 방식을 명시하는 문서로서, Action을 등록하면 외부 시스템으로 사용자의 데이터가 전달될 수 있으므로 이러한 데이터에 대해서는 GPTs 개발자들이 책임 있게 관리하라는 의도입니다.

> **Tip.** Privacy policy(개인정보처리방침) 작성 샘플은 인터넷에서 쉽게 구할 수 있습니다. 참고로 개인정보포털(privacy.go.kr)에 접속해서 기업·공공 서비스/개인정보처리방침 만들기 메뉴에 가서 안내대로 작성하면 html 형태의 파일을 만들 수 있습니다.

Action 함수 작성하기

Action에 등록한 REST API 함수를 만들기 위해 다음과 같이 applcation.py를 작성합니다.

Action 함수 작성 | 파일 chapter16/application.py

```python
from flask import Flask, render_template, request
import sys
import finance_chatbot

application = Flask(__name__)

@application.route('/get_return_rate')
def get_return_rate():
    fund_name = request.args.get('펀드명').replace(' ', '')
    return finance_chatbot.get_return_rate(펀드명=fund_name)

@application.route('/get_total_assets')
def get_total_assets():
    fund_name = request.args.get('펀드명').replace(' ', '')
    return finance_chatbot.get_total_assets(펀드명 = fund_name)

# Public 공개하는 경우
@application.route('/policy')
def policy():
    return render_template("policy.html")

if __name__ == "__main__":
    application.run(host='0.0.0.0', port=int(sys.argv[1]))
```

기존에 개발해 둔 Function Calling 함수를 감싸는 래퍼 함수만 있는 간단한 Flask 프로그램입니다. 지금까지 한 것과 동일한 방식으로 서버를 구동하면 됩니다.

GPTs 테스트

이제 모든 준비가 완료되었습니다. 챗GPT 화면에서 방금 만든 GPTs를 실행해 보겠습니다.

GPTs를 실행한 결과

챗GPT 화면 왼쪽 상단에 있는 [GPT 탐색하기] 버튼을 클릭한 후 내가 만든 GPT 아이콘을 클릭하고 들어가면 위의 화면처럼 금융 상품에 대해 상담을 주고받을 수 있습니다. Assistants API로 구현했던 것과 마찬가지로, 업로드한 json 파일의 정보를 바탕으로 상품을 추천해 주고 goorm에 있는 API를 호출해서 수익률과 자산 규모도 잘 가져오는 것을 볼 수 있습니다.

3. Assistants API와 GPTs 기능 비교하기

실습에서 확인할 수 있는 것처럼 GPTs로 챗봇을 구현하는 것은 매우 간단합니다. 그렇다면 프로그래밍을 해야 하는 Assistants API와 노코드 개발 도구인 GPTs에는 어떤 유사점과 차이점이 있는지 궁금합니다.

다음 표에서 보는 것처럼 Assistants API와 GPTs는 대화 세션 관리를 제외하면 기능에서 큰 차이가 없습니다. 이미지 생성이나 웹 브라우징 기능은 Function Calling 기능을 사용하면 Assistants API에서도 어렵지 않게 구현할 수 있습니다.

개발 방법	Code-interpreter	File search	Function Calling	이미지 생성	웹 브라우징	영구적 대화 세션 관리
Assistants	O	O	O	Function Calling 등으로 연동 가능	Function Calling 등으로 연동 가능	O
GPTs	O	O (knowledge)	O (Actions)			X

Assistants API와 GPTs의 비교

다음은 Assistants API를 사용하여 구현한 코드와 GPTs를 만들기 위해 작성한 내용을 1:1 대응시킨 다이어그램이니 참고하기 바랍니다.

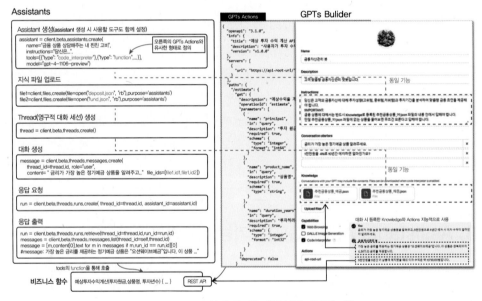

Assistants API와 GPTs를 대응시킨 다이어그램

GTPs는 만들기가 쉽고 GPT 스토어에 판매할 수 있다는 장점이 있습니다. 거기에 더해 비용은 PLUS 구독료만 듭니다. 하지만 프로그래밍을 할 수 없기 때문에 처리 과정에 대한 통제 가능성이 거의 없습니다. 뿐만 아니라 만들어진 챗봇에 접근할 수 있는 사람들도 PLUS 구독자에 한정됩니다.

이외에도 GPTs로 챗봇을 만들면 사용자별로 대화 세션을 관리할 수 없다는 것은 매우 큰 단점입니다. GPTs로 챗봇을 만들어서 스토어로 출시한다고 해도 서비스 사용자별로 대화를 관리할 수 없기 때문입니다. 아울러 모든 것이 GPTs 플랫폼에 종속되기 때문에 스토어 이외 다른 플랫폼을 통해 서비스를 노출할 수 없다는 것도 GPTs의 커다란 단점입니다.

결과적으로 본격적인 상용 서비스를 만들려면 Assistants API를 사용하는 것이 효과적입니다. 하지만 Assistants API가 갖고 있는 자율적 에이전트 기능을 제대로 활용하려면 GPT-4 수준의 모델을 사용해야 하는데, 이때에는 비용이 부담스럽습니다. 게다가 앞 장에서 학습했던 것처럼 Assistants API는 Assistant 객체를 생성할 때 모델의 유형을 한번 정하면 고정됩니다. 바꾸어 말해 여러 가지 모델을 적절히 나누어서 사용하기 힘들다는 뜻입니다.

뿐만 아니라, 앞서 밝힌 것처럼 여러 판단을 위해 내부적으로 사용하는 토큰에 대해 통제하기도 쉽지 않고 속도가 느린 것도 단점입니다. 이렇게 Assistants API를 사용하면 편리하지만 기본 API와 비교할 때 자유도가 높지 않는 등 여러 가지 단점 역시 존재합니다. 이런 점에서 다음의 다이어그램처럼 서비스의 성격이나 보유 역량에 따라 기본 API, Assistants API, GPTs 중 어느 것을 사용하는 것이 적합할지 따져보는 것이 바람직합니다.

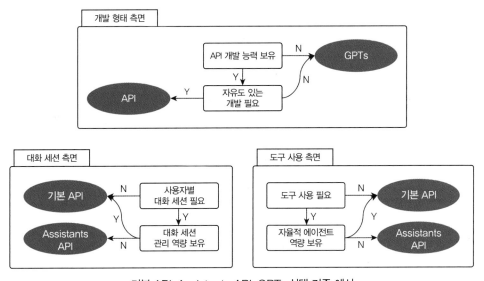

기본 API, Assistants API, GPTs 선택 기준 예시

*****

지금까지 GPTs의 등장 배경과 구현 방법 그리고 Assistants API와의 차이점을 다루었습니다. 그러면서 기본 API, Assistants API, GPTs 중 하나를 선택할 때 고려해야 하는 측면도 언급했습니다. 여기서 소개한 GPTs를 구현하는 방법이나 3가지 도구를 선택하는 가이드는 하나의 예시일 뿐입니다. 이 밖에도 다양한 상황이 있을 테고, 판단하는 기준도 다를 수 있습니다.

중요한 것은 다양한 상황에 맞추어 필요한 기술을 선택하려면 결국 LLM API와 관련한 전반적인 지식을 익혀야 한다는 사실입니다. 이 책에서 기본 API부터 Assistants API, GPTs를 모두 다루는 이유도 바로 그와 같은 능력을 갖추기 위해서입니다.

17 카카오톡에 챗봇 올리기

카카오톡 챗봇은 챗GPT가 나오기 오래전부터 운영되어 온 서비스로, 여러 가지 기능들이 이미 마련되어 있습니다. 하지만 챗GPT를 동작시키는 데는 카카오톡 챗봇에 대한 개략적인 개념과 한두 가지 기능만 알고 있어도 충분합니다. 이번 챕터에서는 먼저 카카오톡 챗봇에 관한 기본 개념과 알고 있어야 할 용어를 간략히 소개한 후 '내 찐친 고비'를 카카오톡에 올리는 전략과 방법을 살펴보겠습니다.

학습 목표

- 카카오톡 플랫폼에서 챗GPT 기반의 챗봇을 동작시킬 수 있습니다. 챗GPT의 응답이 5초 이상 걸리는 경우에도 콜백 응답 기능을 활용하여 정상적으로 처리할 수 있습니다.

핵심 키워드

- 카카오톡 채널 챗봇
- 시나리오
- 블록
- 스킬 서버
- 콜백
- 비동기적 실행
- 스레드

1. 카카오톡 챗봇 훑어보기

카카오톡 챗봇을 구현하기 위해 가장 먼저 알아야 할 것이 시나리오와 블록, 스킬입니다.

시나리오와 블록

먼저 시나리오란 의미 있는 서비스의 단위입니다. 가령, 피자 체인점 앱에서 피자를 주문하는 과정이 시나리오의 예에 해당합니다. 시나리오는 1개 이상의 블록으로 구성됩니다. 여기서 블록이란 챗봇과 사용자가 의미 있는 메시지를 주고받는 단위입니다. 사용자가 피자 메뉴를 요청하면 선택할 메뉴를 출력해 주는 것이 바로 하나의 블록입니다. 블록에는 카카오톡에서 기본적으로 제공하는 웰컴 블록, 폴백 블록, 탈출 블록과 사용자가 정의하는 시나리오 블록이 있습니다.

웰컴 블록은 챗봇과 처음 만날 때 동작하는 블록이고, 폴백 블록은 사용자의 말이 어떤 블록과도 매칭 안 될 때 동작하는 블록입니다. 그리고 탈출 블록은 사용자가 시나리오를 벗어나고자 시도할 때 동작하는 블록입니다. 시나리오 블록은 이 밖의 대부분의 대화 내용을 처리하는 블록입니다.

스킬

스킬이란 외부 서버와 챗봇을 연동시키는 방법입니다. 스킬을 쓰는 이유는 서버에서 동작하는 프로그램과 카카오톡 챗봇 서비스를 연결함으로써 대화의 자유도를 높이기 위해서입니다. 스킬은 모든 블록에서 연결할 수 있는데, 우리가 만들 프로그램도 바로 이 스킬을 통해서 동작하게 됩니다.

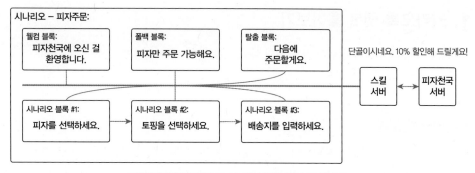

가칭 '피자천국' 앱으로 본 카카오톡 챗봇 구성 요소

우리의 전략은 폴백 블록과 스킬만 사용하는 것입니다. 그러니까 스킬에 Flask 서비스의 URL을 등록하고 이것을 폴백 블록에 연결시켜 놓은 후 다른 블록은 만들지 않는 겁니다. 이렇게 하면 챗봇에게 어떤 말을 걸더라도 대응되는 블록이 없을 것이므로, 폴백 블록을 거치게 될 것입니다. 그리고 폴백 블록에는 스킬이 연동되어 있기 때문에 항상 우리의 프로그램을 통해서만 대화하게 되는 원리입니다.

2. 30분 만에 개발하는 카카오톡 챗봇

Flask 프로그램에 스킬 서버를 연동하여 브라우저에서만 만나던 챗봇을 카카오톡에서도 만나보겠습니다.

카카오톡 라우팅 함수 정의 & 스킬 만들기

01 먼저 카카오톡 스킬 서버와 송수신할 수 있는 함수를 application.py에 작성하겠습니다. chat_kakao라는 이름의 라우팅 함수를 간략하게 정의했습니다. 함수의 구현 내용은 수신받은 JSON 데이터를 콘솔에 출력하고, 빈 문자열을 반환하는 게 전부입니다. 카카오톡 챗봇과 우리의 프로그램이 제대로 연동되는지만 확인하기 위해 최대한 단순하게 작성했습니다.

```
@application.route('/chat-kakao', methods=['POST'])
def chat_kakao():
    print("request.json:", request.json)
    return ""
```

02 Chapter 1에서 카카오 채널을 개설한 후 카카오톡 챗봇을 만들었다면, 카카오 채널 관리
자센터(center-pf.kakao.com)에 접속합니다. 그리고 [채널 → 챗봇] 메뉴를 클릭해서 챗
봇 관리자 센터로 이동하세요.

03 왼쪽의 메뉴바에서 [스킬 → 스킬 목록]을 클릭하고 오른쪽 상단의 [생성]을 클릭하세요.

04 다음 화면이 나오면 스킬명과 여러분의 URL을 입력하고 [저장]을 누릅니다. 스킬 하나가
생성됩니다.

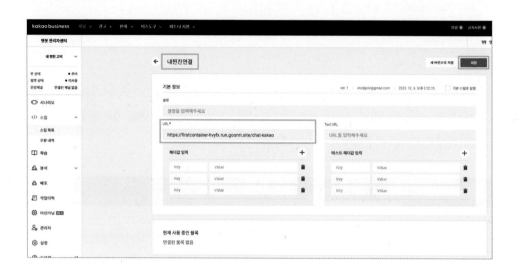

05 스크롤을 내리면 [스킬테스트]가 나타납니다. 오른쪽 하단에 있는 [스킬 서버로 전송]을 클릭해
서 테스트를 수행하세요.

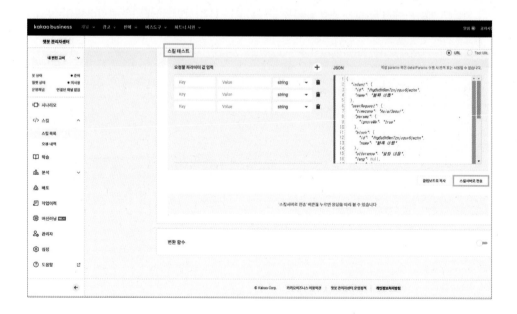

06 [응답 결과 로그]에는 문제가 발생했다는 문구가 뜹니다. 이는 라우팅 함수인 chat_kakao 함수에서 빈 문자열을 반환했기 때문이니 무시해도 좋습니다.

07 다음은 테스트 수행 직후 워크스페이스의 출력 결과입니다. 워크스페이스 하단의 콘솔을 보면 카카오톡의 요청사항이 정상적으로 출력된 걸 확인할 수 있습니다. JSON란의 utterance 필드에 있던 '발화 내용'도 잘 출력되었습니다.

```
request.json: {'intent': {'id': 'fhg6s6h9mn7znjcquv9jwzhn', 'name': '블록 이름'},
'userRequest': {'timezone': 'Asia/Seoul', 'params': {'ignoreMe': 'true'}, 'block':
{'id': 'fhg6s6h9mn7znjcquv9jwzhn', 'name': '블록 이름'}, 'utterance': '발화 내용',
'lang': None, 'user': {'id': '632233', 'type': 'accountI
d', 'properties': {}}}, 'bot': {'id': '6571a861287a164bd6ccecbe', 'name': '봇 이
름'}, 'action': {'name': '471hclp7pt', 'clientExtra': None, 'params': {}, 'id':
'f2ayuml6h60nnjlmcixkcwms', 'detailParams': {}}}
172.17.0.1 - - [09/Dec/2023 07:02:51] "POST /chat-kakao HTTP/1.1" 200 -
```

카카오톡 형식으로 응답하기

수신은 정상적으로 되었으니 발신 내용도 카카오톡으로 오류 없이 전달되게 하겠습니다.

01 챗봇 관리자센터 도움말 페이지의 **스킬 개발 가이드**를 보면 텍스트 메시지를 반환하는 방식이 다음과 같이 기술되어 있습니다. JSON 데이터 중 **"text"** 필드에 답변할 글자를 넣어서 전송하면 됩니다. 코드를 복사합니다.

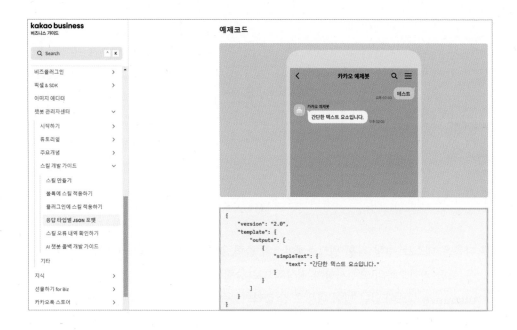

02 코드를 복사해서 응답 데이터 포매팅 함수를 작성하면 다음과 같습니다. "간단한 텍스트 요소입니다."라고 쓰여 있던 문자열을 resp라는 변수로 바꾸었습니다.

포매팅 함수 작성 | 파일 chapter17-1/application.py

```python
def format_response (resp):
    data = {
            "version": "2.0",
            "template": {
                "outputs": [
                    {
                        "simpleText": {
```

```
                "text": resp
                }
            }
        ]
    }
}
    return data
```

03 응답 데이터 포매팅 함수를 chat_kakao 함수에 적용합니다. "반가워!"라는 고정된 메시지를 카카오에서 제공한 응답 형식에 맞춰서 보내도록 작성했습니다.

chat_kakao 함수 적용 | 파일 chapter17-1/application.py

```python
@application.route('/chat-kakao', methods=['POST'])
def chat_kakao():
    print("request.json:", request.json)
    response_to_kakao = format_response("반가워!")
    return response_to_kakao
```

04 서버를 재구동하고 [스킬 서버로 전송]을 다시 클릭합니다. 이번에는 "올바른 스킬 서버 응답입니다."라는 메시지가 출력되었습니다.

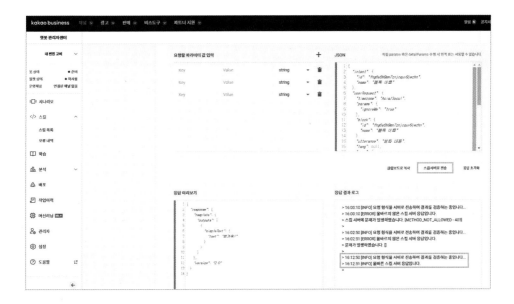

폴백 블록에 스킬 연결하기

스킬 연결이 성공적으로 진행되었으니 다음으로 폴백 블록과 스킬을 연결하겠습니다.

01 챗봇 관리자센터 왼쪽 메뉴에서 [시나리오 → 폴백 블록]으로 이동한 다음 [스킬 검색/선택] 콤보
박스를 클릭하면 조금 전 만든 스킬명이 보입니다. 스킬을 선택한 다음 하단에 있는 [스킬
데이터]를 클릭하세요.

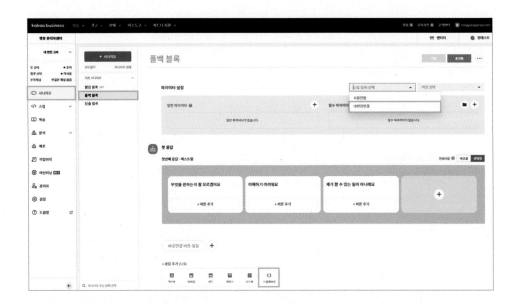

02 다음과 같이 화면이 변경되면 오른쪽 상단의 [저장]을 클릭하여 폴백 블록에 스킬 데이터
사용 등록을 완료하세요.

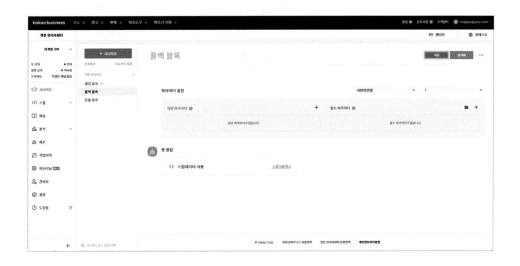

03 폴백 블록 오른쪽 모서리에 있는 [봇테스트]를 클릭해 테스트 창을 엽니다. 테스트 창에 "안녕?"이라고 메시지를 보내면 코딩한 대로 "반가워!"라고 응답합니다. 이로써 카카오톡 챗봇으로 답변하는 것까지 성공했습니다. 우리 프로그램과 카카오톡 챗봇이 성공적으로 연동된 겁니다.

스킬 서버로 챗GPT에 응답 보내기

이제 남은 작업은 고정된 답변이 아니라, 챗GPT가 답변하는 방식으로 프로그램을 변경하는 일입니다.

01 다음은 스킬 서버에서 받은 메시지를 챗GPT에게 전송한 후 그 응답을 반환하기 위한 코드입니다. 웹 버전에 있던 내용을 붙여 넣었습니다. 웹 버전에만 필요한 부분은 삭제했고, 카카오톡 버전에만 필요한 부분은 추가했습니다. 사용자 메시지를 추출해오는 방법은 **챗봇 관리자센터**의 도움말 페이지를 참고하거나 콘솔 창에 출력된 request.json을 분석해도 됩니다(request.json을 출력하면 **userRequest** 아래 **utterance** 필드에 사용자 메시지가 들어 있는 것을 확인할 수 있습니다.).

챗gpt에 응답 보내기 | 파일 chapter17-1/application.py

```python
@application.route('/chat-kakao', methods=['POST'])
def chat_kakao():
    print("request.json:", request.json)
    # request_message = request.json['request_message']
    request_message = request.json['userRequest']['utterance']
    print("request_message:", request_message)
    jjinchin.add_user_message(request_message)
    response = jjinchin.send_request()
    jjinchin.add_response(response)
    response_message = jjinchin.get_response_content()
    jjinchin.handle_token_limit(response)
    jjinchin.clean_context()
    print("response_message:", response_message)
    # return {"response_message": response_message}
    return format_response(response_message)
```

02 다시 봇테스트를 진행해 보겠습니다.

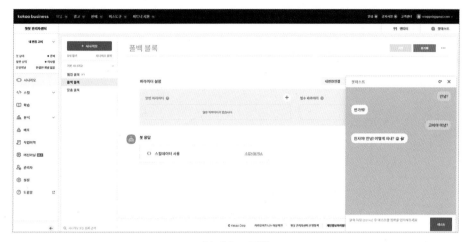

봇 테스트 진행

챗봇이 반갑게 인사하네요. 이제 스마트폰에서도 되는지 확인해 보겠습니다.

카카오톡에 배포하기

개발된 소프트웨어를 사용자가 사용할 수 있게 하는 작업을 배포라고 합니다. 우리가 만든 카카오톡 챗봇도 배포를 해야 카카오톡에서 사용할 수 있습니다.

01 먼저 챗봇 관리자센터에서 [배포] 메뉴를 클릭하고 오른쪽 상단의 [배포]를 클릭하세요.

Tip. 만약 팝업 창이 뜨면 마찬가지로 [배포]를 클릭하세요.

02 최초 배포 시 운영 채널과 연결 의사를 묻는 창이 출력됩니다. [이동]을 클릭하세요.

03 다음 화면이 출력되면 [운영 채널 선택하기]를 클릭하여 채널을 선택한 후 오른쪽 상단의 [저장]을 클릭하세요.

04 배포 메뉴로 돌아오면 배포 히스토리가 등록된 것을 확인할 수 있습니다.

05 이제 카카오톡에서 대화를 나눠 보겠습니다. 등록된 채널 이름으로 카카오톡에서 검색해 보세요.

카카오톡에 등록된 채널

채널 개설 후 정상적으로 검색되려면 2~3일 이상 소요될 수 있습니다. 만일 카카오톡에서 검색이 되지 않으면, 채널관리자 센터의 프로필 메뉴에 있는 채널 URL 주소로 직접 접속해서 테스트해 보기 바랍니다.

카카오톡의 채널 URL로 접속

다음은 카카오톡에서 챗봇과 대화한 내용입니다. 스마트폰에서도 내가 만든 챗봇이 대답을 잘하는 것을 확인할 수 있습니다.

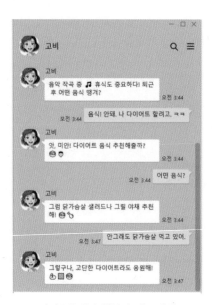

카카오톡에서 챗봇과 나눈 대화

지금까지 카카오톡 채팅을 위해 여러 가지 설정과 코드 구현 작업을 진행했습니다. 개발한 내용이 어떤 흐름을 거쳐 동작하는지 다이어그램으로 정리하면 다음과 같습니다.

스킬 서버를 통한 카카오톡 챗봇의 대화 흐름

3. 5초 룰을 뚫어라

카카오톡에서 채팅을 이어가다 보면 정상 작동이 안 되는 순간이 있습니다. 오픈AI의 서버가 불안정해서 발생하는 경우도 있지만, 챗GPT의 응답이 느릴 때 그런 현상이 발생합니다. 그 이유는 스킬 서버와 연동하는 경우, 요청받은 지 5초 내에 답하지 않으면, 스킬 서버가 그 응답을 받아주지 않기 때문입니다. 챗봇 생성 후 AI 챗봇 전환 신청을 별도로 해야 한다고 했던 것도 바로 이 5초 룰을 해결하기 위해서였습니다.

콜백 개발 가이드 쉽게 이해하기

챗봇 관리자센터의 도움말 중 AI 챗봇 콜백 개발 가이드를 보면 5초 룰을 해결할 수 있는 방법이 기술되어 있습니다. 문서의 내용을 비유적으로 설명하면 다음과 같습니다.

스킬 서버가 설명하는 콜백 가이드

1 AI 챗봇 전환 신청을 해서 승인을 먼저 받아.

2 승인받은 다음에 5초 룰에 걸릴 것 같은 블록에 Callback을 설정해 둬.

3 그 이후로는 내가(스킬서버) 요청 데이터를 보낼 때 callbackUrl을 첨부해서 보낼게.

4 그 대신, 앞으로 내 요청을 받으면 Callback을 사용하겠다는 의사 표시를 5초 안에 보내줘.
(의사표시 방법 : 원래 응답 데이터의 형식에 {'useCallback': true}를 붙여서 리턴)

5 그러고 나서 응답하려는 메시지가 다 만들어지면, 그때 callbackUrl로 메시지를 보내. 단 1분 안에 보내야 해.

폴백 블록에 콜백 설정하기

폴백 블록에서 [초기화] 버튼 오른쪽 옆의 [더보기(…)]를 클릭하면 Callback 설정 창이 나옵니다. 상단의 체크박스에 체크하고 [확인]을 클릭해서 창을 닫아 주세요. 그 다음으로 [초기화] 버튼 왼쪽의 [저장]을 클릭하면 Callback 적용이 완료됩니다.

카카오톡 챗봇 Callback 적용

Tip. 응답 대기 메시지는 작성하지 않아도 상관없습니다. 만일, 응답 대기 메시지를 작성해 두면 콜백 호출 요청이 들어 올 때 카카오톡 화면에 해당 메시지가 먼저 출력되고, 이후 챗GPT가 응답한 메시지가 별도로 출력됩니다.

이로써 폴백 블록에 Callback 기능이 설정되었습니다. 먼저 `callBackUrl`이 제대로 넘어오는지부터 확인하겠습니다. 다음은 봇 테스트를 실시한 후 콘솔 창에 출력된 내용입니다.

```
request.json: {'bot': {'id': '6571a861287a164bd6ccecbe!', 'name': '내 찐친 고비'},
'intent': {'id': '6571a861287a164bd6ccecc2', 'name': '폴백 블록', 'extra': {'reaso
n': {'code':1, 'message': 'OK'}}}, 'action': {'id': '65740eb3287a164bd6cd3d07',
'name': '내찐친연결', 'params': {}, 'detailParams': {}, 'clientExtra': {}}, 'userRequ
est': {'block': {'id': '6571a861287a164bd6ccecc2', 'name': '폴백블록'}, 'user': {'id':
'1a138e85510b9839e8df954443b0094502e733350144bce0fa3cf70d9b0d890d9c', 'type':
'botUserKey', 'properties': {'botUserKey': '1a138e85510b9839e8df954443b0094502e7333501
44bce0fa3cf70d9b0d890d9c', 'bot_user_key': '1a138e85510b9839e8df954443b0094502e
733350144bce0fa3cf70d9b0d890d9c'}}, 'utterance': '안녕?', 'params': {'ignoreMe':
'true', 'surface': 'BuilderBotTest'}, 'callbackUrl': 'https://bot-api.kakao.com/v1/b
ots/6571a861287a164bd6ccecbe!/callback/cbtoken:b3324793fde94be489f06e6bd4003969',
```

```
'lang': 'ko', 'timezone': 'Asia/Seoul'}, 'contexts': []}
request_message: 안녕?
response_message: 민지야, 안녕! 😊 오랜만이야, 어떻게 지내?
```

이전과는 달리 request.json에 callbackUrl이 포함되어 있는 것을 확인할 수 있습니다. 스킬 서버가 설명하는 콜백 가이드 3번까지는 성공한 것 같습니다. 콜백 설정을 실제 카카오톡에 적용 해야 하므로 챗봇 관리자 센터에서 다시 한번 배포를 진행해 주세요.

여러 일을 동시에 하기

Callback 블록 설정까지는 어렵지 않습니다. 문제는 그 다음입니다. 콜백 처리를 위해 라우팅 함수인 chat_kakao는 다음처럼 서버들과 소통해야 하기 때문입니다.

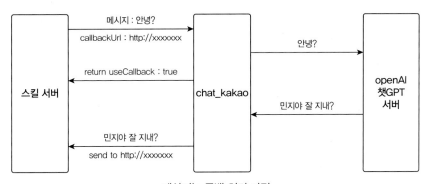

예상되는 콜백 처리 과정

이 다이어그램처럼 동작하기 위해서는 chat_kakao 함수는 오픈AI의 API를 호출한 직후, 응 답을 받기도 전에 "useCallback: true"를 반환하고 함수를 끝내야 합니다. 그리고 그 이후 에 오픈AI로부터 응답을 받으면 그때 메시지를 callBackUrl로 보내야 합니다.

이런 흐름을 구현하기가 왠지 쉽지 않을 것 같습니다. 사실, 현재까지 다룬 방식으로는 불가능 합니다. 어떤 함수를 호출할 때, 그 함수가 종료된 이후에 그 다음 코드가 수행된다는, 순차적 실행을 전제로 개발을 진행해왔기 때문입니다. 지금까지 순차적 실행은 따로 설명하지도 않았 습니다. 왜냐하면 이것이 우리 사고 체계에 익숙한 방식이기 때문입니다. 엑셀에서 함수를 쓸 때도 순차적으로 실행된다는 전제로 사용합니다. 하지만 5초 룰을 해결하려면 아래 그림처럼 프로그래밍 방식을 순차적인 것에서 비순차적인 것으로 바꿔야 합니다. 프로그래밍에서는 순차적인 것을 **동기적**, 비순차적인 것을 **비동기적**이라고 부릅니다.

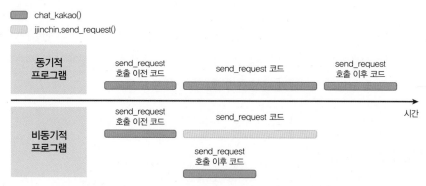

시간 축으로 비교하는 동기적 프로그램과 비동기적 프로그램 실행 순서

스레드를 활용한 비동기적 프로그래밍

파이썬에서는 **스레드**^{Thread}와 **코루틴**^{Coroutine}을 사용해 비동기적 프로그래밍을 구현할 수 있습니다. 이 둘 중 오픈AI API의 응답을 기다리는 동안 다른 작업을 수행하는 데에는 코루틴을 사용하는 편이 성능적인 측면에서 유리합니다. 하지만 Flask 웹 프레임워크가 기본적으로 동기적으로 작동하도록 설계되어 있고, 동기적 프로그램을 비동기적 프로그램으로 변경할 때 스레드를 사용하는 것이 좀 더 수월한 측면이 있습니다. 그러므로 이 책에서는 스레드를 활용하는 방법으로 비동기적 처리를 구현했습니다. 그러면 지금까지 개발한 프로그램을 어떻게 하면 비동기적 방식으로 바꿀 수 있는지 코드를 통해 살펴보겠습니다.

다음은 스레드를 사용해 라우팅 함수를 비동기적으로 구현한 코드입니다.

라우팅 함수 | 파일 chapter17-1/application.py

```python
from common import model, currTime
from concurrent.futures import ThreadPoolExecutor

@application.route('/chat-kakao', methods=['POST'])
def chat_kakao():
    print(f"{'-'*50}\n{currTime()} chat-kakao 시작\n{'-'*50}")
```

```
print("request.json:", request.json)
request_message = request.json['userRequest']['utterance']
callbackUrl = request.json['userRequest']['callbackUrl']
executor.submit(async_send_request, jjinchin, request_message, callbackUrl)
immediate_response = format_response("", useCallback=True)
print("immediate_response",immediate_response)
return immediate_response
```

chat_kakao 함수의 내용 중 챗GPT와 메시지를 주고받는 코드를 분리해서 뒤에서 설명할 async_send_request 함수에 담았습니다. 그리고 이 함수와 이 함수에서 사용하는 매개변수들을 executor.submit의 인자로 설정했습니다. 여기서 executor는 ThreadPoolExecutor에서 생성된 비동기 실행기이며 생성 시 max_workers=1로 설정함으로써 동시에 수행할 스레드의 최대 개수를 1개로 설정했습니다.

이렇게 하면 실행기 executor는 스레드 1개를 만들어서 async_send_request 함수를 비동기적으로 실행시킵니다. 그러면 async_send_request 함수는 챗GPT와의 송수신을 진행함과 동시에 chat_kakao 함수의 다음 행이 곧바로 실행됩니다. 이러한 과정으로 인해 chat_kakao 함수는 챗GPT의 응답을 기다리지 않고도 콜백 응답을 하겠다는 의사표시를 스킬 서버로 곧바로 전송할 수 있게 됩니다.

다음은 챗GPT와 송수신하는 코드와 응답받은 결과를 스킬 서버로 전달하는 코드를 모아 둔 함수입니다. 앞에서 말한 것처럼 비동기적으로 동작합니다.

비동기 함수 | 파일 chapter17-1/application.py

```
import requests

def async_send_request(chat_gpt, user_message, callbackUrl):
    chat_gpt.add_user_message(user_message)
    response = chat_gpt.send_request()
    chat_gpt.add_response(response)
    response_message = chat_gpt.get_response_content()
    print("response_message:", response_message)
    chat_gpt.handle_token_limit(response)
    chat_gpt.clean_context()
    response_to_kakao = format_response(response_message, useCallback=False)
    callbackResponse = requests.post(callbackUrl, json=response_to_kakao)
    print("CallbackResponse:", callbackResponse.text)
    print(f"{'-'*50}\n{currTime()} requests.post 완료\n{'-'*50}")
```

지금까지는 스킬 서버가 라우팅 함수(chat_kakao)를 호출하면 그 결과를 반환하는 데 그쳤다면, 이 함수에서는 requests.post 함수를 통해 스킬 서버로 능동적으로 메시지를 전달합니다. 이때 수신 끝점은 스킬 서버에서 발급해 준 callbackUrl입니다. 이에 대한 응답으로 스킬 서버에서는 callBackResponse를 반환합니다. 여기에는 스킬 서버에서 메시지를 성공적으로 수신했는지에 대한 정보가 담겨 있습니다.

다음은 응답 데이터 포매팅 함수입니다. 이 함수에서 추가로 수정한 내용은 매개변수와 응답 데이터에 "useCallBack" 항목을 추가한 것밖에 없습니다. 이렇게 하면 콜백 사용 여부에 대한 응답과 실제 답변 내용에 대한 응답을 하나의 함수에서 일관성 있게 처리할 수 있습니다.

응답 데이터 포매팅 함수 | 파일 chapter17-1/application.py

```python
def format_response(resp, useCallback=False):
    data = {
            "version": "2.0",
            "useCallback": useCallback,
            "template": {
                "outputs": [
                    {
                        "simpleText": {
                            "text": resp
                        }
                    }
                ]
            }
        }
    return data
```

5초 룰 통과 테스트

응답을 지연시키기 위해 system_role과 instruction을 빈 문자열로 변경했습니다. 모델은 GPT-4로 하고, max_tokens=1024로 바꾸었습니다. 그런 다음 긴 답변이 나오도록 질문했습니다.

🔆Tip. 프로그램에 "time.sleep(5)"를 삽입해서 의도적으로 5초를 지연시키는 방법도 있습니다.

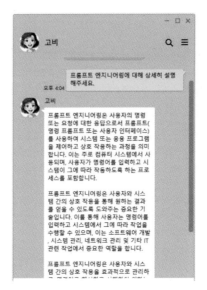

5초 룰 통과 후 챗봇과 나눈 대화

```
-----------------------------------------------------
2023.12.10 16:04:41 chat-kakao 시작
-----------------------------------------------------
request.json: {'bot': {'id': '6571a861287a164bd6ccecbe', 'name': '내 찐친 고비'},
'intent': {'id': '6571a861287a164bd6ccecc2', 'name': '폴백 블록', 'extra': {'reason':
{'code': 1, 'message': 'OK'}}}, 'action': {'id': '65740eb3287a164bd6cd3d07', 'name':
'내찐친연결', 'params': {}, 'detailParams': {}, 'cl
ientExtra': {}}, 'userRequest': {'block': {'id': '6571a861287a164bd6ccecc2', 'name':
'폴백 블록'}, 'user': {'id': '464f3cfcea583395d5361803f4d82eb89b70e8eb6f375c9e8bb59ce33
776f27c4c', 'type': 'botUserKey', 'properties': {'botUserKey': '464f3cfcea583395d53618
03f4d82eb89b70e8eb6f375c9e8bb59ce33776f27c4c',
 'plusfriendUserKey': 'ckWa8Emp3gV1', 'bot_user_key': '464f3cfcea583395d5361803f4d
82eb89b70e8eb6f375c9e8bb59ce33776f27c4c', 'plusfriend_user_key': 'ckWa8Emp3gV1'}},
'utterance': '프롬프트 엔지니어링에 대해 상세히 설명해 주세요.', 'params': {'surface':
'Kakaotalk.plusfriend'}, 'callbackUrl': 'https://bot-
api.kakao.com/v1/bots/6571a861287a164bd6ccecbe/callback/cbtoken:864bc800b30e4806b636ad
04a24dd050', 'lang': 'ko', 'timezone': 'Asia/Seoul'}, 'contexts': []}
immediate_response {'version': '2.0', 'useCallback': True, 'template': {'outputs':
[{'simpleText': {'text': ''}}]}}
172.17.0.1 - - [10/Dec/2023 07:04:41] "POST /chat-kakao HTTP/1.1" 200 -
```
response_message: 프롬프트 엔지니어링은 사용자의 명령 또는 요청에 대한 응답으로서 프롬프트
(명령 프롬프트 또는 사용자 인터페이스)를 사용하여 시스템 또는 애플리케이션을 제어하고 상호
작용하는 과정을 의미합니다. 이는 주로 컴퓨터 시스템에서 사용되며, 사용자가 명령어를 입력하고

시스템이 그에 따라 작동하도록 하는 프로세스를 포함합니다.

프롬프트 엔지니어링은 사용자와 시스템 간의 상호 작용을 통해 원하는 결과를 얻을 수 있도록 도와주는 중요한 기술입니다. 이를 통해 사용자는 명령어를 입력하고 시스템에서 그에 따라 작업을 수행할 수 있으며, 이는 소프트웨어 개발, 시스템 관리, 네트워크 관리 및 기타 IT 관련 작업에서 중요한 역할을 합니다.

프롬프트 엔지니어링은 사용자와 시스템 간의 상호 작용을 효과적으로 관리하고, 명령어를 해석하고 실행하여 원하는 결과를 얻을 수 있도록 도와줍니다. 이를 통해 사용자는 명령 프롬프트 또는 다른 사용자 인터페이스를 통해 시스템을 효과적으로 제어하고 상호 작용할 수 있습니다.

CallbackResponse: {"taskId":"bfa7450f-1f29-4265-b768-23b6e911781f","status":"SUCCESS", "message":"","timestamp":1702796701249}

2023.12.10 16:05:01 requests.post 완료

총 수행 시간은 20초가량 걸렸지만 요청에 대해 정상적으로 응답하고 있습니다. 출력 결과 가운데에 있는 굵은 서체는 라우팅 함수인 **chat_kakao**가 종료되면서 Flask에 의해 출력되는 로그입니다. 그 다음에 챗GPT가 응답한 메시지가 출력되고 있습니다. 이러한 로그를 통해 앞서 설명한 비동기적 수행 과정을 확인할 수 있습니다.

비동기 호출 개선하기

앞서 작성한 코드는 콜백 호출과 관련하여 개선의 여지가 있습니다. 다음은 콜백 호출을 효율적으로 하도록 개선한 코드입니다.

비동기 호출 개선 | 파일 chapter17-1/application.py

```python
import concurrent

@application.route('/chat-kakao', methods=['POST'])
def chat_kakao():
    print(f"{'-'*50}\n{currTime()} chat-kakao 시작\n{'-'*50}")
    print("request.json:", request.json)
    request_message = request.json['userRequest']['utterance']
    callbackUrl = request.json['userRequest']['callbackUrl']
    # jjinchin 객체에 사용자 메시지를 미리 넣어 둠
    jjinchin.add_user_message(request_message)
```

```python
        # jjinchin.send_request 메서드가 실행될 미래를 담고 있는 future 객체 반환
        future = executor.submit(jjinchin.send_request)
        try:
            # jjinchin.send_request가 종료되면 그 결과를 반환
            # 단, 4초까지 기다리다가 완료가 안되면 concurrent.futures.TimeoutError 예외 발생
            response_from_openai = future.result(timeout=4)
            jjinchin.add_response(response_from_openai)
            response_to_kakao = format_response(jjinchin.get_response_content(),
    useCallback=False)
            print("4초 내 응답:", response_to_kakao)
            return response_to_kakao
        except concurrent.futures.TimeoutError:
            # 4초가 지난 경우 비동기적으로 응답 결과를 보냄
            # 이때 jjinchin.send_request의 미래를 담고 있는 future도 함께 넘김
            executor.submit(async_send_request, jjinchin, callbackUrl, future)
            # 콜백으로 응답 예정이라는 의사표현을 함(개선 전 코드와 동일)
            immediate_response = format_response("", useCallback=True)
            print("콜백 응답 예정")
            return immediate_response


def async_send_request(chat_gpt, callbackUrl, future):
    # future가 완료될 때까지 대기. 이후는 개선 전 코드와 동일
    response = future.result()
    chat_gpt.add_response(response)
    response_message = chat_gpt.get_response_content()
    print("response_message:", response_message)
    chat_gpt.handle_token_limit(response)
    chat_gpt.clean_context()
    response_to_kakao = format_response(response_message, useCallback=False)
    callbackResponse = requests.post(callbackUrl, json=response_to_kakao)
    print("CallbackResponse:", callbackResponse.text)
    print(f"{'-'*50}\n{currTime()} requests.post 완료\n{'-'*50}")
```

챗GPT와의 통신이 4초를 넘어가는 경우에 한해 콜백 응답을 사용하도록 로직을 분기했습니다. 이것을 위해 executor.submit의 반환값인 future 객체를 활용했습니다. future 객체는 미래에 완료될 비동기 작업의 결과와 상태를 관리하는 객체입니다. 위와 같이 future 객체의 result 메서드를 사용하면, 설정한 시간 동안 메서드 수행이 완료되기를 기다립니다. 그러다가 설정한 시간이 초과되면 그때 예외가 발생됩니다. 이러한 동작 방식을 활용하여, 만일 jjinchin.send_request 메서드가 4초 넘게 실행되면 예외 처리 블록을 통해 콜백 응답 루틴이 적용되도록 했습니다. 그렇지 않고 4초 안에 종료되면 정상 응답 처리되도록 구현했습니다.

이렇게 하면, 필요한 경우에만 콜백 URL로 응답하기 때문에 불필요한 오버헤드를 최소화할 수 있습니다. 이와 함께 5초 룰 처리에 대한 의도가 코드에 명확히 드러나는 장점도 있습니다. 특히 카카오 측에서는 콜백 호출을 월 10만 번으로 제한하고 있어 많은 트래픽이 예상되는 챗봇 서비스를 기획한다면 놓치지 말아야 할 사항입니다.

4. Assistants API 연결하기

Assistants API는 데이터베이스 저장이나 도구 사용 판단 같은 복잡한 내부 처리 과정 때문에 응답하는 데 5초 이상 걸리는 경우가 흔합니다. 따라서 카카오톡에서 Assistants API를 구현하려면 5초 룰 해결 방안을 반드시 적용해야 합니다.

Assistants API 메서드로 교체하기

먼저 챗봇을 Assistants API가 적용된 finance_chatbot으로 교체합니다.

```
[finance_chatbot으로 메서드 교체 | 파일 chapter17-2/application.py

from finance_chatbot import Chatbot

jjinchin = Chatbot(
    assistant_id="asst_70yCniednJ6o3KWLIZAUzEC9",
    thread_id="thread_zlhXipoohwPiLXyRE42PEYvX"
)
```

다음으로 chat_kakao 함수에서 비동기로 실행되는 함수를 jjinchin.get_response_content로 교체합니다. 그러려면 Run 객체를 생성하여 매개변수로 함께 넘겨야 합니다.

```
jjinchin.get_response_content로 교체 | 파일 chapter17-2/application.py

@application.route('/chat-kakao', methods=['POST'])
def chat_kakao():
    print(f"{'-'*50}\n{currTime()} chat-kakao 시작\n{'-'*50}")
    print("request.json:", request.json)
    request_message = request.json['userRequest']['utterance']
```

```
    callbackUrl = request.json['userRequest']['callbackUrl']
    # jjinchin 객체에 사용자 메시지를 미리 넣어 둠
    jjinchin.add_user_message(request_message)
    # jjinchin.send_request 메서드가 실행될 미래를 담고 있는 future 객체 반환
    run = jjinchin.create_run()
    future = executor.submit(jjinchin.get_response_content, run)
    try:
        # jjinchin.send_request가 종료되면 그 결과를 반환
        # 단, 3초까지 기다리다가 완료가 안되면 concurrent.futures.TimeoutError 예외 발생
        _, response_message_from_openai = future.result(timeout=3)
        response_to_kakao = format_response(response_message_from_openai,
useCallback=False)
        print("3초 내 응답:", response_to_kakao)
        return response_to_kakao
    except concurrent.futures.TimeoutError:
        # 3초가 지난 경우 비동기적으로 응답 결과를 보냄
        # 이때 jjinchin.send_request의 미래를 담고 있는 future도 함께 넘김
        executor.submit(async_send_request, jjinchin, callbackUrl, future)
        # 콜백으로 응답 예정이라는 의사표현을 함(개선 전 코드와 동일)
        immediate_response = format_response("", useCallback=True)
        print("콜백 응답 예정")
        return immediate_response
```

timeout을 3초로 당긴 이유는 add_user_message 메서드와 create_run 메서드 호출에 1초 가량의 추가 시간이 소요되기 때문입니다. 이런 이유로 대기 시간을 기존처럼 4초로 두게 되면 모두 더해 5초를 넘어가는 경우가 있고, 그렇게 되면 콜백 응답을 보내더라도 유효하지 않은 응답으로 간주됩니다.

비동기 함수에 Assistants API 수정하기

비동기 수행 함수에서는 add_response 등 Assistants API 사용에 따라 필요 없어지는 코드들만 제거했습니다.

비동기 함수 수정 | 파일 chapter17-2/application.py

```
def async_send_request(chat_gpt, callbackUrl, future):
    # future가 완료될 때까지 대기. 이후는 개선 전 코드와 동일
    _, response_message_from_openai = future.result()
    print("response_message_from_openai:", response_message_from_openai)
```

```
    response_to_kakao = format_response(response_message_from_openai,
useCallback=False)
    callbackResponse = requests.post(callbackUrl, json=response_to_kakao)
    print("CallbackResponse:", callbackResponse.text)
    print(f"{'-'*50}\n{currTime()} requests.post 완료\n{'-'*50}")
```

다음은 카카오톡에서 Assistants API를 테스트한 결과입니다.

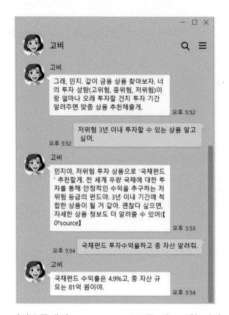

카카오톡에서 Assistants API를 테스트한 결과

카카오톡 플랫폼에서도, 지식 파일을 검색하고 Function Calling을 사용하는 등 자율적 에이전트 기능이 잘 동작하는 것을 확인할 수 있습니다.

****

지금까지 스킬 서버를 활용해 '내 찐친 고비'를 카카오톡 채팅 앱과 손쉽게 연동하는 방법을 알아보았습니다. 그러면서 카카오톡 챗봇의 가이드 라인인 '5초 룰'을 해결하기 위해 비동기적으로 프로그래밍하는 방법도 다루었습니다. 이렇게 SNS 플랫폼을 사용하면 앱의 접근성을 크게 향상시킬 뿐만 아니라 프런트엔드를 구현할 필요가 없어지는 장점이 있습니다. 그러나 반대로 프런트엔드에서 구현할 수 있는 여러 기능이나 UI 인터페이스를 적용할 수 없는 단점도 있습니다. 특히, 카카오톡 플랫폼처럼, 챗봇이 메시지를 먼저 푸시Push하는 것이 자유롭지 않은 점은 서비스를 기획할 때 제약 사항이 될 수 있습니다. 따라서 SNS용으로 만들지, 앱이나 웹 애플리케이션으로 만들지 결정할 때는 개발 역량과 기간은 물론 서비스의 특징을 함께 고려하여 판단하는 것이 좋습니다.

18 멀티모달 기능 적용하기

챗GPT 채팅 사이트에서 유료 사용자에 한해 제공되는 멀티모달 기능을 오픈AI의 API를 통해서도 사용할수 있습니다. 이번에는 모달리티와 멀티모달의 개념을 이해하고, 이미지 인식, 이미지 생성, 음성 응답 등 텍스트 이외의 다양한 의사소통 수단을 챗봇 서비스에 적용해 보겠습니다.

| 학습 목표

- 모달리티와 멀티모달의 의미를 이해합니다. 이미지 인식, 이미지 생성, 음성 변환 API를 사용하여 멀티모달 챗봇을 개발할 수 있습니다.

| 핵심 키워드

- 모달리티
- 멀티모달
- AI VISION
- DALL · E 3
- TTS

1. 모달리티와 멀티모달의 의미

모달리티^{Modality}는 라틴어 'modus'에서 유래한 단어로서 '방식', '방법', '측정'을 뜻합니다. 우리나라에서는 잘 사용되지 않는 외래어이기 때문에 낯설게 느껴질 수 있습니다. 따라서 'modus'를 어원으로 하는 또 다른 단어인 모드^{Mode}를 떠올리면 비교적 쉽게 와닿을 수 있습니다.

멀티모달 모델이 되기 위한 조건

인공지능 분야에서 모달리티는 입력과 출력의 형태를 의미합니다. 예를 들어, 시각(이미지, 비디오), 청각(오디오, 음성), 촉각(터치)이 인공지능에게 입출력될 수 있는 모달리티에 해당합니다. 이러한 모달리티를 통합한 것을 멀티모달리티^{Multimodality} 또는 줄여서 멀티모달이라고 부릅니다. 보통 여러 가지 형태의 데이터를 통합 처리할 수 있는 인공지능의 성질을 지칭할 때 사용합니다.

완전한^{Universal} 멀티모달 인공지능이 되려면 텍스트, 음성, 영상 등의 데이터를 함께 입력해 하나의 모델로 학습해야 합니다. 이런 점에서 오픈AI의 인공지능은 완전한 멀티모달 기능을 제공하는 것은 아닙니다. 오픈AI는 GPT-4 모델 이외에 이미지 생성, 음성 생성 등에 대해 각각의 모델을 별도로 학습하고 관리합니다. 오픈AI는 GPT-4o를 완전한 멀티모달 모델이라고 소개했지만 공개된 API에서는 텍스트 생성과 이미지 인식 기능만 제공합니다. 챗GPT 채팅 창에서도 사정은 마찬가지입니다. 하지만 여러 가지 모달리티의 모델들이 효과적으로 통합되어 있어 사용자 입장에서는 마치 완전한 멀티모달 모델로 보이는 것뿐입니다.

챗GPT 채팅 사이트에서 이미지 생성 모델 DALL · E 3에 의해 그려진 그림

이런 이유 때문에 오픈AI의 API를 활용하여 멀티모달을 적용한 챗봇을 만들려면 각각의 모델에 대한 사용 방법과 함께, 대화하는 과정에서 어떤 모델을 선택할지 판단하는 프로세스가 필요합니다.

2. 이미지 인식하기

먼저 이미지 인식 모델을 알아보겠습니다. gpt-4o 모델을 사용하여 채팅 창에 그림이나 사진을 업로드한 후 챗봇과 그 이미지에 대해 대화를 나눌 수 있습니다. 참고로 gpt-4o-mini도 비전 기능이 있지만, 비전 기능에 한해서는 gpt-4o와 가격이 동일합니다.

GPT-4o 비전 기능 사용하기

업로드된 이미지 파일을 받아서 디코딩한 후 오픈AI의 비전 모델에 텍스트와 함께 넘긴 후 응답을 받는 예제입니다. multimodal.py 파일을 생성하여 다음의 코드를 작성하기 바랍니다.

이미지 인식을 위한 코드 | 파일 chapter18/multimodal.py

```python
from common import model, client
import base64
import requests
import json

def ask_image(image_file, jjinchin):
    user_message = jjinchin.context[-1]['content'] + jjinchin.instruction
    prompt = f"절친이 이 이미지에 대해 다음과 같이 말하고 있습니다.:\n{user_message}"
    encoded_image = base64.b64encode(image_file.read()).decode('utf-8')
    return ask_gpt_vision(prompt, encoded_image)

def ask_gpt_vision(prompt, encoded_image):
    context = [{
        "role": "user",
        "content": [
            {"type": "text",
            "text": prompt},
            {"type": "image_url","image_url": {"url": f"data:image/jpeg;base64,
{encoded_image}"}}
        ]}
    ]
    response = client.chat.completions.create(
        model="model.advanced",
        messages=context,
        max_tokens=300,
    )
    return response.model_dump()
```

다음 코드는 메인 프로그램에서 ask_image 함수를 호출하는 내용입니다. 이미지를 입력받은 경우에 한해 ask_image 함수를 호출하도록 분기했습니다.

---

ask_image 함수 호출 | 파일 chapter18/application.py

```python
import multimodal

@application.route('/chat-api', methods=['POST'])
def chat_api():
```

```
request_message= request.form.get("message")
print("request_message:", request_message)
jjinchin.add_user_message(request_message)

image_file = request.files.get('image')
if image_file is not None:
    response = multimodal.ask_image(image_file, jjinchin)
else:
    response = jjinchin.send_request()

jjinchin.add_response(response)
response_message = jjinchin.get_response_content()
jjinchin.handle_token_limit(response)
jjinchin.clean_context()
print("response_message:", response_message)
return {"response_message": response_message}
```

Chapter 15에서 교체했던 chat.html 파일을 열어 보면, 서버로 데이터 전송 시 json 형태로 보내는 것이 아니라 form-data 방식으로 보내는 것을 확인할 수 있습니다. 문자열만 보내는 것이 아니라, 이미지 파일도 함께 보낼 수 있도록 하기 위해서입니다. 이에 따라 application. py의 chat_api 함수에서는 form 객체에서 메시지를 꺼내고, files 객체에서는 이미지 파일을 꺼내 오도록 수정했습니다. 그렇게 함으로써, 사용자가 이미지 파일을 보냈다면 ask_image 함수로 그 이미지 파일과 context 정보를 함께 전달하여 적절한 응답을 생성하도록 했습니다.

테스트하기

채팅 창 안에 드래그 앤 드롭으로 이미지를 업로드한 후 그림에 관해 대화를 나누는 장면입니다. '내 찐친 고비'가 텍스트뿐만 아니라 그림을 보고 답변을 생성하고 있습니다.

이미지를 보며 대화하는 두 친구

3. 이미지 생성하기

이미지 생성을 위해서는 DALL · E3 모델을 사용합니다.

DALL · E3 모델 사용하기

다음은 DALL · E3 모델의 API를 호출하는 코드입니다.

이미지 생성을 위한 코드 | 파일 chapter18/multimodal.py

```
def create_image(jjinchin):
    user_message = jjinchin.context[-1]['content'] + "단, 배경색은 하얀색으로 할 것"
    url_response = client.images.generate(
        model = "dall-e-3",
        prompt = user_message,
        size="1792x1024",
```

```
            quality = "standard",
            n=1,
        )
        # 이미지를 요청하고 응답을 받습니다.
        image_response = requests.get(url_response.data[0].url)
        # 요청이 성공했는지 확인합니다. (200 OK)
        if image_response.status_code == 200:
            prompt = f"{user_message}=> 당신은 민지에게 다음 그림을 그려 주었습니다. 왜 이런
그림을 그렸는지 설명하세요.:\n{jjinchin.instruction}"
            encoded_image = base64.b64encode(image_response.content).decode('utf-8')
            response = ask_gpt_vision(prompt, encoded_image)
            return encoded_image, response
        else:
            return None, "지금은 그림을 그리기가 좀 힘드네. 다음에 그려 줄게 미안해!"
```

client.images.generate 메서드를 통해 가령 "고양이를 그려줘."라는 프롬프트를 전달
하면, 오픈AI 시스템에서는 프롬프트에 따라 그림을 생성하고 그 그림에 접근할 수 있는 URL
이 들어 있는 응답을 반환합니다. 사용자 프로그램에서는 requests.get 메서드를 호출하여
전달받은 URL에서 이미지 내용을 가져온 다음 디코딩합니다. 그런 후, 앞서 개발한 ask_gpt_
vision 함수를 호출하면서 생성한 이미지에 대한 설명을 요청하는 프롬프트를 함께 전달합니
다. 이렇게 하는 까닭은, 민지의 요청에 고비가 그림을 그려 주면서 내용을 간단하게 언급하는
방식으로 대화를 진행하기 위해서입니다.

또, 대화를 할 때마다 그림을 그려 줄 것은 아니므로 다음과 같이 그림을 그려 달라는 메시지인
지 판별하는 함수가 필요합니다.

그림 그리기 함수 추가 | 파일 chapter18/multimodal.py

```
def is_drawing_request(user_message):
    message = f"다음의 JSON 타입으로 답할 것:\n {{'[{user_message}]이라는 메시지가 그림을
그려 달라는 요청인가?': <true/false>}}"
    try:
        response = client.chat.completions.create(
            model = model.basic,
            messages = [
                {"role": "user", "content": message}
            ],
            temperature = 0,
            response_format={ "type": "json_object" }
```

```
    ).model_dump()
    print(json.loads(response['choices'][0]['message']['content']))
    return next(iter(json.loads(response['choices'][0]['message']['content']).
values()))
  except Exception as e:
    print(f"Exception 오류({type(e)}) 발생:{e}")
    return False
```

💡Tip. iter와 next는 파이썬에서 컬렉션을 효율적으로 순회하는 데 사용되는 함수입니다. iter 함수는
컬렉션으로부터 이터레이터 객체를 생성합니다. 이렇게 생성된 이터레이터 객체는 컬렉션의 모든 요소를
한 번에 메모리에 적재하지 않고, 각 요소를 순차적으로 접근할 수 있게 해줍니다. 이때 순차적으로 접근할
수 있는 방법으로 사용되는 함수가 바로 next 함수입니다.

다음 수정된 부분은 앞서 설명한 함수들을 호출하는 코드입니다. 먼저 그림을 그려달라는 요청
인지 판단합니다. 만일 그림에 대한 요청이라면 create_image 함수를 호출해서 그림 파일과
그림에 대해 소개하는 메시지를 전달받아 클라이언트(브라우저)로 반환합니다.

그림 그리기 함수 호출 | 파일 chapter18/application.py

```
@application.route('/chat-api', methods=['POST'])
def chat_api():
    request_message = request.form.get("message")
    print("request_message:", request_message)
    jjinchin.add_user_message(request_message)

    response_image = None
    image_file = request.files.get('image')
    if image_file is not None:
        response = multimodal.ask_image(image_file, jjinchin)
    elif multimodal.is_drawing_request(request_message):
        encoded_image, response = multimodal.create_image(jjinchin)
        if encoded_image:
            response_image = f"data:image/png;base64,{encoded_image}"
    else:
        response = jjinchin.send_request()

    jjinchin.add_response(response)
    response_message = jjinchin.get_response_content()

    jjinchin.handle_token_limit(response)
    jjinchin.clean_context()
```

```
    print("response_message:", response_message)
    return {"response_message": response_message, "image": response_image}
```

테스트하기

채팅 창에서 잘 동작하는지 테스트하겠습니다. 다음은 고비가 민지의 기분을 전환할 수 있도록 그림을 그려 주고 설명을 덧붙이는 장면입니다.

그림을 그리고 그에 대한 설명을 덧붙이는 고비

4. 음성으로 응답하기

오픈AI에서는 음성 변환Text-to-speech, TTS 모델로 tts-1과 tts-1-hd 를 제공합니다. tts-1은 속도에 최적화되어 있고, tts-1-hd는 음질에 최적화되어 있습니다. 이 실습에서는 tts-1 모델을 사용하겠습니다.

tts-1 모델 사용하기

openai api를 사용하면 텍스트를 음성으로 전환할 수 있습니다. 현재 TTS 모델을 사용하면 여섯 가지 목소리 중 하나를 선택할 수 있습니다. 다음은 TTS 예제 코드입니다. 여기에서는 "nova"의 목소리를 선택했습니다.

TTS 예제 코드 | 파일 chapter18/multimodal.py

```python
def generate_speech(user_message):
    try:
        response = client.audio.speech.create(
            model="tts-1",
            voice="nova", # alloy, echo, fable, onyx, nova, shimmer 중 택1
            input=user_message,
        )
        return response.content
    except Exception as e:
        print(f"Exception 오류({type(e)}) 발생:{e}")
        return ""
```

다음은 오디오를 제공하는 audio_route 함수와 이것을 호출하는 chat_api 함수입니다.

Generate_sppech 함수 호출 | 파일 chapter18/application.py

```python
from flask import Flask, render_template, request, Response, url_for

@application.route('/audio')
def audio_route():
    user_message = request.args.get('message', '')
    # TTS 요청
    speech = multimodal.generate_speech(user_message)
    return Response(speech, mimetype='audio/mpeg')

@application.route('/chat-api', methods=['POST'])
def chat_api():
    request_message = request.form.get("message")
    print("request_message:", request_message)
    jjinchin.add_user_message(request_message)

    response_image = None
    image_file = request.files.get('image')
```

```
    if image_file is not None:
        response = multimodal.ask_image(image_file, jjinchin)
    elif multimodal.is_drawing_request(request_message):
        encoded_image, response = multimodal.create_image(jjinchin)
        if encoded_image:
            response_image = f"data:image/png;base64,{encoded_image}"
    else:
        response = jjinchin.send_request()

    jjinchin.add_response(response)
    response_message = jjinchin.get_response_content()

    jjinchin.handle_token_limit(response)
    jjinchin.clean_context()

    response_audio = None
    if response_image is not None:
        response_audio = url_for('audio_route', message=response_message, _external
=True)
        response_message = ""

    print("response_message:", response_message)
    return {"response_message": response_message, "image": response_image, "audio":
response_audio}
```

이미지 생성 요청이 있을 때 목소리도 함께 생성하도록 했습니다. 이미지와는 다르게 브라우저에 오디오 파일을 전달할 때 URL을 제공하는 방식을 택했습니다. 이것을 위해 audio_route 함수에서는 API를 통해 변환된 음성 데이터를 "audio/mpeg" 타입으로 Response 객체에 담아서 반환하고 있습니다. 이렇게 하는 이유는 전체 파일을 다운로드하지 않은 상태에서 음성을 들을 수 있는, 일종의 스트리밍 경험을 사용자에게 제공하기 위해서입니다.

테스트하기

고비에게 그림을 그려 달라고 요청합니다. 그러면 고비는 그림을 그려 주고 음성으로 그림을 설명합니다.

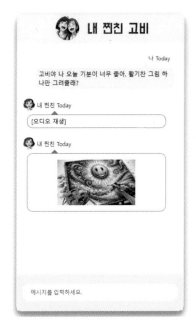

민지에게 그림을 그려 주고 음성으로 설명하는 고비

테스트를 하면 알 수 있지만 한국어 음성이 매끄럽지 않게 느껴집니다. TTS API는 오픈AI 외에도 네이버, AWS, 구글 등 여러 회사에서 다양한 서비스를 제공하니 함께 고려하기 바랍니다.

****

지금까지 오픈AI에서 제공하는 멀티모달 API에 대해서 알아보았습니다. 멀티모달 기능을 사용하다보면, 인공지능의 발전 속도가 매우 빠르다는 사실을 새삼 느낄 수 있습니다. 하지만 아직까지 완전한 형태의 멀티모달 API가 제공되는 것은 아닙니다.

2024년 5월, 하루 차이로 발표된 오픈AI의 GPT-4o와 구글의 제미나이 프로 모델은, 적어도 양사의 주장에 따르면 완전한 멀티모달 모델입니다. 딜레이 없이 음성으로 인간과 대화하는 시연 영상을 보면, 텍스트 생성, 이미지 인식, STT/TTS 모델이 통합된 것은 맞는 것으로 보입니다. 하지만 성능 최적화와 관리적인 측면 때문에 모델의 엔드 포인트까지 통합적으로 제공할지는 지켜봐야 합니다.

따라서 멀티모달 기능이 적용된 챗봇을 개발하기 위해서는 사용자 대화를 바탕으로 어떤 모델을 호출해야할지 판단하는 로직이 존재해야 합니다. 이것을 구현하기 위해서는 프롬프트 엔지니어링을 사용해도 되고 Function Calling을 사용해도 됩니다. 이 챕터에서는 개발의 편의성을 위해 간단한 프롬프트를 만들어서 모델 호출을 분기하도록 구현했습니다.

지금까지 17개의 크고 작은 주제를 다루었습니다. 클라우드 개발환경 구성에서부터 프롬프트 엔지니어링, 벡터DB, 카카오톡 챗봇에 이르기까지 챗GPT API 사용법 외에도 여러 가지 주제들을 학습하고 실습했습니다. 혹여 이해가 부족했던 부분은, 너무 많은 주제를 연달아 학습했던 탓이라 여기고, 여유를 가지고 천천히 다시 한번 살펴보기 바랍니다.

1. 더 알면 좋은 것들

이 책에서 학습한 챗봇 프로그램을 여러 사람이 지속적으로 사용할 수 있는 제대로 된 서비스로 만들고, 더욱 다양한 LLM 기능을 구현하기 위해서는 다음의 내용들을 공부하면 도움이 됩니다.

기본적인 애플리케이션 원리

이 책에서 다루었던 챗봇 프로그램은 다수의 사용자가 동시에 접속한다는 점을 고려하지 않았습니다. 여러 사람이 사용하는 서비스를 구상한다면 인증 기술이나 세션 관리, 관계형 데이터베이스 등에 대해서도 알아야 합니다. 이렇게 실제 서비스를 만들려면, 인공지능 관련 기술만큼이나 애플리케이션의 원리와 개발 방법에 대해서 잘 알고 있어야 합니다. 코드 인터프리터나 멀티모달 AI의 등장으로 인공지능이 애플리케이션 개발을 대신할 수 있을 것 같지만, 아직은 조력자일 뿐입니다.

클라우드 플랫폼

goorm이 개발 환경을 손쉽게 얻을 수 있다는 장점이 있지만, 무료 버전에서는 서버가 영구적으로 떠 있지 않은 문제가 있고 사용 시간에 제약도 있습니다. 아마존 웹서비스^{Amazon Web}

Services(AWS), 마이크로소프트 애저Microsoft Azure, 구글 클라우드 플랫폼Google Cloud Platform(GCP) 등 다양한 환경을 살펴보세요. 특히 상업적인 서비스를 고려하시는 분들은 시스템의 크기나, 접속량, 과금 체계 등을 고려하여 최적의 환경을 찾기 바랍니다.

LLM 오케스트레이션

이 책 후반으로 갈수록 여러 클래스와 함수들이 연결되어 하나의 챗봇으로 동작합니다. LLM 서비스를 원활하게 운영하기 위해서는 여러 가지 프롬프트와 다양한 기능들이 조화로우면서도 빠르게 동작해야 합니다. 이것을 위해 중앙 집중적인 관리 프로세스가 필요한데, 이러한 역할을 하는 것을 LLM 오케스트레이션Orchestration이라고 합니다. LLM 오케스트레이션을 적용하기 위해 관련 도구와 사용법을 익히는 것도 중요하지만 무엇보다도, 요청을 받고 응답을 반환하는 전체 과정이 어떻게 하면 효율적으로 진행될지 고민하고 프로그램에 적용해 보는 일이 더욱 중요합니다.

랭체인

랭체인LangChain은 여러 LLM을 효과적으로 사용할 수 있게 하는 도구로서 오케스트레이션 기능은 물론 LLM이 인터넷 등 여러 도구와 편리하게 연동할 수 있는 다양한 기능을 제공합니다. 챗GPT 등장 이후 주목받고 있는 기술로서 관심을 기울여볼 만합니다. 다만, 랭체인으로 개발하면 LLM 사용, 벡터DB 접근 등 핵심 기술에 대해 랭체인 프레임워크를 경유해야 하기 때문에 자유도가 떨어지는 경향이 있고, LLM API에 대한 깊이 있는 이해를 가로막는 측면이 있습니다. 참고로 새롭게 등장한 Assistants API가 랭체인이나 LLM 오케스트레이션 기능을 일부 대체하는 것은 사실이지만, 특정 회사의 기술에만 종속되는 것은 그만큼 리스크를 떠안는 일이라는 점을 유념해야 합니다.

다른 LLM들

특정 회사의 기술에 종속되지 않으려면 다른 대안을 찾아야 하지만 여의찮았던 것이 사실입니다. 그동안 라마^{Llama}, 팜^{PaLM} 등의 모델이 출시되었지만, 챗GPT의 성능을 따라잡기에는 역부족이었습니다. 그런데 2023년 12월 구글에서 발표한 제미나이 API^{Gemini API}는 비록 선보인 지 얼마되지 않았지만 서비스의 성격에 따라서는 GPT 시리즈의 대안이 될 수 있습니다. 이와 더불어 얼마 전 출시된 클로드 3의 성능도 상당히 뛰어납니다. 따라서 서비스를 본격적으로 만들고 싶다면 이러한 모델들을 사용해 본 후 어떤 것이 적합한지 판단해 보는 것을 추천합니다.

2. 작게 여러 번 하기

마무리 운동 단계인 만큼, 인공지능 서비스를 개발할 때 목표를 높지 않게 설정하고 여러 번 실험하는 것이 중요하다는 점을 강조하고 싶습니다. 각종 매체와 전문가들은 인공지능이 당장이라도 이 세상을 송두리째 바꿀 것처럼 말하지만, 현실에서 부닥치는 문제는 그렇게 녹록지만은 않습니다. 물론 론칭하려는 서비스가 인공지능의 창의력을 활용하는 것이라면 사정은 낫습니다. 하지만 대부분의 IT 시스템은 지식을 근거로 정확한 판단과 처리를 요하는 것들입니다. 기초적인 상담업무조차도 인공지능이 사람을 능가하기는커녕 대체하기도 어렵습니다. 왜냐면 사람의 언어란 워낙 변화무쌍해서 언제, 어느 시점에, 어떤 맥락에, 어떤 사용자가, 어떤 말투로 말할지 예측하기란 불가능에 가깝고, 확률 모델인 언어 모델에게 이 모든 상황에 사람만큼 실수하지 않고 대처하기를 기대하는 것은 아직은 어렵기 때문입니다.

이런 관점에 대해 AI 발전론자들은 AGI^{Artificial General Intelligence, 인공일반지능}의 출현이 임박했는데, 그 정도 수준은 금방 넘어설 거라 확신에 차 말합니다. 하지만 현실에서 중요한 것은 인공일반지능같은 고수준의 능력이 아닙니다. 비록 지적 깊이와 넓이가 챗GPT보다 얕고 좁더라도, 환각현상이 현저히 낮아지고, 단순한 내용의 프롬프트일지라도 어떤 맥락에서든 보통의 인간 수준만큼만 일관된 반응을 보인다면 그걸로 충분합니다. 아무리 높은 수준의 지적 능력을 가졌더라도 열에 한두 번 엉뚱한 반응을 보이면 비즈니스에 활용하기는 제한적일 수밖에 없습니다. 이러한 한계만 뛰어넘는다면, 인공지능의 수요가 폭발할 겁니다. 실현할 것들이 무궁합니다. 다만, 그때가 언제인지 예측하기는 어렵습니다.

이렇게 말하면 한 분야에 특화된 버티컬 AI^{Vertical AI}가 이 모든 것을 해결할 모범 답안처럼 들립니다. 하지만 그 부분도 면밀한 검토가 필요합니다. 왜냐하면 내 비즈니스에 알맞은 언어 모델을 만들만큼 데이터나 지식 체계가 마련되어 있는 사례가 드물고, 무엇보다도 한 분야에 특화된 성능을 발휘하려면 역설적이게도 지식 전반에 대한 높은 수준의 학습이 전제되어야 하기 때문입니다. 이것은 정규 교육 과정에서 우수한 성적을 보인 학생이 유능한 전문가로 성장할 가능성이 높은 것과 같은 이치입니다.

이런 이유 때문에 버티컬 AI를 만들기 위해서는 기본적인 지식이 학습되어 있는 상태에서, 전문 분야에 대해 추가 학습을 하는 것이 바람직합니다. 오픈 소스인 라마^{Llama} 계열의 모델을 백본^{Backbone}으로 삼아 각 분야에 알맞게 적용하려는 시도가 유행하는 것도 바로 이런 이유 때문입니다. 그러나 한국어의 경우 상용 모델에 비해 아직은 성능이 떨어지는 실정입니다.

이러한 현실을 감안하면 지금은 인공지능 기반의 거대한 프로젝트를 기획하는 것이 아니라 PoC^{Proof of Concept(신기술 검증을 위한 프로젝트)} 같은 작은 프로젝트를 여러 차례 수행하는 것이 바람직한 시점입니다. 이렇게 하면 투입 대비 실패에 따른 위험은 최소화하면서도 발전하는 인공지능 기술을 빠르게 적용할 수 있는 장점이 있습니다. 그 과정에서 실제 업무나 서비스에 의미 있게 적용할 범위가 식별되면 그때 본 프로젝트로 전환하면 됩니다. 실사용을 위한 론칭을 진행하면서 트래픽 등 기술적 문제뿐 아니라 개인정보보호나 저작권 이슈 등에서도 검토할 기회를 갖게 되면 더욱 좋습니다. 개발자의 입장에서 볼 때 이러한 방식은 짧은 기간 안에 여러 기술과 논제들을 집약적으로 경험함으로써 해당 분야의 전문가로 빠르게 성장할 발판이 된다는 점에서도 유리한 접근입니다. 도래하지 않은 미래를 믿고 현재를 베팅하기보다, 실현되어 있는 현재에 발딛고 미래로 나아가는 것은 언제나 현명한 선택입니다.

끝으로 뒤에 실은 부록도 알아 두면 도움이 될 내용이니 꼭 한 번 읽어보기를 권유하며 마무리 운동을 마치겠습니다.

부록 업그레이드에 대응하는 방법

1. 오픈AI 블로그 확인

모델이 업그레이드되었다는 소식을 접하면 가장 먼저 오픈AI 공식 사이트(openai.com/news/)에 게시된 뉴스를 읽어 보세요.

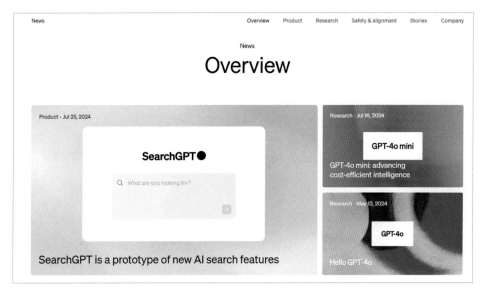

오픈AI 뉴스

오픈AI의 뉴스 게시물은 에세이 형식으로 쓰여 있어서 자동 번역의 품질이 높을 뿐만 아니라, 업그레이드 내용은 물론 그 배경과 취지까지 설명하고 있어 콘셉트를 이해하는 데 많은 도움이 됩니다.

2. 모델 업그레이드 확인

모델 업그레이드 내용은 platform.openai.com/docs/models에 상세히 기술되어 있습니다.

오픈AI 공식 문서에 기술된 모델 업그레이드 내용

스냅샷 버전

오픈AI 공식 문서에는 모델별로 기능, 처리 토큰 수, 학습 데이터 기간이 일목요연하게 정리되어 있습니다. 한 가지 눈여겨볼 것은 모델 이름에 날짜가 붙어 있는 스냅샷 버전입니다. 스냅샷 버전이란 특정 시점의 모델을 의미하는 것으로서 2가지 상반된 의미를 동시에 지닙니다. 표준 모델로 편입되기 직전의 최신 모델을 뜻하기도 하며, 표준 모델이 아닌 구버전의 모델을 뜻하기도 합니다.

스냅샷 버전에 대한 설명

아래는 2023년 11월에 오픈AI에서 공개한 모델 관리 전략입니다. 붉은 상자의 내용을 보면, 캡처 시점인 2023년 11월 현재 표준 모델인 gpt-3.5-turbo 모델은 gpt-3.5-turbo-0613 버전을 가리키며, 2023년 12월 11일이 되면 gpt-3.5-turbo-1106 버전을 가리킬 예정이라고 쓰여 있습니다. 표준 모델과 스냅샷 모델 간의 관계를 이해하려면 오픈AI의 gpt-3.5-turbo 모델에 대한 전체적인 관리 일정과 구간별 상태를 알아보는 것이 좋습니다.

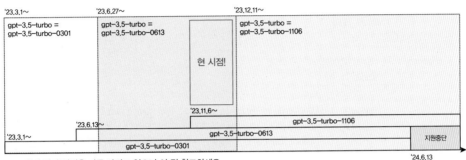

※ 모델의 관리 일정은 자주 바뀌고 있으니 이 점 참고하세요.

gpt-3.5-turbo 모델에 대한 전체적인 관리 일정과 구간별 상태

2023년 6월 13일 출시된 모델이 표준 모델로 적용되는 시점은 2023년 6월 27일입니다. 2023년 11월 6일 출시된 모델은 2023년 12월 11일이 되어야 표준 모델이 됩니다. 이와 같이 모델 교체 시 완충 기간을 두는 까닭은 서비스 공급자들이 안정적으로 서비스를 제공할 수 있도록 하기 위해서입니다. 만일 완충 기간 없이 신규 모델 출시 즉시 표준 모델이 된다면 오픈AI 모델을 사용하여 운영하는 서비스들은 예기치 않은 오류에 직면할 수 있습니다. 완충 기간 동안 운영 중인 서비스를 점검하고, 경우에 따라서는 최신 모델이 표준 모델로 바뀌는 시점에 맞추어, 운영 중인 서비스가 바라보는 모델을 스냅샷 버전으로 바꾸어야 할 수도 있습니다.

모델 교체에 따른 위험을 회피하는 또 다른 전략으로 스냅샷 버전으로만 운영하는 방법을 생각할 수 있습니다. 이렇게 하면, 모델 업그레이드 사항이 자동으로 적용되지는 않지만, 그 대신 서비스 품질의 갑작스러운 변화를 예방할 수 있습니다. 이런 이유로 이 책에서도 스냅샷 모델을 중심으로 코드를 구현했습니다.

결론적으로, gpt-3.5-turbo나 gpt-4o와 같은 표준 모델은 물리적 실체를 갖고 있는 모델이 아닙니다. 물리적 실체를 갖는 모델은 스냅샷 버전의 모델이며, gpt-3.5-turbo나 gpt-4o는 이러한 모델을 가리키는 참조일 뿐입니다. 다음처럼 API 반환 결과를 보면 실질적인 모델 버전

을 확인할 수 있습니다.

표준 모델과 물리적 실체

```python
response = client.chat.completions.create(
                model="gpt-4o-mini",
                messages=[{"role": "user", "content": "Say this is a
test!"}],
                temperature=0,
            ).model_dump()
pprint(response)
```

```
{'choices': [{'finish_reason': 'stop',
              'index': 0,
              'logprobs': None,
              'message': {'content': 'This is a test! How can I assist you '
                                     'further?',
                          'function_call': None,
                          'role': 'assistant',
                          'tool_calls': None}}],
 'created': 1722697159,
 'id': 'chatcmpl-9sAVzTycyvHBUhVsYX3YwAEFU0Jm6',
 'model': 'gpt-4o-mini-2024-07-18',
 'object': 'chat.completion',
 'service_tier': None,
 'system_fingerprint': 'fp_611b667b19',
 'usage': {'completion_tokens': 12, 'prompt_tokens': 13, 'total_tokens': 25}}
```

---

3. 가격 확인

새로운 모델이 출시되면서 가격 정책이 변동될 수 있습니다. openai.com/pricing를 방문하면 모델별 가격을 확인할 수 있습니다.

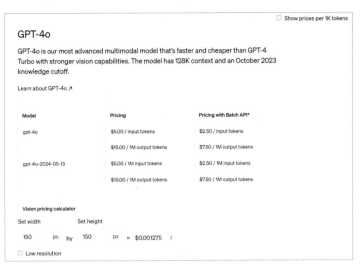

모델별 가격 확인(출처: openai.com/pricing)

모델별 가격

오픈AI에서는 현재 여러 유료 모델을 운영 중입니다. 다음은 이 책에서 다루거나 언급된 모델의 사양과 가격입니다.

모델 명	최대 토큰 수	입력토큰 1M당 가격	출력토큰 1M당 가격	학습 데이터
gpt-4o-2024-08-06	128,000	$2.5	$10	'23년 10월
gpt-4o-2024-05-13	128,000	$5	$15	'23년 10월
gpt-4o-mini-2024-07-18	128,000	$0.15	$0.6	'23년 10월
gpt-3.5-turbo	16,385	$3	$6	21년 9월
text-embedding-3-small	8,191	$0.02	–	–
text-embedding-3-large	8191	$0.130	–	–
text-embedding-ada-002 v2	8191	$0.1	–	–

언어 모델 가격

gpt-4o의 경우 이미지도 인식합니다. 따라서 토큰당 가격 외에 이미지 단위의 가격이 별도로 책정(150픽셀 * 150픽셀당 0.001275달러)되어 있습니다.

모델 명	Quality	크기	가격
DALL · E 3	Standard	1024 * 1024	$0.04 / image
TTS	–	–	$15 / 1M characters

멀티모달 모델 가격

구분	도구	가격
Assistants API 도구 사용 가격	Code interpreter	$0.03(세션당)
	File Search	$0.1(하루 1GB 벡터 스토리지당)(처음 1GB는 무료)

Assistants API 사용 요금

가격 정책은 변동될 수 있으니 정확한 과금은 반드시 온라인으로 확인하기 바랍니다.

4. 컨텍스트 윈도우 사이즈

컨텍스트 윈도우 크기는 언어 모델이 얼마나 많은 양의 텍스트를 처리할 수 있는지 나타내는 수치입니다.

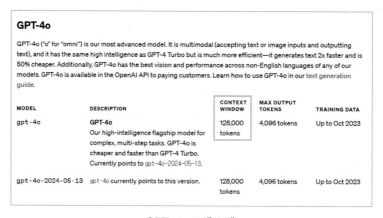

GPT-4o 모델 스펙

2023년 11월, GPT-4-Turbo 발표 이후 오픈AI는 128K 토큰을 처리할 수 있는 모델을 출시하고 있습니다. 128K는 문서로 따지면 약 300페이지에 달하는 분량입니다. 발표 당시 이것은 앤트로픽의 클로드 2가 보유했던 100K를 뛰어넘는 수준이었습니다. 이후 구글과 앤트로픽에서는 1M 용량의 모델을 잇달아 내놓았고, 구글의 제미나이 프로 1.5 모델은 2M까지도 처리가 가능합니다. 다만, 이러한 발표가 나왔을 때 유의해야 할 점은, 128k라는 용량이 오류를 발생시키지 않고 처리할 수 있는 최대 크기라는 뜻이기 때문에 300페이지 분량의 질의를 했을 때 답변의 품질이 어떠한 지에 대해서는 실험을 해봐야 알 수 있다는 사실입니다.

GPT-4-Turbo와 클로드2 처리 용량 비교

다음은 GPT-4-Turbo와 클로드2(100K)의 성능 중 처리 가능한 토큰 크기에 대해 정리한 블로그를 번역한 내용이니 참고하기 바랍니다.

기능	GPT-4 Turbo	클로드2
컨텍스트 창 크기	128K 토큰	100K 토큰
기억 성능 저하	82K 토큰 이상에서 저하	70K 토큰 이상에서 저하
사실 위치와 기억 상관관계	문서 깊이 7%-50%에서 낮음. 문서 시작 부분과 2분의 1 이후에서 더 나은 기억력	문서 전체에서 좋은 기억 능력
정확도	27K 토큰 미만에서 더 나은 성능. 적은 컨텍스트가 더 정확함을 의미	GPT-4 Turbo보다 긴 컨텍스트()27K 토큰)에서 더 나은 성능
긴 컨텍스트에서 RAG 성능	RAG 성능 너무 낮지만 손실 요약에는 사용 가능	GPT-4 Turbo보다 훨씬 더 나은 성능
대규모 요약/분석	컨텍스트 누락 문제, 프롬프트 엔지니어링 필요할 수 있음	컨텍스트 누락 문제, 프롬프트 엔지니어링 필요할 수 있음

출처: bito.ai/blog/gpt4-turbo-vs-claude2

찾아보기

ㄱ

가지치기 129
객체 76, 77
객체지향 76
검색 API 208
구분자 117
기본 타입 데이터 53
기술 서적 268
깃허브 40
깊이 우선 탐색 130

ㄴ

내장 변수 82
너비 우선 탐색 129

ㄷ

다이얼로그 생성 메소드 235
대화형 언어모델 145
데코레이터 84
디버깅 81
딕셔너리 59
딕셔너리 언패킹 72
딕셔너리 패킹 72
딥러닝 7

ㄹ

라마 405
라우팅 함수 362
라이브러리 42
래퍼 함수 354
랭체인 403

ㄹ(런)

런타임 219
로깅 85
리스트 56
리팩터링 155

ㅁ

매개변수 71
멀티 모달 389
멀티 모달리티 389
멀티턴 144
메모리 57
메서드 77
메서드 체이닝 98
멤버 변수 77
모달리티 389
모듈 89
문자열 데이터 54
문자열 포매팅 55
문자열 함수 55
미드저니 8

ㅂ

반복문 68
배치 프로그램 161
백그라운드 297
백트래킹 130
버티컬 AI 405
벡터 263
벡터DB 270
벡터 공간 261
벡터화 286
변수 53

ㅂ(복)

복소수형 53
불변성 62
비동기 함수 379

ㅅ

사용자 경고 메소드 237
사용자 모니터 메소드 236
서버 프로그램 161
설계도 147
세션 146
셋 61
순수 함수 75
숫자형 데이터 53
스크립트 40
스킬 361
시나리오 361
시스템 역할 179
시퀀스 자료형 62
실수형 53

ㅇ

알파고 7
어노테이션 85
언패킹 63
얼랭 75
에이전트 189, 219
예외 처리 80
오류 전파 81
오픈AI 106
완성형 언어모델 145
우분투 40
운영 체제 34

찾아보기

워크스페이스 34

워크플로 222

웰컴 블록 361

웹 리소스 167

웹소켓 173

유클리디안 거리 262

이클립스 36

인덱스 57

인스턴스 77

인스트럭션 181

인-컨텍스트 러닝 119

인터프리터 51

임베딩 261

입력값 71

ㅈ

자기회귀적 123

자바 51

자율적 에이전트 219

정수형 53

조건문 68

주석 61

질의 전송 메소드 235

ㅊ

채널 관리자센터 46

챗GPT 7

초기화 메소드 234

초깃값 71

충돌 304

ㅋ

카카오톡 비즈니스 45

카카오톡 채널 44

카카오톡 챗봇 43

컨테이너 32

컨텍스트 105

컬렉션 56

컴프리헨션 69

코드 에디터 36

코드 인터프리터 262

코루틴 378

코사인 유사도 262

콘솔 창 36

콜백 375

클라우드 31

클라이언트 객체 157

클래스 76

ㅌ

타임아웃 157

타입 힌트 85

터미널 36

텐서플로 7

통합 개발 환경 35

튜플 62

트랜스포머 264

ㅍ

파이썬 39

파일 탐색창 36

패키지 43

패킹 63

평균 함수 75

폴링 320

폴백 블록 361

프라이빗 메서드 187

프레임워크 7

프로그래밍 언어 53

프롬프터 103

프롬프트 103

프롬프트 가이드라인 116

프롬프트 분할 231

프롬프트 엔지니어링 104

프롬프팅 103

플레이그라운드 106

ㅎ

하스켈 75

함수 70

함수형 프로그래밍 75

합계 함수 75

환각 현상 103

환경변수 97

A

Action 350

AGI 404

AI 챗봇 43

API 86

Assistants API 307

Assistants 모드 107

C

C 51
Chat 모드 107
chunk 282
chunking 282
CoT 122

D

DALL · E 8
DALL · E3 393

E

Edit actions 화면 351

F

Few-shot Prompting 119
Flask 33
Frequency Penalty 112
Function Calling 197

G

goorm 31
GPT 89
gpt-3.5-turbo 108
GPTs 345

H

HTTP 88

J

JSON 모드 136
JSON 스키마 200

L

LLM 오케스트레이션 403

M

Maximum length 111

P

PoC 405
PPA 42
Presence Penalty 112

R

RAG 139
ReAct 137
REST API 171

S

SC 125
Schema 351
SDK 88
seed 118
Standard input-ouput 123

T

Tavily AI 209
Tavily Search API 208
Temperature 109
Top P 109
ToT 129
tts-1 396
tts-1-hd 396

U

UI/UX 9
UI 도구 338

V

VM 39
VSCode 36

W

Word2Vec 264

Z

Zero-shot Prompting 120